和光精神分析图书精选系列

B先生

梅兰妮·克莱因的
成人分析故事

[英] 克丽丝汀·英格利希 ——— 著
（Christine English）

陈举　郭为 ——————— 译

人民邮电出版社
北　京

图书在版编目（CIP）数据

B 先生：梅兰妮·克莱因的成人分析故事 ／（英）克
丽丝汀·英格利希（Christine English）著；陈举，郭
为译 . -- 北京：人民邮电出版社，2025. -- ISBN 978
-7-115-67875-1

Ⅰ . B849.1-49

中国国家版本馆 CIP 数据核字第 2025Q9V070 号

内 容 提 要

本书首次详细描述了 1934 年至 1949 年间，梅兰妮·克莱因与成年病人 B 先生的工作。
本书完整呈现了克莱因与 B 先生工作的会谈记录。作者克丽丝汀·英格利希对梅兰妮·克
莱因档案中克莱因的原始记录进行了专业的整理、组织和注释，首次让读者清晰地了解到
这一引人入胜的案例。

在本书中，英格利希提供了大量的评述及对案例的详尽介绍，她为读者提供了一个难
得的机会：了解克莱因——这位当时最杰出的分析师之一——的工作实践，以及她多年来
对一位病人的干预和思考。这份独特而生动的记录阐述了克莱因的技术方法，展现出她作
为临床工作者的敏感性和直觉，并介绍了她的许多有影响力的理论。

本书适合精神分析师、分析取向的心理治疗师，以及其他对克莱因的工作感兴趣的治
疗师等阅读。此外，相关临床工作者、精神分析理论家、学者，以及关注精神分析思想和
梅兰妮·克莱因作品的研究人员也会对本书感兴趣。

◆ 著　[英]克丽丝汀·英格利希（Christine English）
　　译　陈 举　郭 为
　责任编辑　黄文娇
　责任印制　彭志环

◆ 人民邮电出版社出版发行　　　　北京市丰台区成寿寺路 11 号
　　邮编 100164　电子邮件 315@ptpress.com.cn
　　网址 https://www.ptpress.com.cn
　三河市中晟雅豪印务有限公司印刷

◆ 开本：720×960　1/16
　　印张：20　　　　　　　　　　　　2025 年 10 月第 1 版
　　字数：280 千字　　　　　　　　　2025 年 10 月河北第 1 次印刷
　　　　著作权合同登记号　图字：01-2025-1186 号

定　价：79.00 元

读者服务热线：（010）81055656　印装质量热线：（010）81055316
反盗版热线：（010）81055315

赞誉

这是一部研究梅兰妮·克莱因思想源头的伟大著作，为我们展现了克莱因作为临床工作者的迷人风采，并揭示了精神分析提出的许多深层问题。本书书名非常贴切，它也许会成为另一个理解克莱因工作的途径，可与《儿童分析的故事》相媲美。作者的工作令人钦佩，她汇集并评述了克莱因的临床记录，并通过会谈细节探究克莱因的观点，为克莱因的理论提供了直接的临床证据。

约翰·斯坦纳（John Steiner），英国精神分析学会
培训和督导分析师

这是一部极具趣味性、引人入胜且意义重大的著作。本书是第一本，也是目前唯一一本呈现梅兰妮·克莱因与成年病人开展精神分析治疗的逐日过程的著作，令人爱不释手。作者通过查阅梅兰妮·克莱因信托基金档案中克莱因的大量记录，详细而富有表现力地介绍了克莱因极具独创性的思考和分析方式。本书将成为对精神分析研究重要而激动人心的补充。

普丽西拉·罗思（Priscilla Roth），英国精神分析学会
培训和督导分析师

通过这部著作，作者在克莱因研究领域迈出了极为重要的一步。她挖掘了梅兰妮·克莱因档案中异常丰富的内容，整理了大量详细的会谈记录，这些记录很好地阐明了克莱因对成年病人 B 先生的思考和工作。这一罕见而感人的成人分析故事，与克莱因的儿童病人理查德的案例[①]形成了精彩的互补，值得被广泛阅读。

简·米尔顿（Jane Milton），**英国精神分析学会**
培训和督导分析师

[①] 理查德的案例即《儿童分析的故事》。——译者注

"对我们爱的人发怒，
犹如疯狂在脑海中肆虐。"

——梅兰妮·克莱因在《爱，罪疚与修复》（*Love, Guilt and Reparation*，1937）
中引用了柯勒律治（Coleridge，1816）的这句话。

"如果我们与所爱之人争吵，那就像毒药侵蚀了大脑。"

——B 先生曾在分析中如此引用这句话，在本书的第 32 页。

· 中文版序 ·

　　2018 年，在伦敦举行的英国精神分析学会克莱因研究论坛的一次会议上，简·米尔顿（Jane Milton）博士报告了一篇题为《源自克莱因档案：梅兰妮·克莱因对孤独感的进一步思考》（*From the Klein archive: Melanie Klein's further thoughts on loneliness*）的论文。在她的论文中，米尔顿博士讨论了她在档案中发现的记录，它们与克莱因的最后一篇论文《论孤独感》（*On the Sense of Loneliness*）有关，该论文在克莱因去世后于 1963 年发表。这次会议是我第一次接触梅兰妮·克莱因档案，也第一次接触档案研究，让我深受启发。在会议上，约翰·斯坦纳（John Steiner）博士谈到档案中有大量尚未被探索的材料，并鼓励分析师们去查阅。我听从了他的建议，向时任梅兰妮·克莱因信托基金档案管理员的米尔顿博士表达了我的兴趣。我出席那次会议实属偶然：我完全没有料到，不久后自己会成为该信托基金的档案管理员，追随简的脚步，也追随了在她之前担任档案管理员的伊丽莎白·斯皮柳斯（Elizabeth Spillius）的脚步。至今我仍然对担任这一职位深感荣幸。

　　距米尔顿博士第一次将实体的档案文件 D.14 交给我，已经过去了将近八年，我从中发现了克莱因关于她的成年病人 B 先生的记录。尽管我对克莱因已出版的著作非常熟悉，这些著作中也充满了她对临床工作的描述，但阅读她未经编辑的会谈记录是一种完全不同的体验，甚至带有一种窥探的感觉。最初这让我感到敬畏。克莱因以一种意料之中的强势形象现身，但同时她也表现出超乎寻常的同理心。正如我当初感受到的——亦如我希望中国读者在探索本书时将体会到的——能通过这样一扇窗口看见她的思想，甚至走进她的诊疗室是多么的荣幸。尽管克莱因在与 B 先生开始工作时，尚未完全形成那些让她闻名于世的理论，但她显然对临床问题有着深刻的理解，并且知道如何帮助 B 先生。我确信她与 B 先生的工作帮助她形成了那些理论，这些理论深刻地改变了我们对心理生活和精神发展的理解。

关于 B 先生的记录虽然零散，但跨越了近二十年。起初，我完全不知该如何整理这些记录，以便与其他精神分析师、心理治疗师、学者和克莱因理论的爱好者分享。然而，尽管任务相当艰巨，但有望出版首个克莱因与成年病人的完整分析记录依然让人兴奋。我特意为本书选择了与克莱因 1961 年出版的《儿童分析的故事》(*Narrative of a Child Analysis*)相呼应的标题，该书包含了她与十岁男孩理查德进行短暂（四个多月）分析的详细记录。我希望通过本书，延续克莱因当年的做法，以最细致的细节展示她的日常临床工作方法，以此证明她的理论。

我认为在本书中，克莱因的人性光辉和临床敏感性得到了充分的体现。即使是最有经验的临床工作者，也能从她身上有所收获，比如，什么时候应该等待而不是做解释，以及如何以病人能够接受的方式做出回应。然而，克莱因始终在进行分析，她对这一目标的执着有时令人惊叹。从中我们可以感受到，她完全且坚定地相信精神分析的价值。我发现这种信念非常具有感染力，只要我继续从事分析这一艰难的日常工作，我将永远感激这种信念。

我对本书在海内外出版后的反响感到欣喜。英国精神分析学会中多位克莱因学派的同事评论道，这本书是对约翰·斯坦纳五年前出版的《梅兰妮·克莱因的七堂精神分析课》(*Lectures on Technique by Melanie Klein*，2017）的很好延续。这些课程同样是从梅兰妮·克莱因档案中发现的，而在本书中，我们能够仔细检验甚至批判克莱因在她的课程中清晰描述的技术。我认为她也期望如此。尽管克莱因无疑是一个强大且热衷于捍卫自己观点的人（她总是引用她的临床经验来支持自己的观点），但我相信她绝不是一位教条主义者，她欢迎所有对她的工作真诚的兴趣和质疑。

在我看来，本书有助于澄清一些对梅兰妮·克莱因的误解，这些误解长期以来并未得到充分的质疑，甚至可能连克莱因学派后继的几代分析师也没有质疑过。例如，有人说她对成长史不够关注，忽视了病人生活的早期经历和外在环境，几乎完全专注于攻击性冲动等内在因素。而克莱因与 B 先生的工作清楚地表明，她对他的生活环境和早期经历充满兴趣。此外，她绝不仅仅关注病人的嫉毁和敌意，我们能够看到，克莱因始终如她所说的那样，给予 B 先生的抱怨"充分的空间"，尤其是为了释放她认为被深埋在仇恨之下的爱。斯坦纳在他的书中着重强调了克莱因的这一信念，而本书充分印证了她的这一实践。

我非常高兴这本书的中文版即将面世。我要感谢编辑黄文娇和译者陈举、郭为为此所做的安排，并对她们的努力表示感激。她们比我更了解本书可能会收获的反响，并且无疑已经为出版的时机做出了合适的判断。无论如何，多年来我教授和指导了许多学习精神分析理论和心理治疗的中国学生，并时常为他们对理解内心世界和内心冲突的深切渴望而深受鼓舞。在我看来，人们对这样的理解有着强烈的渴望，甚至是一种深刻的需求。我真诚地希望读者能在本书中找到这样的理解，并受到启发开展进一步的研究。对临床工作者而言，希望他们能将克莱因深刻的理论融入实践之中。

克丽丝汀·英格利希（Christine English）

2025 年 3 月

· 译者序 ·

　　最初接触到这本书的英文版，是我的督导彼得·斯莱特（Peter Slater）推荐给我的。如今克莱因的理论已经是精神分析最主流的理论之一，她的主要作品也已经在中国出版，并得到广泛的学习和实践。但是，彼得把这本书推荐给我时也建议我思考，我们或许还没有足够理解克莱因如何与成年人开展关于早期焦虑的工作，也可能因此神化或误解了克莱因所强调的解释。

　　克丽丝汀·英格利希的工作令人敬佩又惊喜。克莱因去世前留下了大量的文书，她成立了梅兰妮·克莱因信托基金来管理这些文书，而梅兰妮·克莱因档案如今向所有人开放。克丽丝汀从中发掘了克莱因工作中一个重要的部分：克莱因和成年病人 B 先生的分析工作。他们的分析工作从 1934 年开始，而在当时，克莱因最著名的一些理论（如心位理论）正在形成中。这是我们第一次有机会真正了解，在克莱因形成她的重要理论的过程中，是如何与成年病人开展精神分析的。这让人不禁期待，未来我们还可能从这份档案中发现什么。

　　在这本研究克莱因理论与技术的当代著作中，克丽丝汀·英格利希通过对梅兰妮·克莱因档案的研究，向大家展示了克莱因与成年病人工作的临床记录，也展现出克莱因分析工作的第一现场和她的思维方式。本书的特点是大量引用克莱因的原始记录，按照时间序列进行整理和编辑，形成一段相对完整和鲜活的分析经历。其中让人觉得微妙而惊叹的是，这段分析展开和发展的过程，既是病人 B 先生的早期焦虑浮现和修通的过程，也是克莱因这位分析师思考和形成自己观点的过程。

克丽丝汀的评论为克莱因的原始记录提供了框架，串联起十余年的分析过程。她还补足了一些原文（以方括号和注释的形式出现），让记录的含义更为清晰。然而我们在翻译过程中也发现，并非所有的含义都可以被文字直接阐述。一部分原因是，克莱因日常的临床记录以要点和重要的干预为主，并不是完整的叙述，她本人也没有对这些记录再做过任何加工，因此缺少了原作者的解读。另一部分原因是，精神分析的过程有其特有的语言特点和关联内容的方式，克莱因为什么如此理解，B 先生又为什么说那样的话，也需要从字里行间获得领悟。

我和郭为在翻译的过程中，希望中译本既有记叙文的讲述感，也不失去精神分析过程的特点。翻译工作可以说是在琢磨中向前进展。除了采用相互校对的方式来确保准确性，我们还添加了一些译者注释，来澄清或指明克莱因叙述的大致方向。此外，本书的编辑黄文娇也为我们提供了许多帮助。但由于我们都不是专业从事翻译工作的人，译著中可能难免有错漏或者仍待讨论的地方，这一点期待与各位读者有更多交流。这段分析历程的含义，也需要读者的心灵来创造性地联系和补足。

本书呈现的分析工作，初读可能会让人有困惑感，因为克莱因似乎从分析一开始，就形成了关于 B 先生核心焦虑的整体理解，并且坚定而耐心地分析 B 先生。读者或许需要一些时间来理解克莱因的思维。我们可以看到，克莱因对于向 B 先生传递她的理解相当坚定，但同时她也尊重和考虑 B 先生的情况。她几乎使用了所有 B 先生带来的分析材料，在不同的会谈中通过分析思维将它们联系在一起。随着他们分析的进展，越到后期就越有融会贯通的感觉，更能领略克莱因如何由表及里地将 B 先生的外在世界和内在世界联系起来。

在见证了这段分析历程之后，我真心将本书推荐给从事临床工作的专业人士，也推荐给普通读者。因为克莱因和 B 先生开展的是一周六次的精神分析，它让人看到日常生活中精妙地包含着另一个世界——人的内在世界，领略在分析中语言能够抵达的丰富程度和自由程度。或许其中有不少内容能触动读者的心弦，让人惊讶、蹙眉又觉得含义深远。如果要问精神分析能带来什么，从后期的分析材料中能看到，B先生最终从精神分析中内化的可能正是一种新的思维方式，让他更为创造性地生活和理解自己。

感谢克丽丝汀的工作，让我们在当今仍能感受到如此鲜活的克莱因，重新思考她的工作和我们眼前的工作。最后，对克莱因女士和B先生致以万分敬意和感谢。

陈举

2025年3月

英文版序

在《儿童分析的故事》一书的前言中，埃利奥特·雅克（Elliott Jaques）曾写道："这本书在克莱因夫人的作品中具有独特的地位。"而在这本《B 先生：梅兰妮·克莱因的成人分析故事》中，作为梅兰妮·克莱因信托基金新一任的档案管理员，克丽丝汀·英格利希不仅为我们补充了克莱因的早期临床案例，也首次向我们展示了克莱因与成年病人临床工作的详细记录。

多年前，伊丽莎白·斯皮柳斯曾担任该基金第一任名誉档案管理员。2014年至 2021 年，简·米尔顿接手了这项任务。他们都根据该档案发表了作品，许多接触过这份宝贵资料的分析师也是如此。[①]这份档案包括往来信件、日记、书信草稿和出版物的草稿、案例材料、照片、英国精神分析学会内部论战的档案（1939—1944）、家庭通信和零散的文字记录。

梅兰妮·克莱因在她的遗嘱中将记录和文章留给了梅兰妮·克莱因信托基金。这些文件最初由汉娜·西格尔（Hanna Segal）保管，并于 1984 年移交给维康医学历史与认识图书馆的当代医学档案中心（Wellcome Library for the History and Understanding of Medicine，以下简称"维康图书馆"）。这本来自这份档案的最新出版物，不仅丰富了有关梅兰妮·克莱因的学术著作，加深人们对她的思想演变的了解，并且为进一步研究整个精神分析领域做出了重要贡献。

---

① 此处为原文中的注释 1，见本文末尾。

与 1961 年发表的理查德案例一样，B 先生的分析案例呈现了克莱因夫人思考的细节，以及她为建立和发展临床理论与临床过程所做出的努力。理查德的分析在第二次世界大战期间持续了四个多月。埃利奥特·雅克认为，克莱因为理查德案例这本出版物投入的时间和精力超过了"其他任何作品"。在去世前的几天，她仍在为这部作品工作。随着 B 先生案例的加入，克莱因夫人作为成人和儿童分析师的卓越遗产得到了进一步的巩固。

B 先生的分析跨越了 1934 年至 1949 年。本书中呈现的内容详细记录了这一时期分析过程中的若干关键时刻。从中我们可以了解到焦虑、移情、投射性认同和无意识幻想①等观点在克莱因早期工作中的应用，看到它们在长程精神分析过程中的生动表现。通过本书，克丽丝汀·英格利希为临床工作者们提供了机会，让人们得以研究这位在精神分析技术和理论发展史上，极具原创性和创造力的杰出思想家的翔实临床材料。

B 先生案例比理查德案例早了将近 15 年，从中我们能够看到，在 20 世纪 30 年代中期，梅兰妮·克莱因作为成人分析师的工作，其详尽的程度几乎罕见。我们读到的不仅是一次会谈或一系列的会谈，更是瞥见了她的理论发展历程中一段非凡时期的工作，这段历程恰与精神分析学科本身的发展相互交织。

我们还看到克莱因作为成人分析师所留下的另一份宝贵遗产。令人惊讶的是，她在 1936 年就能够与 B 先生开展这样的精神分析工作，因为当时许多有助于她理解这些临床材料的理论框架尚未被充分阐述。她是位具有解释力、细腻且一致的分析师。她首先考虑的是这位病人的内心世界，但同时也重视他的历史和真实经历。关于对"对移情的工作"和"在移情中工作"的理解，她当时仍在不断发展。然而我们已经能够看出，这对她深入与病人的工作至关重

---

① 本书中使用的"幻想"一词，均指无意识幻想（phantasy），其含义是无意识中本能、防御、客体关系等的表征。——译者注

要。面对这位病人的焦虑、恐慌和行动的冲击，她坚持不懈，重新调整并继续工作。她跟随着这位病人对内在世界的复杂而深沉的联想，也观察着他如何在外部世界中实现这些联想。

我们可以看到克莱因对这位病人的现实生活感到挣扎，就像她多年后对理查德那样。她的善良，以及她坚持在自己的分析框架内开展工作的精神令人钦佩。例如，她了解 B 先生的历史，也知道他对妹妹的嫉毁（envy）。因此，当 B 先生因为离开诊室时撞见了另一位儿童病人而感到不安时，克莱因夫人试图通过调整时间来"解决"这一问题。刚开始她还没有形成整体移情的概念，她描述了 B 先生对自己的时间被拿走的反应。这真是一系列精彩的交流，克莱因夫人将这场斗争理解为现实斗争，但在临床互动和分析材料的推动下，才发现这实际上是一场无意识的内心斗争。她逐渐理解了内心冲突只能在内心世界中修通：通过解释、移情和分析。透过书中丰富、真实和充满激情的临床材料，我们得以了解到这段演变和发展的历程，克莱因夫人的形象也活灵活现地展现在我们面前。

有人认为克莱因夫人的理论著作难以理解。虽然我不确定这是否属实，但是在本书中，能够从她的临床互动中看到这种评论纯属不实。在理查德案例中，我们有幸看到一位临床工作者如何在特殊情况下建立并开展分析工作。当时正值战争时期，然而，克莱因夫人和理查德勤勉地工作着。因此，我们得以看到那些绘画、记录、互动和解释以及这名儿童的反应。

几十年来，分析师们一直在研究克莱因夫人的理查德案例。在这本书出版多年后，唐纳德·梅尔策（Donald Meltzer）——克莱因夫人最后的病人之一，同时也是一名儿童和成人分析师——根据他在塔维斯托克（Tavistock）的讲座出版了一系列著作。在他的著作《克莱因学派的发展 II：逐周解析理查德》（ *The Kleinian Development Part Two：Richard Week by Week*，1989）一书中，梅尔策根据克莱因与理查德工作的方式，展示并研究了克莱因思想的演变。而在 B 先生这个引人入胜的案例中，读者可以进一步研究克莱因夫人对精神分析的卓越贡献。正如埃利奥特·雅克在理查德案例前言中所写的那样，它让人了解克莱因夫人的工作生涯，"这是她的其他书籍和论文所无法提供的"。通过本书，我们能进一步深入地研究克莱因夫人的遗产、她的创造力，以及如何延续她对精神分析思想和实践的热情。

阿博特·A. 布隆斯坦（Abbot A. Bronstein）博士
《国际精神分析杂志》（*International Journal of Psychoanalysis*）
"工作中的分析师"部门编辑

✳ 注释

1. 多年来，我有幸向斯皮柳斯夫人请教，她允许我查阅档案中的一些资料，包括讲座和案例记录。斯皮柳斯夫人根据她的论文和克莱因档案（2007），在她的书籍中发表了其中一些资料。

✳ 参考文献

Klein, M. (1961) Narrative of a Child Analysis: The Conduct of the Psycho-Analysis of Children as seen in the Treatment of a Ten Year Old Boy. Vintage.

Meltzer, D. (1978) The Kleinian Development Part Two: Richard week by week. The Harris Meltzer Trust.

Spillius, E. (2007) Roth, P. and Rusbridger, R. (eds.) *Encounters with Melanie Klein, Selected Papers of Elizabeth Spillius*. Routledge.

目　录

1

·引　言·

　　本书是我首次认真探索梅兰妮·克莱因档案的成果，它研究了克莱因与一位成年病人 B 先生长程分析的记录。熟悉克莱因已出版作品的读者，可能会认出这位病人，他曾出现在克莱因 1940 年的文章《哀悼及其与躁郁状态的关系》（*Mourning and its Relation to Manic Depressive States*）中。在这篇文章中他以 "D" 的身份出现，克莱因使用他的分析材料来说明，在哀悼期间重新出现的早期焦虑情境如何在分析中得到修通。我将在第三章和"结论"部分讨论克莱因在《哀悼及其与躁郁状态的关系》一文中使用的详细临床材料。

　　2004 年，伊丽莎白·斯皮柳斯在一次演讲中首次向英国精神分析学会的成员介绍了 B 先生，她描述了自己在档案中对克莱因精神分析技术记录的发现。这次演讲的内容后来发表在《与梅兰妮·克莱因相遇》（*Encounters with Melanie Klein*，Spillius，2007）一书中，因此我们能从中见到 B 先生。最近，约翰·斯坦纳（John Steiner，2017）编辑出版了《梅兰妮·克莱因的七堂精神分析课》，并附上了一篇评论。在书中，斯坦纳更全面地讨论了 B 先生[1]，因为克莱因在课程中经常提到他，并呈现了一些对他的分析中的详细材料来阐述她的理论观点。虽然他在那里没有名字，但是我非常确信 B 先生是克莱因课程中第五讲和第六讲的主题。稍后我会再谈到斯皮柳斯和斯坦纳的贡献。然而通过本书，我的目的是尽可能全面地介绍 B 先生和他的治疗情况，这是我根据

---

① 此处为原文中的注释 1，见本文末尾。

梅兰妮·克莱因档案中克莱因的日常临床记录建构起来的。

克莱因经常为她的成人和儿童病人写下大量极其详细的记录，在埃利奥特·雅克的帮助下，她详细叙述了对 10 岁的理查德相对短暂（四个多月）的分析，该内容于她去世后出版。[①] 然而，克莱因从未发表过关于成年病人分析的完整或部分记录。因此本书是首部这一类型的作品。对 B 先生的分析从 1934 年开始，至少持续到 1946 年 [②]，有可能持续到 1949 年甚至更久。在治疗期间，B 先生应征参加了第二次世界大战，当他偶尔回到伦敦休假时，克莱因会安排与他会面，对此他显然非常感激。由于担心伦敦遭受空袭，克莱因于 1939 年秋天暂时搬到了剑桥（Cambridge），又于 1940 年 7 月至 1941 年 9 月搬到了皮特洛赫里（Pitlochry），这也导致了分析工作的中断。尽管存在这些中断，但是档案中存有长达数月的会谈材料，时间跨度大约有 16 年，让我们能够相当全面地了解 B 先生面临的困难的性质及其分析的进展。

B 先生是一位有魅力的病人，毫无疑问，分析对他有所帮助。克莱因的工作记录生动地展示了她极具原创性的思考和分析方式。这些记录表明，克莱因对病人的内在生活，以及内在生活对外在生活的影响有着精彩的理解。她的记录显示出她如何敏锐地运用洞察力，来帮助病人理解阻碍自身的困难。

在第一章中，我将进一步介绍 B 先生的背景和历史，但首先我想简要地说明他的分析是如何开始的。尽管我们没有他在 1934 年和 1935 年治疗的会谈记录，但可以确定的是，克莱因从 1934 年 5 月开始与 B 先生会面，这离她的长子汉斯（Hans）于塔特拉山登山事故中丧生仅一个月。克莱因在此时开始提供一段新的分析，这实在令人惊讶。不过当她第一次见到 B 先生时，他与

---

① 此处为原文中的注释 2，见本文末尾。

② 此处为原文中的注释 3，见本文末尾。

汉斯去世时的年龄相仿，不禁让人联想这是否影响了克莱因接受对他进行分析的决定，尽管他确实病得很重，而且事实证明他是一位很难应对的病人。

到目前为止，我尚未发现在分析结束后的年月里，克莱因与 B 先生有任何通信，尽管他在治疗期间经常给克莱因写信。我们不知道在那之后生活给了他什么，也不知道他是如何应对的。不过克莱因的记录确实详细描述了她对 B 先生的诸多困难所做的大量工作，有时还展示出他因为分析而生活得更加平静。因此，本书中呈现的记录，既为克莱因的分析方法提供了有利的证据，也证明了她与 B 先生开始分析的那个时期，那些她已经提出并在继续阐述的理论。例如，与 B 先生的工作无疑影响了她高度原创性理论的发展，这些理论涉及哀悼，发掘被恨深埋的爱的必要性，以及个体对父母性交和父母关系本质的概念的深刻理解。从本书最后一章中的一些晚期临床材料能看出，B 先生显然得到了帮助，在某种意义上他恢复了内在父母虽然脆弱但也更幸福的结合。读者很快会了解到，B 先生相信父母之间的关系极其不幸福，有时甚至特别具有破坏性，这种信念对他来说很痛苦。这有助于我们理解为何分析对 B 先生极其重要，因为最终，分析似乎改变了他的这种信念。B 先生还在克莱因的帮助下开启了哀悼母亲的复杂过程，母亲在他的分析早期就去世了。

B 先生的案例还有助于我们更全面地理解克莱因对梦和移情的思考方式，当时她对二者的理解仍在发展之中。正如弗洛伊德从小汉斯案例中找到了婴儿性欲理论的证据，我们也能从对 B 先生的分析中找到克莱因的一些理论的最为详尽的证据，这些理论包括结合的父母形象（the combined parental couple）[①]、对母体内部的幻想、用身体的产物作为"武器"攻击客体[②]，以及在攻击导致内疚感的同时，个体也可能存在被受损客体报复的恐惧。

克莱因与 B 先生的工作，揭示了爱与恨在本质上存在根本的冲突，在克莱因看来，这种冲突的体验最初出现在（婴儿）[③]与乳房的连接中。对 B 先生的分析记录可以被看作一项严肃的研究，展现出这种冲突在发展中未能得到妥善处理时，所带来的可怕的影响。此外，这项工作还提供了一个极佳的视角，帮助我们了解负性治疗反应的潜在驱力，以及哀悼的动力和障碍。从一些非常动人的材料中能看到，妹妹的意外到来对 B 先生造成的影响，以及他在长期的委屈中滋生出的恨意，让他的爱变得几乎完全模糊不清。然而，正如克莱因与 B 先生的工作所示，通过对攻击性冲动和恨意的缜密分析，爱也可以相应地得到解放。

研究方法

本书所做工作的基础，是伊丽莎白·斯皮柳斯、克劳迪娅·弗兰克（Claudia Frank）、约翰·斯坦纳和简·米尔顿等人[④]为揭示克莱因的理论思想和临床记录所做的宝贵工作。正如斯坦纳（Steiner，2017）指出，伊丽莎白·斯皮柳斯是梅兰妮·克莱因信托基金的第一任档案管理员，迄今为止，"为

---

① 此处术语的翻译参考《克莱因学派思想新辞典》（ *The New Dictionary of Kleinian Thought* ），该术语在英文中有多种写法，如 the combined parental couple、combined parents 等。这个术语的含义是一种婴儿对母亲身体的原始幻想，认为母体中包含了许多有价值的客体（如父亲的阴茎），既激发婴儿进入母亲身体、偷窃或破坏这些财富，也令婴儿因此恐惧遭到报复。——译者注

② 根据克莱因的理论，尿液、粪便等身体的产物，在婴儿的幻想中可用于攻击。——译者注

③ 此处单括号中的内容为译者所加。——译者注

④ 此处为原文中的注释 4，见本文末尾。

了让英国读者能够了解这些档案的内容，她为此所做的工作超越了所有人。"（pp. 2–3）。20 世纪 90 年代，斯皮柳斯开始在档案馆工作，按照当时的惯例，她既查阅了存放在维康图书馆的实物记录，也研究了已经受损的原始文章和缩微胶片。2014 年，简·米尔顿接任信托基金档案管理员一职，与维康图书馆合作，开始了档案数字化的进程，并于 2018 年向公众开放。虽然我起初使用的是简·米尔顿交予我的克莱因打字记录①的副本，但我主要使用数字化档案进行研究。2021 年，我担任了该信托基金的档案管理员，该基金慷慨地支持我公开克莱因与 B 先生的工作，其中包括"斯皮柳斯奖"的帮助。

我第一次在档案里遇见 B 先生是在文件 D.14 中，其标题为《可能用于研讨会：病人 B、E、F、G、P、R》[*Possibly for seminar（s）: Patients B, E, F, G, P, R*]。虽然文件里所有病人的材料都非常精彩，但是 B 先生的会谈记录占了其中一半，因此我对他有了最全面的了解，这激起我更多探索的兴趣。进一步搜索档案时，我发现了六份完全由他的治疗记录组成的文件：B.63、B.64、B.65、B.66、B.67 和 B.68。②这六份文件是我研究的主要资料，其中的记录时间跨度为 1936 年至 1949 年。

在 2004 年和 2007 年的论文中③，斯皮柳斯转载了克莱因在 1947 年对一位男性病人的记录片段。这些记录出现在文件 B.98 中，标题为《理论思考》（*Theoretical Thoughts*），而该片段本身的标题是《对分裂机制的说明》（*An illustration of the schizoid mechanisms*）。虽然该病人在文件中仅仅被称作"他"，但我相信这也是 B 先生。④这些材料捕捉了病人战争期间在战壕中的经历，生

---

① 　克莱因做记录时使用的是打字机，因此档案中的原始记录均为打字记录。——译者注

② 　此处为原文中的注释 5，见本文末尾。

③ 　此处为原文中的注释 6，见本文末尾。

④ 　此处为原文中的注释 7，见本文末尾。

动得令人难以置信，与克莱因在第二次技术课程中使用的材料非常相似。斯坦纳（Steiner，2017）将此临床描述称为"杰作"。他写道："在当代文献中，很少能找到像这样的描述，无意识幻想能够被如此直接地解释或详细呈现。"（p.13）。此外他还说："也许我们对病人接受［此类解释］的能力更为敏感，但也可能我们在考虑的过程中失去了一些深度和活力。"（同上，p.23）。我想读者会从本书介绍的大量材料中发现，它们同样揭示了克莱因富有想象力，甚至是具有挑战性的工作途径。

我的感受是，克莱因与 B 先生的工作向我们展示了精神分析真正的含义，至少是克莱因所理解的精神分析，也就是说，理解病人在分析会谈的此时此地变得明显的最深层无意识。正如斯坦纳所言（Steiner，2017），当代的分析师们或许并不像克莱因那样解释材料，但似乎不可否认的是，克莱因对内在世界的本质、内在客体和无意识幻想的思考方式，仍然深刻影响着精神分析师和心理治疗师对成人和儿童病人的思考方式。克莱因独特且时而富有共情的工作方式，在她与 B 先生的工作中得到了生动的体现。B 先生的内在状态深刻地影响了他的外在生活、人际关系和创造力，而克莱因对 B 先生内在状态的思考，似乎相当具有当代性。例如，当 B 先生在克利夫顿山①撞见一名儿童病人时，他早年因妹妹的到来而遭受的创伤又被重新唤起，他几乎无法继续治疗，并对自己内心被激起的敌意感到内疚。克莱因记录了大量对此情境的分析，她动人地写道：

> 我通过我的态度和解释向 B 先生表明，我完全理解他不得不远离这件事，因为他对（再次）见到那个孩子，哪怕只有极小的可能性，也感到

---

① 此处为原文中的注释 8，见本文末尾。

非常焦虑，总之他完全不能忍受和我一起待满整节治疗的时间。我对他说，我们只需耐心等待，在眼下尽可能多做一些工作，这无疑缓解了他的焦虑。我总体上的解释是，主要的问题不在于他的失望，而在于他对那个孩子和我的攻击所引起的焦虑。

克莱因十分理解 B 先生的困境，她坚定而诚实地向 B 先生揭示他精神生活的动荡及其影响。

如果有人对克莱因使用的语言（将体内的坏阴茎、爆炸性的粪便和灼烧的尿液当作武器来攻击客体）感到反感或过时，那么她与 B 先生的工作则在很大程度上让人相信，幻想和原始概念——关于身体的内部容纳了什么，以及心灵和身体内部的客体之间发生了什么——极大地影响着 B 先生如何看待自己、他人和整个生活。克莱因似乎认为，从某种意义上来说，B 先生感到自己吞下了坏阴茎，这不完全是个隐喻，她的意思是，B 先生感觉自己充满了坏的性能力；他吸收了父亲和哥哥不好的一面，自己因此变得无用、有毒和具有破坏性。这些术语是用以表达各方面体验的手段，这些体验在生命早期是如此的强烈，它们与身体体验联系在一起，而且从未完全离开过我们。

在第一章中，我将更全面地介绍 B 先生，并总结对他的分析中一些重要的进展。第二章是克莱因本人对 B 先生的成长经历的一些思考，其中的许多经历在分析过程中得到了有力的重现，比如 B 先生与克莱因的一位儿童病人擦肩而过。我认为在第二章中呈现这些思考似乎是恰当的，因为它们也可以作为对 B 先生的介绍。在第三章到第七章中，我将呈现和介绍克莱因对 B 先生所做的临床记录。为了改善阅读体验，我对这些记录进行了简单的编辑，并在第三章至第七章的开头做了相应的内容介绍。虽然我对这些记录进行了框架性的整理，并尝试在"结论"部分进行归纳和总结，但总的来说，我的目的是让这些记录展现出自己的声音。因此，我希望读者能从书中听到克莱因最强烈的声音。

✳ 注释

1. 事实上，是约翰·斯坦纳首次将这位病人称为 B 先生（Steiner，2017，p. 119），我沿用了这个称呼。克莱因本人也称这位病人为 "B"。

2. Klein, M (1961/1998). *Narrative of a Child Analysis*. Virago.

3. 克莱因的日记只保存到 1946 年。在她的日记中，B 先生的会谈记录一直持续到该年年底。不过，1944 年、1945 年或 1946 年都没有相应的临床记录。此外，还有日期为 1947 年（B.98）、1948 年（B.6）和 1949 年（D.14）的临床记录。由于这些较晚年份的临床材料很少，克莱因有可能只是在为那几年的教学做准备，并借鉴了更早期的分析材料。这一点还有待证实。

4. 几十年前，珀尔·金（Pearl King）和里卡多·斯坦纳（Riccardo Steiner）在 1991 年出版的《弗洛伊德 - 克莱因论战：1941-1945》（*The Freud-Klein Controversies*，1941-45）一书中，大量使用了档案 E 部分中的材料。最近，鲍勃·欣谢尔伍德（Bob Hinshelwood）和玛利亚·罗德（Maria Rhode）根据他们对档案的研究，为简·米尔顿（2020）的《梅兰妮·克莱因档案基础读本》（*Essential Readings from the Melanie Klein Archives*）撰写了论文。此外，近期的《国际精神分析杂志》（International Journal of Psychoanalysis）"档案研究"栏目中（August 2018, Vol.99:4），几位著名的克莱因学派分析师也对档案的研究做出了贡献，包括雷切尔·布拉斯（Rachel Blass）、海因茨·魏斯（Heinz Weiss）和迈克尔·费德曼（Michael Feldman）等人。这是继斯坦纳（2017）在《梅兰妮·克莱因的七堂精神分析课》中出版档案材料后的又一贡献。

5. 这里的 B 指的是档案的 B 部分"案例材料，儿童和成人"，而不是指病人 B。

6. Spillius, E (2004/2007). Melanie Klein revisited: Her unpublished thoughts on technique'. In *Encounters with Melanie Klein: Selected Papers of Elizabeth Spillius*. Eds Roth, P. and Rusbridger, R. Routledge.

7.　第七章进一步引用了这个片段。

8.　克利夫顿山是克莱因在 1933 年至 1953 年的住所，她的诊室也在此处。

✳ 参考文献

King, P. and Steiner, R. (1991) *The Freud-Klein Controversies 1941–45*. Routledge.

Klein, M. (1940) Mourning and Its Relation to Manic-Depressive States. International Journal of Psychoanalysis 21:125–153.

Klein, M. (1961/1998) *Narrative of a Child Analysis*. Vintage.

Milton, J. (2020) *Essential Readings from the Melanie Klein Archives: Original Papers and Critical Reflections*. Routledge.

Spillius, E. (2007). Roth, P. and Rusbridger, R. (eds.) *Encounters with Melanie Klein: Selected papers of Elizabeth Spillius*. Routledge/Taylor & Francis Group.

Steiner, J. (2017) *Lectures on Technique by Melanie Klein*. Routledge.

Strachey, J., Freud, A., and Tyson, A. (1955) *The Standard Edition of the Complete Psychological Works of Sigmund Freud*. Volume X (1909): Two Case Histories ('Little Hans' and the 'Rat Man').

第一章

从未被良好抱持的人

　　B 先生在 1934 年开始接受分析，那时他将近 30 岁。他已婚并育有三个孩子，后来还可能有了第四个孩子。他在伦敦郊区拥有一处大庄园，其中包括一个农场，同时他也是一家公司的董事会成员，该公司在海外和伦敦都设有办事处。用克莱因的话来说，他是个"难以管理的病人"。他常常沉默寡言，经常迟到，还明显带有敌意，满是抱怨和忿恨。

　　克莱因如此评价 B 先生：

> 他成长于一个典型的维多利亚时代家庭，父母生活富裕，给孩子提供了最好的条件。家里有保姆和育儿师，在上学之前，孩子们和父母的接触相对较少。

　　据克莱因记载，B 先生觉得自己"从未真正从婴儿房中长大"，并且"异常敏感地意识到，这段人生经历令他困扰"。在他的分析中重复出现的感受是，他认为既然自己的困难从生命的很早时期就开始了，因此没有任何改善的希望。B 先生有一个年长他三岁的哥哥和一个小他五岁的妹妹。他的父亲在金融城工作，一家人可能居住在伦敦郊区的一处庄园里。整个家庭都是音乐爱好者。B 先生父母之间的关系并不融洽，但也没有明显的冲突。

　　大约八岁起，B 先生就在一所预备学校寄宿，据说当时他感到自己被"赶出"了家门。事实上，在克莱因的记录中，B 先生对他母亲抱怨得最多的事情之一，就是第一次去寄宿学校时母亲没有陪伴他。这很可能重演了当妹妹出生时，他被赶出婴儿房的经历，我稍后将做简要的描述。与此相关的是，B 先生在分析中传达出对依赖的强烈矛盾，克莱因报告说，这在他们第一次会谈时就表现得很明显。斯皮柳斯（Spillius，2004/2007）和斯坦纳（Steiner，2017）的著作均对此做出过讨论。

　　后来，B 先生到牛津大学上学，但是没有关于他所学专业的记录。他对古典文学和音乐都很感兴趣，这可能源于他在家庭或公立学校所受的教育。他在牛津大学时似乎也对精神分析感兴趣，不过他不确定家人是否支持他进行治疗，而从那时起再过十年，他才会开始接受克莱因的分析。[1] B 先生对自然界有着持久的热爱，这一点在他的材料中体现得淋漓尽致。这种热爱照亮了他的内心生活，也常常让克莱因的治疗记录读起来引人入胜。有时候，B 先生引用大自然的残酷和无情来说明他的情绪状态和冲突，但更多时候，B 先生对自然界的了解与他在其他方面的经验交织在一起，使材料变得极为丰富。

克莱因认为 B 先生非常聪明，而且"在很多方面都非常公正和善良"。然而，B 先生抱怨他的妻子对他完全缺乏关心。他反而几乎时刻关注着她的健康状况。克莱因显然认为这是 B 先生对自己内在担忧的投射，这样的移情也与他对他母亲的态度高度一致，他对母亲常常感到滔天的敌意，而又极度担忧她。克莱因在记录中简要地提到，B 先生的妻子也在进行分析。事实上，有一次她记录道，B 先生打电话给他妻子的分析师，询问她的分析进展情况！关于 B 先生本人的健康状况，他一直患有严重的便秘，这在分析过程中得到了解决。在治疗后期，他还告诉克莱因他长期患有牛皮癣，在分析中似乎也有所改善。

比目鱼母亲

尽管 B 先生与他母亲也有许多快乐的记忆，比如母亲给他读《荷马史诗》（*Homer*），教他认识花朵的名字，唱歌给他听，但这些美好的经历却鲜少被提起，至少在分析的最初几年是这样的。我们会逐渐理解到，B 先生对母亲的美

---

[1]　此处为原文中的注释 1，见本章末尾。

好记忆和爱意被深埋在怨恨中，分析的大部分工作可以说是对恨的分析，尤其是与母亲有关的恨，这最终使得他释放出对母亲更多的爱。随着分析的进展，克莱因也逐渐了解到 B 先生有大量本应朝向父亲的敌意也被投射到了母亲身上，他的母亲代表了所有的忽略、剥夺和批评。

在出生的头一个月里，B 先生是由他母亲喂养的，他认为这是一段令自己无比痛苦的经历。他感到自己被乳房深深挫败，既没有足够的母乳，也没有足够多的时间和母亲待在一起。他还觉得自己被母亲抱得很不舒服，他将自己身体的笨拙和不协调归咎于此。分析进行了几年以后，他告诉克莱因"女人分为好母亲和像比目鱼的女人"，克莱因如此向他解释这种鱼的含义：

> 这种鱼的两只眼睛位置不对，而眼睛这种尴尬的位置意味着婴儿不能顺利地从一侧乳房换到另一侧乳房，似乎再次象征着整个喂养过程中的笨拙与不协调。①

B 先生快满月时，家里来了一个保姆，据说，她发现 B 先生"快饿死了"，并把"奶瓶给了他"。直到五岁前，B 先生都和保姆一起住在婴儿房里，这位保姆在他的生活中总体上是一个正面形象的人物。B 先生五岁时，他的妹妹出生了，而他的保姆成了妹妹的育儿师，这又是一次深刻的创伤经历和丧失，B 先生觉得自己再也没有从中恢复过来。

我们对 B 先生的母亲知之甚少。她不是英国人②，B 先生说她来自一个遭遇过诸多不幸的家庭。在现存有关治疗的最早期记录中，B 先生提到他母亲家

---

① 此处为原文中的注释 2，见本章末尾。

② 此处为原文中的注释 3，见本章末尾。

族里有一个住在精神病院的姨妈，以及两起自杀事件。[1]至少在分析的前几年里，他极力强调母亲并不快乐，她对男性和性欲（尤其是男性生殖器）抱有负面态度。B 先生将母亲的态度与自己对性欲的强烈信念紧密联系在一起，他认为性欲，甚至任何代表性交换的合作或关系都是有破坏性的。B 先生知道自己很早就远离了母亲，并且随着生活的推进，他与母亲的关系越来越疏远。他认为他们的关系一直"处于爱与恨的边缘"。

尽管 B 先生并不觉得母亲严格或苛刻，但他告诉克莱因，她会向老师和父亲"告状"，而父亲会体罚他。克莱因写道：

> 实际上，当他的父亲被要求介入孩子的教育时，他的行为非常粗鲁。他不会尝试做任何的理解，而是在他的母亲抱怨孩子后直接扇孩子耳光。接着母亲会感到后悔，但下一次还是会要求父亲插手（Klein, in Steiner, 2017, p. 47）。

克莱因认为，B 先生对母亲的恨以及由此产生的内疚，是对母亲强烈爱欲的反向形成，其实他恐惧自己会因为对母亲的爱欲而遭受惩罚。材料中有很多证据证明了这一点，如从第四章的"翠鸟"材料中就能看到这点。克莱因显然认为，B 先生之所以带着恨远离母亲，有一部分原因是他似乎无法将自己对母亲的爱和性欲分开。因此，对母亲无休无止的抱怨，同时也使他避开了来自阉割性的父亲的狂怒。克莱因逐渐理解在 B 先生的心目中，正是因为他抛弃了母亲，将她弃置于和父亲致命的性交中，他才不得不改变对母亲的整体态度。如果坚持对母亲的爱，意味着他必须承受太多的悲伤和内疚。

在分析的过程中，B 先生母亲的离世引发了大量重要的工作，这些工作揭

---

[1]　此处为原文中的注释 4，见本章末尾。

示了哀悼本身因保持仇恨的需要而中断。B 先生渴望在内在拥有一位更为平和的母亲，不被他的破坏性严重地伤害。然而很明显的是，对 B 先生来说想要"平静地继续生活"是很困难的，包括与克莱因良好的合作，因为对他来说，爱的情感（如推动合作的情感）与性的情感如此靠近甚至相互等同。克莱因认为分析最紧迫的任务之一，就是帮助 B 先生恢复和保留内在良好和慈爱的母亲。事实上到 1937 年初，B 先生接受分析不到三年时，他就动人地告诉克莱因："尽管母亲（mothers）有种种缺点，但也有很多优点。"

B 先生的父亲是一个更为模糊的人物，我们对他也知之甚少。正如前面提到的，有时他在 B 先生心目中是一个可怕而暴力的人物。事实上，克莱因在她的第四次技术课程中说，在 B 先生的"幻想中，有一个危险的父亲在性交中屠宰母亲，这是他主要的焦虑情境之一"（Steiner, 2017, p. 65）。然而，在 B 先生母亲去世后的分析中，他对父亲的同性恋渴望以及对此的恐惧更加充分地显现出来。他告诉克莱因，他觉得父亲从未欣赏或鼓励过他，比如，父亲可能希望 B 先生学习木工，但却从未花时间教过他，也没有和他一起做过木工。

随着分析的深入，克莱因逐渐了解到，B 先生对父亲的恨在多大程度上主要投射给了母亲，并将仇恨的矛头指向了母亲。只有在极少数情况下，他对父亲的恨才会显露出来。当 B 先生接受分析约两年后，他才回忆起自己十岁那年，当时父亲正值阑尾炎康复期间，他倚靠在父亲身上的方式竟给父亲带来了剧痛。这段回忆让 B 先生非常痛苦。他想起父亲当时不稳定的健康状况，更加清楚地意识到，至少在幻想中，他给父亲造成了极大的伤害。B 先生还向克莱因讲述了一段屏蔽记忆（screen memory）①，在这段记忆中他的父亲含着泪告

① 由西格蒙德·弗洛伊德创造的术语，其含义是对童年一些微小细节的意识化的记忆，往往代表着对重要的情感经历的压抑。——译者注

诉他，在玩士兵射击的游戏时要小心，不要伤到妹妹。很显然，当时 B 先生感到父亲悲伤地揭露了 B 先生自身的攻击性。

　　从 B 先生带来的"董事长材料"[①] 中，也可以看出他对父亲的情感态度。董事长[②] 经常受到他的鄙视和轻蔑，B 先生时常计划将他革职。有时在对董事长表达敌意之后，B 先生会对他表现得更加友好。随后 B 先生会努力改善他们之间的关系，这当然可以理解为他试图在内在与父亲和解。在分析中曾有一段非常令人痛苦和印象深刻的片段，类似于"士兵射击"的记忆，在这个片段中，(B 先生提到)[③] 董事长把他叫到一旁，表达了他觉得 B 先生有多刻薄，并表示这是 B 先生性格中令人遗憾的特征。B 先生感到非常羞愧。在此处，克莱因解释了他的感受：董事长代表他的父亲，已经意识到了 B 先生对父亲以及父母在一起的态度是多么有敌意。

结合的父母形象

　　根据克莱因的记录，在现实中"B 先生觉得父母的关系一点也不和谐，虽然他们实际上并没有争吵，但气氛很不愉快"。然而分析显示，在 B 先生的内在，父母客体之间存在着可怕而带有毁灭感的性交。虽然双方都受到了伤害，但 B 先生认为母亲受到的伤害更为严重。B 先生的母亲在他接受分析的第二年去世了，这重新唤起了 B 先生非常原始的焦虑，即对他心中的"屠父"（butchering father）对母亲的所作所为的焦虑。

---

① 这位董事长和 B 先生同属一家公司的董事会成员，是一位年长的男性，在 B 先生内心常常代表着父亲。——译者注

② 此处为原文中的注释 5，见本章末尾。

③ 此处单括号中的内容为译者所加。——译者注

B 先生的内在世界是一幅满目疮痍的场景，没有什么能够在其中存活。分析中反复出现的是，他需要将心中的父母分开，这样些许的生命力仍能在他的内在生长。可以预料的是，这对他与克莱因的关系有着重要的影响。B 先生从根本上认为，如果要与克莱因保持良好的关系和交流，就会激发出某种极其危险的力量，从而毁掉两个人。这导致了他在分析中的不合作，表现为迟到、沉默和明显的敌意，而克莱因对此非常理解。她坚决地向 B 先生传达，他存心作对的态度与其说与破坏性有关，不如说与他害怕合作会造成伤害有关，这些理解在某种程度上使克莱因在 B 先生心目中成了一个有益的客体，帮助他继续进行必要的分析工作。

当然确实有一些外在的证据表明，B 先生的父母会联合起来对付他。然而克莱因也没有忽略，他对父母性交的恐惧，还与他自身坏的和危险的冲动有关，这些冲动因意识到父母在一起而被激起。她记录道："这也推动着他压抑有关父母性行为的几乎所有方面。"B 先生告诉克莱因，他从未对父母的性生活产生过任何兴趣，他自己显然对此也深信不疑。鉴于他对妹妹的到来感受到毁灭性的打击，这一点很难让人相信，之后我将简短描述。不过随着分析的深入，他的压抑也有所缓解，父母的性关系乃至广义的性行为中美好的一面得以恢复。我们将会看到，B 先生通过分析修正了对父母的内在表征，感受到他们参与的是一种破坏性较小的性交方式，这一改变带来了巨大的影响。也许由此带来的最重要的一个变化是，B 先生终于可以开始哀悼他的母亲，甚至哀悼此时已接近生命尽头的父亲。

同胞

在 B 先生五岁时，他的妹妹出生了，用他的话来说，那是"一次令人惊愕的经历"。B 先生告诉克莱因,他当时完全不知道会有另一个孩子出生;他没有任何心理准备,只是"一觉醒来,她就在那里了"。B 先生觉得发生了一件极为"骇人"的事情。当然,被剥夺了保姆的关注是无法弥补的损失,因为在此之前他一直与保姆住在婴儿房里。在被逐出婴儿房后,B 先生与他的哥哥同住一个房间,不过可能只住了很短一段时间,直到哥哥去读预备学校。他有一段恐怖的记忆是哥哥梦游到他的床上,表明在此期间有一些令人担忧的性行为。克莱因似乎接受这是现实,而不是 B 先生幻想生活的产物,但是谁也无法确定。我将很快回到这个问题上来。

B 先生似乎一直默默地观察着婴儿房,他的小妹妹得到的一切照料和房中的"忙乱",使他的仇恨与日俱增,而他却显然被阻止协助照顾她。这让人不禁好奇,如果他被允许帮忙,是否会在某种程度上减轻 B 先生对妹妹的憎恨。相反,他感到自己不被信任,也没有机会纠正任何的问题。后来他发现妹妹被独自留下哭泣,这让他感到痛苦,他猜想这可能是因为她有固定的被喂养的流程,但他却想象着她的内在发生了可怕的事情。令他费解的是,当妹妹被遗弃在痛苦中时(正如他曾经的感受一样),他却在吃东西。B 先生后来对妻子健康的关注显然与此有关。

一段时间之后,B 先生的确开始非常依恋他的妹妹,并乐于教导她,这也许是对他早前"谋杀"情感的某种补偿。然而,他仍然对自己先前对妹妹的所作所为而深感内疚。克莱因再次提出,这种内疚感可能是现实中 B 先生对妹妹的性侵犯造成的。在会谈记录中,克莱因并没有反思幻想在他的记忆中的作用,如哥哥梦游到他的床上。事实上她曾多次强调,B 先生的材料中有许多证据表明，他和同胞之间确实在现实中发生过性行为。[①] 然而很明确的是，性欲和性行为的经历，即便只是发生在幻想层面，也对 B 先生的性心理发展造成了破坏性的影响。这似乎让 B 先生产生了一种根深蒂固又令人虚弱的无价值感，并证实了性欲具有毁灭性质的基本信念。用克莱因的话来说，B 先生觉得自己"吞下了坏阴茎"，这根阴茎在他的内在污染了他所做的一切。在克莱因看来，其中最棘手的问题或许是，B 先生感到自己无法在内在安全地保存好客体。接下来我们会看到，克莱因认为 B 先生的抑郁提供了某种保护，使他不至于暴露在内在具有毒害性质的坏中，因为他认为这种坏会毁掉一切美好。

B 先生认为自己不被信任，不能在婴儿房中参与照顾妹妹，这似乎演变为他容易感到被冤枉进而委屈的倾向。当他感到克莱因在假借严格的保姆或充满谴责的母亲之名指责他时，这种倾向也在他的分析中反复出现。在很长一段时间里，克莱因都强调，任何指向他内在过程和冲动的解释，都很容易被 B 先生感觉为指责。然而，B 先生向克莱因敞开他的负性移情是有帮助的，在某种程度上，这为理解 B 先生在成长经历和重要关系中的诸多委屈提供了通道。

有时候，B 先生对于自己在分析过程中缺乏合作感到失望，他知道这阻碍了克莱因帮助他的努力。然而克莱因认为，这在很大程度上是因为他害怕受到惩罚，唯恐他们之间有好的分析交流，即他害怕遭到他内在中一位嫉妒且充满敌意的父亲的报复。B 先生觉得治疗"在瓦解他"，而克莱因则认为这是他的内在客体，尤其是结合的父母形象，正在他的内心被瓦解或摧毁。于是他感到被这些死亡的、濒死的和报复性的客体困住。他绝望地试图保护或恢复这些客体，但他坚信自身有致命的破坏性，因此似乎注定失败。B 先生的敌意一再指

---

① 在那个时期，克莱因也许更倾向于认为，B 先生和他的兄妹在童年时期真的发生了一些性行为。在本书中，克莱因在提及此类幻想时，都将它当作现实来叙述。但其本质是幻想还是现实，或许有待讨论，或许也很难完全分清。——译者注

向克莱因，并将敌意置于她之中①，从而感到被一位想要挫败、剥夺和伤害他的分析师困住。在这种情况下，他产生了强烈的自杀意愿。

值得注意的是，B 先生从一开始就对克莱因有复杂的移情。有时候明显是更温暖的情感。例如，虽然他坚信克莱因倾向于通过不给予足够的母乳来挫败婴儿（或孩子），但他也为克莱因理解婴儿吸吮乳房时的痛苦而感动。克莱因还报告说，在分析的早期阶段，B 先生曾因感到克莱因的性吸引力而恐惧，尽管在很长一段时间内，这种情况都被搁置了。然而，随着 B 先生对克莱因的信心与日俱增，他的不信任和指责很容易与他对保姆和母亲的态度联系起来，这有助于彻底地修通。当 B 先生对克莱因暴怒时，她有时会非常明确地告诉他，他看到的不是真实的她，似乎她与一个恐怖的、结合的父母客体变得一致，这个客体不允许他享受与克莱因良好的分析交流。克莱因对此的敏锐非常动人，随着时间的推移，这使 B 先生变得更能合作。

在分析中有一个重要的时刻——我会在第六章再谈到这点，当时 B 先生指责克莱因，认为她没有充分认识到父母之间不愉快的关系对他的影响。接下来，克莱因与 B 先生讨论了经历和外在环境在发展中相对的重要性，它们与个人自身的冲动共同塑造了个人的生活和发展。她对 B 先生说："分析无法消除你母亲所做的一切，但能起到厘清早期情感的作用。"克莱因指出，虽然这不是解释，但却是一种有效的干预。在这次谈话中，克莱因还对 B 先生说，有些人的经历比他糟糕得多，如他从未体会过贫穷带来的可怕影响。虽然有些出人意料，但这似乎是一种有用的现实引导，帮助 B 先生进一步认识到自己在困难中所扮演的角色。

爱和感恩之情被 B 先生强烈地否认，尤其是与母亲相关的，在他大量抱

---

① 即发生了投射性认同，B 先生不仅对克莱因有敌意，也认为克莱因对他有敌意。——译者注

怨母亲，以及抱怨在他心中常常代表母亲的克莱因之后，这些情感开始涌现。克莱因对 B 先生破坏性冲动的严谨分析，似乎释放了隐藏在这些冲动之下的爱。克莱因解释说，B 先生否认他母亲的仁慈，也是为了保护自己，避免因他未能保护母亲免受父亲凶残的对待[①]而陷入迫害性内疚。然而，随着仇恨和怨恨的修通，爱的涌现在一定程度上减弱了内疚感，哀悼才真正开始。我想读者应该能够看出，一个好母亲已经安顿在 B 先生的内在，他可以更充分地与她分离。母亲似乎不再是内在不断恶化的客体——让 B 先生对她的命运无休止地忧心忡忡和绝望。由此，B 先生能够更多地转向妻子，对妻子的状态也不再那么担忧。此外，性的感受的涌现也有助于减轻 B 先生的抑郁。除了这些进展，克莱因还记录了，"他的负性治疗反应也发生了根本性的变化"。我们看到的是一幅非常全面、富有挑战性且有效的分析图景。

在进入克莱因的临床记录之前，我想提醒读者的是，虽然缺少了分析头两年的记录，但克莱因的确在她的第二次技术课程中讨论了与 B 先生的第一次会面。在课程中她记录了她的印象：如果要开始分析，B 先生会非常焦虑自己过于依赖她。他告诉克莱因，她的言谈举止甚至长相都很像他的母亲，并且承认自己根本不想接受一个女人的分析。他说，母亲让他过于依赖了。斯坦纳（Steiner，2017）的书中对这一次会面进行了更全面的讨论，但我们可以看到，第一次会面就为强大的分析体验奠定了基础。

临床材料的序言

以下六章中的临床记录主要来自 1936 年、1937 年和 1938 年，其中第二

---

① 在 B 先生的幻想中，父亲通过性交凶残地对待母亲。——译者注

章的临床记录未注明日期。第五章和第六章中有少量 1939 年、1940 年和 1943 年的记录。第七章中有 1947 年、1948 年和 1949 年的记录 ①，然而尚不明确这些记录是否来自这几年中的会谈。我在前面提到过，这三年中的临床记录很少，不知道这些记录是不是因为克莱因在为 1947 年至 1949 年的教学准备材料，而借鉴了早期的材料。这一点可能会在未来得到证实。

我们将会看到，克莱因在 1936 年至 1938 年的记录非常丰富。我最初认为我只需要介绍其中的一部分，来展示对 B 先生进行分析的重要进展，并且说明克莱因的技术。然而事实证明这非常困难，因为克莱因记录的所有细节，似乎最终都被纳入了解释之中，一切都被联系起来或加以利用。实际上令人瞩目的是，克莱因似乎使用了 B 先生带来的几乎所有材料，无论这些材料最初是多么晦涩难懂或毫无关联。因此几乎没有可以省略的会谈材料。这使得本书的篇幅比最初计划的要长，但却更能体现克莱因的工作方式。

我对克莱因的记录进行了一些必要的编辑。有时我会添加标点符号，或者用一两个词来完善句子，或者让含义更加清晰。极少数情况下，我会补充一些简短的记录，但仅限于几个字的改动，或者意思明显有待商榷的地方，我的补充全部都用方括号标注了。在我看来，任何的改动都仅仅是为了澄清克莱因的意思。多亏了档案的数字化，我们仍然能够在编码为 PP/KLE/B.63-B.68. 的档案中查阅原始记录。②

从第二章开始，克莱因的原始记录使用楷体或者用引号标出，以便与我的评论区分开。由于克莱因本人主要使用现在时 ③ 写作，因此我沿用了同样

---

① 此处为原文中的注释 6，见本章末尾。

② 此处为原文中的注释 7，见本章末尾。

③ 英文中的时态，用于表示正在发生或正在发展的动作或事件。——译者注

的时态，偶尔为了保持一致性而改变她记录中的时态。最后，正如斯皮柳斯（Spillius，2004/2007，p. 75）指出，克莱因有时以第一人称写作，有时则称自己为"K"。由于这可能会让人困惑，我对记录进行了编辑，使克莱因始终保持第一人称。

✽ 注释

1. 克莱因的记录（B.63）中提到过，B 先生在更早时期参加过另一种心理治疗，但很快就一笔带过了。

2. 在第四章中，读者可以看到 B 先生对"海燕"的描述，这种鸟为了照顾幼鸟而竭尽全力地挣扎，克莱因也按照类似的思路来解读这一材料。

3. 我猜测她是匈牙利人，因为 B 先生的一个梦中出现了一支匈牙利乐队，唤起他极大的自豪感。克莱因在 1940 年的论文《哀悼及其与躁郁状态的关系》中讨论病人"D"时，说他出生在美国。然而，我不知道她是否有意引入了一些不准确的信息，来保护病人的身份。她在第四次技术课程中可能也做了类似的事情，因为她在课程中说 B 先生有一个去世的姐姐。而在 B 先生的临床记录中，我找不到任何证据甚至任何暗示，证明他确实发生过这样的丧失。

4. 在 1940 年《哀悼及其与躁郁状态的关系》一文中，克莱因也回顾了 B 先生母亲的这段历史。

5. B 先生也是这家公司的董事会成员，或者 B 先生可能拥有这家公司。

6. 1949 年的记录来自档案中的文件 D.14。

7. 我偶尔会从档案的其他地方引用克莱因的记录，但都注明了档案中的原始出处。

✽ 参考文献

Klein, M. (1940) Mourning and Its Relation to Manic-Depressive States. International Journal of Psychoanalysis 21:125–153.

Spillius, E. (2007) Roth, P. and Rusbridger, R. (eds.) *Encounters with Melanie Klein: Selected Papers of Elizabeth Spillius*. Routledge/Taylor & Francis Group.

Steiner, J. (2017) *Lectures on Technique by Melanie Klein*. Routledge.

第二章

我的军队已整装待发，
我将全力支持它

本章中呈现的记录没有注明日期。虽然这些记录出现在"文件 B"的最后部分，但它们是克莱因对 B 先生的介绍，同时也补充了我前面所做的介绍。这些记录很可能是克莱因为一次课程或其他教学准备的，因为她首先谈到了弟弟或妹妹的到来对孩子的影响。她写道：

> 我们发现，有一些病人在童年时期的某些经历，似乎对他们的整个成长过程产生了支配性的影响。其中一个常见的经历就是弟弟或妹妹的出生。在儿童病人中，我们经常会从他们的父母那里听到，他们实际上已经观察到了孩子由此产生的变化。

接着，她在谈到 B 先生时写道：

> 我的一位成年病人从分析一开始就告诉我，妹妹的出生完全改变了他对他的母亲和生活的态度。B 先生对自己在婴儿房里的生活和他的父母充满了抱怨，尤其是他的母亲，他指责母亲不仅缺乏对他的理解，而且对他采取了一种令他无法忍受的保守的道德态度。然而，他却从未报告母亲对他有过实际的严格或苛刻的对待。同时，他又感到母亲充满诱惑，比起父亲和哥哥，母亲更喜欢他。[B 先生觉得她]非常不喜欢男性，[这导致] B 先生父母之间的关系不愉快……他报告了许多细节，说明他是如何感觉到母亲对男性普遍怀有仇恨，并且厌恶男性生殖器的。为此他总觉得拥有男性生殖器是有问题的。在这位病人的心目中，父母，尤其是母亲对性欲的态度，在很大程度上造成了他对性欲的矛盾态度。我想说的是，病人并没有功能性的性障碍，但在性方面有一定的抑制和困难，因为他有时觉得性是有问题的、下流的东西，而有时他却能很好地享受性。

克莱因在这里的空白处做了注释："矛盾：母亲引诱他——她的样子令人

难以忍受（无法直视她的眼睛），非常喜欢他……这个英俊的男孩。"她继续记录道：

　　他对自身成长经历的抱怨和对母亲的指责反复出现在分析中，而这些抱怨和指责都围绕着他的小妹妹的到来。当时他五岁。他非常清楚地记得自己当时全部的情绪状态和感受，他向我全情地描述了这些感受。在分析过程中，他再次体验到了当时的强烈感受。他觉得自己遭遇了非常可怕的事情。他根本不知道有一个孩子会到来。有一天，他一觉醒来就听说家里多了一个婴儿。他被赶出了与深爱的保姆共用的婴儿房。他不得不和哥哥睡在一起。虽然保姆仍然对他很好，但正如他客观陈述的那样，他觉得自己被剥夺了太多的关心和爱，这对他来说意味着无法弥补的损失。他十分强调的一点是，他讨厌这个婴儿带来的忙乱。他觉得对这个孩子所有的特殊照顾都是多余的。他带着恼怒和怀疑的心情观察着小婴儿接受照顾时一切微小的细节。母亲和保姆常常把头凑在一起，好像婴儿出了什么问题。必须给她用点油或油脂，或者做点别的什么。病人觉得所有这些都是不必要的、令人烦扰的小题大做。他还觉得母亲不能尽情享受和婴儿在一起的时刻，因为她总是忧心忡忡，而婴儿其实并没有生病或不健康。让 B 先生感到非常受伤的一件事是，尽管他很快就对这个婴儿产生了柔情，但他却不被允许像保姆一样抱起婴儿、给她洗澡或做任何事情……他非常肯定地认为自己不被信任。B 先生清楚地意识到，整个情境中相互矛盾的感情对他的成长产生了影响。

　　B 先生坚持认为，从那以后他再也没有信任过母亲，尽管在总体上他仍然称得上是个好孩子，但从内心深处却远离了母亲，与母亲越来越疏远。他这样对我说：他一生都徘徊在爱与恨之间。用他的话来说，就像站在刀刃上。B 先生对这一切都了如指掌，因此他认为没有什么能改变任何事情，包括分析，因为没有什么能抹去他所经历的失望、痛苦和仇恨，以及由这些情感导致的不信任、怨恨和所有其他的困难。他在婴儿房里的生活对他的成长产生了支配性的影响，这一点可以从以下事实中得到证实，每当病人感到被人误解或与人发生冲突时，他都会觉得是大人又一次冤枉了他，同时他对自身家庭生活的各种细节也有类似的感受：又一次被大人冤枉，严厉的母亲和令人挫败的保姆又出现了。

可以说 B 先生十分聪明且具有个人魅力，在许多方面都很公正和善良。他非常清楚这样一个事实，在他做出上述的这些情绪反应时，他实际上从未真正离开过婴儿房。虽然他充满了心理洞察力，但分析工作却非常困难：任何指向造成他困难的内在过程的解释，都很容易让他觉得我在责怪他……我立刻变成了他的保姆或母亲。尽管如此，我们还是逐步了解到他早期的攻击性以及由此产生的焦虑，而且一些梦也提供了明确的证据，证明他感到自己的粪便和尿液在很多方面具有毒性、灼烧性和破坏性。当我把这一点与他对妹妹的态度联系起来时，[常常]会遇到困难。

克莱因提到了分析中一段艰难但重要的时期，这段时期的开端是 B 先生撞见了她的另一位病人——一个孩子。

他对我的信任与日俱增，尽管这份信任很容易在某天变成完全的不信任和指责，而我们多半能把这种指责与他对母亲和保姆的态度联系起来。我做了一些安排，让 B 先生不会遇到他之前和之后的病人。我特别强调不会改变他的时间，因为能够明确拥有这个特殊的时间对他来说意义重大，而且似乎在一定程度上，也是补偿分析给他带来的强烈挫败感，因为它重复了过往的情境。但是，[在某些时候]我不得不因为一个儿童病人不能早到，而改变 B 先生的时间安排。一开始 B 先生似乎觉得合理，但终究无法维持这种态度。他变得沉默寡言，随即突然指责我是如何让他失望和沮丧。我曾允诺把这个时间留给他，而他要求我记住他对这个承诺的强烈感受。我向他指出，他仍然可以拥有他原来的那个时间，但这样就免不了遇见那个孩子，他似乎很理智地接受了。

　　第二天他早到了几分钟，显然是为了避免遇见那个孩子，他在等候室里一直等到那个孩子离开。B 先生听到了我和那个孩子在大厅里的谈话，因为那个孩子不愿离开诊室，为了确保他离开，我陪他走到了门口。与此同时，那个孩子也对这位成年病人产生了类似 B 先生对他的感觉，他在离开前指着大厅里 B 先生的帽子说："哦，那个人到了。"B 先生在等候室里也听到了这句话。B 先生再次试图理智地对待这件事，拿这个显然不喜欢他的孩子开玩笑，但他随后变得沉默不语，他的分析中一个非常关键的部分开始了。在会谈快结束时，他打破了沉默，满怀仇恨和愤慨地指责我让他失望，违背了我为他保留这个特别时间的承诺。当我指出，我理解他由于另一位病人的存在而产生的困难，但我实际上并没有改变他的时间时，B 先生回答说，实际上是我让他一直等着。的确［这］只是很短的时间，其实只有一分钟，但等待仍然发生在他自己的时间里。看来旧有的情境，即妹妹意外的到来，完全被重新激活，他自己也意识到了……他甚至说，即便我在他遇见那个孩子之前事先告诉他，也不会有什么区别，因为他无论如何都会强烈地感受到被剥夺。这［并］不会缓解他的情绪。分析变得非常糟糕。我所做的一切解释都是错误的。B 先生感到绝望，想要中断分析。当我解释了整体情境之后，他似乎有所松动，他说："你什么也做不了，因为我的军队已经整装待发，而我将全力支持它。"

克莱因继续记录道：

　　接下来的几天，B 先生都到得很晚，几乎到快结束的时候才来，所以我只能见他几分钟。我建议把他的时间推迟 10 分钟，这样他就不会见到那个孩子，他拒绝了，因为［他说］这意味着他不再拥有同样的时间，［那个时间］不再是他的时间了。虽然白天他总是下定决心再也不来了，要完全中断分析，不过他还是每天都来。但是在我们仅有的几分钟里，加上我额外增加了 10 分钟左右，让我有机会分析现在的情况。我想说的是，B 先生对于自己迟到、让我久等、损失了这么多时间和接受额外的时间感到非常内疚，他非常焦虑地关注着我对这一切的反应。他同意我的看法，认为他之所以来得这么晚，有一部分原因是想表明，既然我没有遵守时间，他也不会遵守时间，至少他的感觉是这样，但我并没有过多强调这一点。我通过我的态度和解释向 B 先生表明，我完全理解他不得不远离这件事，因为他对（再次）见到那个孩子，哪怕只有极小的可能性，也感到非常焦虑，总之他完全不能忍受和我一起待满整节治疗的时间。我对他说，我们只需耐心等待，在眼下尽可能多做一些工作，这无疑缓解了他的焦虑。我总体上的解释是，主要的问题不在于他的失望，而在于他对那个孩子和我的攻击性［所引起］的焦虑。我用他说过的几句话证实了这一点。他说，即使我把那个孩子赶走也无济于事了。在一次短暂的会谈中，他说感觉自己像掉进了一口燃烧着沥青的井里，周围充满了灾难。他没有躺下，即使躺下了，也很快又站起来，坐在离我更远的地方，甚至是站着。经过一番解释之后，他引用了柯勒律治（Coleridge）的一句话："如果我们与所爱之人争吵，那就像毒药侵蚀了大脑。"他谈到在他的内心有把沸腾的水壶，他无力控制。我能够将这一切与之前的材料联系起来，在这些材料中，他的言语和思想等同于灼烧和毒害的攻击，接下来，我解释了他遇见那个孩子的焦虑，是由于他对那个孩子有破坏性的愿望，他为自己想直接消灭那个孩子而焦虑——除此之外，他还为他隐秘的施虐攻击会毁掉那个孩子而焦虑。

克莱因在1937年发表的论文《爱、罪疚与修复》（*Love, Guilt and Reparation*）中引用了柯勒律治的这句话（B先生的引用略有错误）。她在文中写道："当一个人对所爱的人感到憎恨，就会产生担忧和内疚。"我想她在引用时，一定想到了B先生。在上述记录中，B先生对克莱因的暴怒，是因为她的安排激发并再度重现了他早期难以忍受的流离失所和仇恨。现在他对分析感到像"站在刀刃上"，而克莱因的理解显然有助于他坚持下去，直到情感风暴过去或得到修通。在接下来的章节中，早期的分析记录也同样揭示出他处于类似的不安和困惑状态。然而，B先生面临的却是他的母亲即将到来的死亡。

✳ 参考文献

Klein, M. (1937) 'Love, Guilt and Reparation'. In *Love, Guilt and Reparation and Other Works 1921–1945*. (1975). Virago.

第三章

死亡一直笼罩着他

本章呈现了克莱因 1936 年 6 月和 7 月的记录。虽然这是现存最早的临床记录，但当时克莱因和 B 先生已经一起工作超过两年了。这些记录的标题是《哀悼与忧郁》（*Mourning and Melancholia*），这或许是由于它们涉及 B 先生年迈的母亲去世前的那段时间，以及她去世后的几周。然而，正如这一章的标题所示，克莱因感受到 B 先生一生都"笼罩"在死亡中。她把这一点与他的信念联系在一起，即他无法让他的客体在内在存活，他的内在父母一直发生着可怕而致命的性交。B 先生母亲的死亡重新激起了他对内在结合的父母形象的各种焦虑，也有他对自身破坏性的焦虑，以及他对自己未能保护母亲免受内在父亲伤害的焦虑。

接下来的一部分材料，尤其是"公牛梦"，也被克莱因用于她 1940 年发表的论文《哀悼及其与躁郁状态的关系》中。B 先生在该文中被称为"D"，但这些临床记录毫无疑问来自同一个病人。

🗨 1936 年 6 月

根据克莱因的记录，B 先生的母亲当时已经昏迷不醒。她似乎已经"衰竭"和"混乱"了好几个月。克莱因写道，面对母亲即将离世，B 先生对她的仇恨和指责增加了，以逃避"悲伤、痛苦和焦虑"。例如，在母亲去世前的那次会谈中，B 先生"又一次非常消极，谈到了女人如何让男人不快乐"，他直接"指责母亲让父亲不快乐"。B 先生提醒克莱因"母亲的整个家族史"：家庭非常不幸，有两个人自杀，还有一个姨妈住进了精神病院。他自己显然也很混乱，他告诉克莱因："我知道你想把我逼疯，然后把我关起来。"克莱因解释了"家族和母亲的疯狂或混乱……现在被他内化并感受到了"，以及 B 先生母亲的死亡"对他来说意味着她在发疯、出错和犯糊涂"。

在这个解释之后，B 先生报告了一个梦：

他看到一头公牛躺在农田里。这头牛看着不像牛，但也不像其他任何东西。它看起来非常怪异——好像只是一张牛皮——但是……又不仅仅如此。它并没有完全死去。它看起来非常危险。他站在它的一侧，而他的母亲站在另一侧。他设法逃到了通往屋子的楼梯口，却感觉自己把母亲留在了危险之中，他觉得自己不应该离开她，但他希望她也能逃出去。

B 先生首先联想到了乌鸫（blackbird），这让他大吃一惊；早晨乌鸫把他吵醒了，让他感到非常苦恼。然后他回忆起一个故事：有个人差点被一头公牛压死，他被困在公牛身下长达数小时，但最终成功射杀了公牛。他注意到梦中的公牛是杂色毛（roan）[①]，并向克莱因描述了这一点。他想起南美洲的水牛几乎灭绝，但最终存活了下来，之后又想到杀死水牛以便吃掉它们。他还说，这个梦的场景是他自己的农场，公牛一直站在泥泞中。他"铺了一层地板，让公牛站得舒服一点"。

克莱因认为，B 先生的梦代表了他对父母之间发生的事情的幻想：他们之间危险的性交最终导致了母亲的死亡。根据他吃水牛肉的想法，并联系到最近 B 先生反复感到不适的材料，克莱因解释说，B 先生感到父母之间的破坏性性交正在他的体内进行着。她写道：

> 所有……［B 先生的母亲］神志不清和令人恐惧的表现都表明，她体内那头怪异而危险的公牛正在发挥作用，而由于 B 先生的母亲存在于他的体内，因此他感到混乱和近乎疯狂……他和她一起站在公牛的身边，表明这一切已经被他内化——而他的农场代表了他的身体。事实上，他曾声

[①]　roan 用于描述动物的皮毛颜色，常用于描述某些哺乳动物（尤其是马、牛等）特定类型的毛色。例如，红褐色或棕色的底色，夹杂着白色或灰色的毛发，但白色毛发不会集中成斑块，而是均匀分布在全身。——译者注

称他的佃户要对农场负责，我将此解释为他在否认内在发生的一切。

随着对 B 先生分析的进展，克莱因经常强调，他十分恐惧想要阉割他的"公牛 - 父亲"，因为"公牛 - 父亲"的存在既阻止了他对母亲有更多爱的冲动，也阻止了他保护母亲。克莱因告诉 B 先生，在他母亲垂危之际，以及后来她真的离世时，都重新激发了他对父母之间关系本质的幻想和相关的焦虑。克莱因强调了 B 先生对父母明显的关怀，他们是夜里打扰他的乌鸦，但他也爱着他们。在"公牛梦"之后，B 先生谈到他在家附近种植了百合花，他想知道百合花会在哪里生根发芽。克莱因认为这也证明了他对父母的关怀，并提到他想让垂死的母亲复苏。她还指出，B 先生暗示了"公牛 - 父亲"也有好的方面，因为他提到了"公牛 - 父亲"细腻的色彩和"濒危的水牛"；她还注意到，他希望为站在泥泞中的公牛铺设地板，"让它舒服一点"。

第二天，也就是星期六，B 先生的母亲去世了。虽然克莱因经常和 B 先生在星期六见面（也就是说她经常一周见他六次），但他们并没有在这个周末见面。当 B 先生星期一回来时，并没有立即告诉克莱因他的母亲去世了。相反，他强调自己对克莱因的憎恨，并坚信分析会杀死他。直到克莱因说，此刻他对她的仇恨，掩盖了他对母亲的状况的悲伤和焦虑，他才告知母亲已经离世。克莱因写道：

> ［B 先生］告诉我，在得知消息的那天，他产生了很多感悟。他提醒我，我曾告诉过他，他的直系亲属中从未有人死亡，但死亡一直如影随形，笼罩着他。他认为，他现在的感觉可能有所不同，是由于我们此前所做的工作。他希望他的妻子康复，并对我表现出极强的保护欲，这表明他

在建设性和创造性的倾向中寻求庇护，以此维系或复苏垂死的母亲①。他也意识到这个情境在多大程度上是一个被内化的情境。他告诉我，昨晚接到消息后他感到恶心，他说这不是身体原因。他觉得这正是对整体情况内化的证明。

💬 1936 年 6 月 10 日，星期三

B 先生的母亲似乎已经下葬了，因为克莱因记录了一个梦，提到"在葬礼之后的那天"。

> 在这个梦中，B 医生和另一个人［显然是我（克莱因）］试图（对 B 先生）②提供帮助，但实际上，B 先生正与我们试图帮助他进行对抗，死亡正在向他逼近。

克莱因写道："他在强烈而痛苦地谴责治疗会使人瓦解。"克莱因告诉 B 先生，更确切地说，这是他的内在客体正在他的内在瓦解。他形容了自己在母亲葬礼上的困惑，他不知道母亲和父亲各自的家族成员应该站在什么位置。他问自己：

> 谁是主角呢？他不知道是父亲还是母亲。他不得不问自己，这究竟是谁的葬礼。

克莱因解释说，B 先生感到他的父亲也已经去世或濒临死亡。克莱因认为"他的敌意掩盖了悲伤"，对此 B 先生"一再大笑"。B 先生说，他感受到的任

---

① 应指 B 先生内在的母亲处于垂死状态。——译者注

② 此处单括号中的内容为译者所加。——译者注

何痛苦都是克莱因和治疗造成的。克莱因写道："B 先生在稍作反思后又问，如果这是内在发生的事情，为什么我不帮助他呢？"

💬 1936 年 6 月 11 日，星期四

B 先生描述了他与妻子之间不愉快的交流，克莱因对此进行了解释：

> 他最近对我充满仇恨，并且很明显，他把对亡母的仇恨和焦虑转移到了他妻子身上。然后，B 先生举了一个让他感到非常受伤的例子——他的妻子问他："你想请谁来做客吃晚饭？"而不是提议："我们应该请谁？"他对此感受非常强烈——就好像他身上有某种特殊的东西，他有特殊的嗜好和愿望——他感到自己像一只被关在笼子里充满野性而又受挫的动物，必须得到满足。

克莱因注意到 B 先生对自己的"进食倾向"①或口欲破坏性感到焦虑，她显然一直在分析这种焦虑。她认为，B 先生在听到妻子的话后感到受伤。

> 这与他早期攻击母亲的乳房所带来的强烈内疚感有关，而我们之前已有很多这方面的材料。我试图说明他对进食倾向的内疚感，如何干扰他在内在建立起一个平和的母亲形象。

接下来，B 先生对一个他喜欢的表妹没有出席某次晚宴表示失望。他抱怨女人不可靠。克莱因将"没有出席"与死亡、缺席以及 B 先生对母亲的思念联系起来。她回顾了他童年时在黑暗中的孤独和焦虑。

---

① 应指在 B 先生的无意识幻想中，他的进食带有破坏性倾向。——译者注

B 先生突然想起前一天在［他的］父亲家，他从窗户向外看时，看到树丛上有一只松鸦（jay），这让他感到厌恶，在他的印象中这种讨厌而有破坏性的鸟会惊扰有鸟蛋的鸟巢。然后他想到了野花……一束束野花被扔在地上，可能是孩子们扔的。

克莱因解释道：

他悲伤地看着自己和自己的破坏性倾向，这种倾向伤害了母亲和母亲体内的孩子，他也是一个摘了美丽的花却又扔掉的孩子，因此伤害了他的母亲。这让我再次注意到，与他的母亲之死有关的无价值感和内疚感发挥了重要的作用。

💬 1936 年 6 月 12 日，星期五

B 先生回忆起一个梦：

他看到一辆公共汽车以失控和不寻常的方式朝他驶来——像波浪一样。我问他是谁在开车，他说，没有人——公共汽车自己在开。公共汽车从那边（也就是从我家花园的方向）向他驶来，驶向一所棚屋……他只拥有一半的鸟瞰视角——不知怎的，他忽然离地面很远。他看不到棚屋里发生了什么事，但他知道它"快烧起来了"。我问他为什么看不到。他说他所处的位置没有这个条件，但他非常清楚地知道正在发生的一切。有两个人从后面（我的椅子后方）过来了——他们打开了棚屋的屋顶……就像打开他带有铰链结构的书桌一样（这样设计是因为他不喜欢拉抽屉，而是打开书桌的顶部，这样他可以完全看到里面的东西）。他不明白人们打开棚屋的屋顶有什么意义，但他们似乎认为这有帮助。

B 先生说，很显然这是他和克莱因在打开屋顶。他把自己"不明白这样做的意义"与他"持续抱怨治疗效果不好"联系在一起。他回忆起最近发生的一次车祸，他的车撞上了一辆公共汽车。他抱怨说：

> 我似乎不明白，需要多么专注，才能从一堆零碎中拼凑出一件旧物——将微小的碎片从混乱中整理出来，拼凑成一件东西——他用了"统一"这个词。他在分析中失去了力量，这说明了分析的瓦解作用。

B 先生继续"发表不同的意见"，克莱因认为这是在阻止她解释，因为当他说完时，一次会谈已经快结束了。克莱因写道：

> B 先生听到我告诉他没有什么能阻止我做解释时，他开怀大笑。

她告诉 B 先生：

> ……公共汽车和［之前被认为代表父亲的］公牛是一回事。棚屋代表他的母亲，而与此同时，公共汽车——这个不受控制的、狂野的、机械的东西，正针对着他。他通过半鸟瞰的视角逃脱了，而他所处的位置让他看不到发生了什么，这与最近［在"公牛梦"中］跑上楼梯如出一辙，他真的看不到公牛对母亲做了什么。

B 先生将自己从危险中解救出来，而不是像"公牛梦"中那样保护母亲，但是克莱因也指出，父亲对母亲的攻击对 B 先生来说也是一种危险：

> 因为，危险而不受控制的性交……被他内化和永恒化。

她记录了 B 先生离开时"非常释然"：

然而，他说他觉得我既是拥有半鸟瞰视角的人，也是后来帮助他打开屋顶的人，这让他很混乱。

克莱因认可 B 先生的感受，他感到内心杂乱无章，而且他难以相信任何人，包括她在内。

💬 **1936 年 6 月 15 日，星期一**

周末过后，B 先生对克莱因的感觉非常矛盾：

他从各方面指责我对他造成了伤害，尽管当我指出，他似乎完全摒除了与母亲离世有关的思绪，他同意这肯定与他的状态有关。

之后 B 先生报告了一个梦，他先是提到他和一个邻居去猎沙锥（snipe），但却所获无几。

在梦里，有个农夫打死了数百只沙锥，他不知道在沙锥筑巢时不能猎杀它们。

克莱因解释道：

这又是一个坏父亲（公牛和失控的汽车），他会伤害母亲和她的婴儿。在这里，他和邻居代表的是他哥哥和他自己，相对来说，他们对婴儿们造成的伤害没有那么大。

克莱因记录的先前的材料表明，在 B 先生的心目中，打猎等同于杀害儿童，这也解释了他对打猎深深的矛盾。在这次会谈后，B 先生给克莱因写了一封信，这是他在会谈后经常做的事。他在信中"似乎承认他无法真正坚持自己的观点，即分析是他绝望的原因"。然而他恳求克莱因："如果你所说的是真的，我同样无法承受。"①

💬 1936 年 6 月 17 日，星期三

克莱因指出，B 先生"陷入了绝望"并且"崩溃了"。

他问我，让他了解自己对母亲有这种感觉，到底有什么帮助？

克莱因告诉他：

这一切不仅指真正的母亲，也指被内化的母亲所面临的危险，以及他面对被内化的母亲能否感到平静，[或者说实际上缺乏平静]。

接下来，B 先生对他的妻子和一桩商业交易感到"极度痛苦"。他说，他应该对董事长采取一些措施，但是他做不到。克莱因解释道：

公司、他的妻子和我，所有这些都代表着他的母亲，而他焦虑的是，面对糟糕的董事长、公牛和汽车等，他将无法拯救她。

接着 B 先生告诉克莱因，当他听说妻子准备和她的兄弟去听音乐会时，他感到"如坠深渊"。B 先生并没有受到邀请。他指责克莱因：

说我似乎认为他不想说话，或者他无话可说，但他可以长篇大论、滔滔不绝地谈论音乐。可如果他去描述音乐对母亲、父亲和他的意义，那就像一幅图案走样、针脚破烂的刺绣。说着说着，他情不自禁地哭了起来。

① 此处原文是"如果我所说的是真的，他同样无法承受。"克莱因用第一人称转述了 B 先生的信件，为避免误解，翻译时改成 B 先生为第一人称。——译者注

事实上，他只能提到在他小的时候，有一次在休息室外发觉自己崩溃了，这让他想起曾因母亲的愤怒而瘫倒在椅子上的男管家。他感到很难告诉我，他在休息室外的崩溃与母亲对他练习音乐的训斥有关，但我做了这样的关联后，他就承认了。

这是克莱因第一次在记录中提到 B 先生对音乐的热爱，以及他与音乐之间复杂的关系，音乐显然是一种家庭兴趣。这一点之后变得很明显，音乐，尤其是弹钢琴，与 B 先生对母亲的思念紧密联系着，另外他认为自己弹琴很"失败"，无法取悦母亲。

在这次会谈中，B 先生责备克莱因，指责她"全能、发号施令、无所不知——像上帝一样"。他回忆起"每当法老的心越来越狠时，上帝给他降下的天谴也越来越多，他总对法老感到同情"。克莱因指出，B 先生明显认同了法老，以及他常感到自己被上帝一般的成年人冤枉。不过，她也提到了他的内疚感：

这一点最近表现得很明显，他也承认自己是个该死的讨厌鬼，他对自己的感觉很糟糕。

克莱因评论说：

B 先生总是不满会谈的时间太短，而且就算我们愿意，也不可能持续很久。他感到自己被我遗弃了，在这种情况下，他坚决认为我应该在他醒着的所有时间都陪着他，给他所有的安慰等，这就是他对我狠心的原因之一。

💭 1936 年 6 月 18 日，星期四

B 先生"再次带着激情和温柔谈论起音乐"。他提到，尽管他的母亲据说很有音乐天赋，但她从来不歌唱。他对于被迫练习音阶充满怨恨，克莱因对此解释道：

> 当我要求他联想，或者期待他以自由的或能够理解的方式联想时，我就变成了让他练习音阶的人，而他显然渴望与音乐有其他的联系。

她还提醒 B 先生，有一次"谈到对音乐难以言表的重要感受时"，他提到了母亲的乳房。她认为，B 先生可能很早就听过音乐，并将此与母亲联系在一起。B 先生表示同意，并说他"认为母亲可能在他很小的时候给他唱过歌"。

💭 1936 年 6 月 19 日，星期五

B 先生首先报告了一个噩梦：

> 梦里有一些女人，她们向他走来——只是普通的女人，他不知道她们长什么样子，也不知道有多少人——也许是这世界上所有的女人。B 先生不得不用胳膊挡住她们，他指出，他把她们挡在了自己身体的前面。他觉得她们非常危险。

他联想到"果酱罐头"，而且"打开盖子，发现里面装满了可怕的东西"。他想到了绿头苍蝇：

> 然后，说到他母亲经常给他朗诵的一首讽刺诗——"谁把绿头苍蝇放进了肉铺？"等——诗里有很多类似的问题，答案都是"拿破仑"。

克莱因解释说，此时拿破仑代表着父亲。回到梦中，B 先生想起了他一直试图挡住的女人们。他说：

> 她们代表着"恐怖"——人格化的恐怖。他提到了三个神话中的女人，她们共用一只眼睛，这是珀修斯（Perseus）看到的。[①] 我指出，珀修斯还与另一个女人有关，在我的记忆中，她一点也不可怕。B 先生说，没错，那就是安德洛墨达（Andromeda），珀修斯从巨龙手中救下了她，但 B 先生没有想到她，只想到了那些可怕的女人。我认为他只看到了女人可怕的一面，他觉得她们实际上是装满可怕毒药和其他东西的罐子。我提醒他说，有时他似乎对母亲或她为他所做的一切，只保留了不愉快的回忆，他也承认这一点。

B 先生反思道：

> 他并没有完全忘记［对母亲美好的回忆］……他提醒我，母亲给他讲解花卉知识、教他读书以及所有与此有关的快乐，但有时他真的完全失去了这些记忆。

克莱因随后谈到他为什么会失去这些记忆，或者不得不远离母亲：

> 我向他表明，在分析中也有类似的过程，有时他否认我为他所做的一切。他不得不否认珀修斯与他所救的女人之间的关系，只记得那些恐怖的女人，因为他感到自己其实没能拯救他的母亲。［我说，在］"公牛梦"中，实际上他离开了，把母亲留在了公牛身边，让她处于危险之中，他重复了

---

① 应指希腊神话中，珀修斯战胜女妖美杜莎的相关内容。——译者注

一个早期情境，即感到自己把母亲留给了危险的父亲，而父亲把绿头苍蝇放进了她里面……他觉得自己没有保护好母亲。我指出，当他感到本应保护母亲时，他对父亲的焦虑变得太过强烈，因此他不得不否认母亲的好意，这样他就不至于太过内疚。

克莱因显然认为，最近在这一领域开展的工作已经开始对 B 先生产生影响，因为她写道：

> 最近几天他明显解脱了许多。我指出，随着他美好记忆的涌现，以及他建立起内在有一位好母亲的信念，他的心情也随之舒畅。内疚和焦虑等感受的减轻，为此创造了条件。

💬 1936 年 6 月 20 日，星期六

B 先生"精疲力尽，深感沮丧"。他绝望地认为，他的妻子"无法康复"。克莱因解释道：

> 现在，他把对母亲的绝望放到了妻子身上。他一直都这么做，但最近变得非常明显。

当时，B 先生想起了他的母亲，以及最近回忆起的关于弹钢琴的情境，他"感慨万千，仿佛无法用言语来表达"。他说他有位极好的钢琴老师，但"她教钢琴时很败坏他的兴致"。然后他说：

> 他绝不会强迫孩子学钢琴，就像他不会砍自己的头一样。如果一个孩子想要了解这件奇妙的乐器，想知道里面的一切，想知道它是如何产生的，想知道美妙的声音是如何发出的，想知道音浪是如何进入空气中的，

也许还想知道一些音乐史，那么他当然会告诉孩子，但绝不会强迫。

克莱因向 B 先生表明：

> 他的整体描述似乎能够运用到整个身体[①]的内部，我提醒他，他的探索（自慰幻想）指向了身体内部……这不是谁强迫他做的，而是自发的。B 先生同意钢琴代表女性客体，我解释说，他觉得音乐——他最近称其为美味的水果——和乳房有关，他演奏钢琴时，感到自己仿佛在以一种他渴望但又害怕的方式处理生殖器或乳房。他所遭受的任何失败和斥责都说明，他对母亲的乳房和身体做了错误的事情。这将导致阉割。

B 先生同意克莱因的观点。他说"钢琴是他唯一失败的事情"。他继续说明：

> 他在其他方面的学识都深受赞赏；他无法忍受在智力方面有任何的失败，因为内疚感让他持续处于恐惧之中，他把自己的能力和性幻想都理智化了。

🗩 1936 年 6 月 21 日，星期天[②]

B 先生迟到了。他感到"恐惧，处于绝望之中"，他对妻子的健康也有同感。他表示自己无法忍受克莱因认为她能帮助自己，尽管如果她说她不能，他也无法忍受。

---

① 应指无意识幻想中母亲的身体，在 B 先生的分析材料中，后文中对姨妈身体的幻想也代表着对内在母亲身体的幻想。——译者注

② 此处为原文中的注释 1，见本章末尾。

这就好像他的母亲告诉他，她将放弃教他音乐一样。

克莱因解释道：

音乐似乎涉及昨天的材料——让他演奏音乐，就像让他必须证明他的能力——虽然他很想证明这一点，但他也害怕这样做，他想把对母亲的爱与性欲分离开，但是他做不到。

克莱因提到，"在上完一节重要的音乐课后"B 先生在休息室外崩溃了。克莱因提醒他，当时他说过，他感觉自己被阉割了。

然后 B 先生对我恨之入骨，说这是我的行话，而他做梦也不会想到用这个词。然后，他提到自己认识的一个奥地利女人，这个女人告诉他一个坏消息，说他们共同认识的一个熟人出了意外。

克莱因解释道：

他把我对阉割的解释当成了坏消息，他感到阉割已然发生了。

💬 1936 年 6 月 22 日，星期一

B 先生回忆起他曾要求克莱因更改某次会谈的时间。他说他不想"给她添麻烦"或者"求她帮忙"。然后他说起了他的妻子：

她希望要个孩子，但这只是一种逃避，因为她不能将他带入与孩子的关系中……他真想妻子能够接纳他——将他纳入其中——加入这些关系，但这是不可能的。我指出他强烈地感到孤独，也非常希望与妻子建立完美的关系。他不想请求妻子帮忙，就像他不想让我帮他一样。他还希望我

更多地接纳他，并且与我建立更私人的关系，尤其是在他感觉更加孤独的时候。

关于孩子，B先生觉得"现在为时已晚"。克莱因说：

"为时已晚"实际上是指他母亲的去世——他不能给她一个孩子，而他曾经想这么做。（给母亲一个孩子）① 也意味着她"接纳了他"，她已经"把他纳入其中"。

B先生的回应似乎证实了这个解释：

他相当动情地提到，母亲特意留给他一些书籍和珠宝……他谈到了母亲的爱，他确实从未接受过她的爱。我提醒他，他童年时曾陶醉地玩耍母亲的首饰，他发觉自己现在再也做不到了，因为在这段回忆中，他非常钦慕他的母亲和姨妈们。他提到，他还记得母亲的母亲是如何去世的。当时他已经长大成人，母亲和他谈起自己的母亲，可他却相当冷淡。他觉得母亲很希望他能同情她，但他却让她很难过。

克莱因将B先生的回应，与他想更改会谈时间但又希望"不要打乱［克莱因的］安排"联系起来。她说他明显感到内疚，而他回应说：

他也从未想要破坏母亲所拥有的时间和秩序。她过得非常有规律。然后我提到，他不想用自己的性欲来扰乱她，而秩序和时间也代表着她整体的标准和观点，他的性幻想和性愿望会极大地扰乱这些标准和观点。

---

① 此处单括号中的内容为译者所加。——译者注

接下来 B 先生长时间地沉默，之后出现了一系列的回忆。克莱因做了记录，有些是好的，有些则是坏的。B 先生家的屋顶坏了，但家里有客人要来，B 先生还和他们一起游泳了。B 先生认为，他不应该让克莱因背负他的抑郁，"他不应让事情变得如此困难，不应如此难缠"。克莱因解释道：

> 他可能并不承认自己的洞察，也就是说，尽管他正在经历痛苦，但实际上他感觉好多了，他觉得自己没有也不应如此抑郁，这和我们对抑郁的工作有关，让他的抑郁得到了一些缓解。和往常一样，当需要认可任何进步时，他都不会承认。

B 先生的回应似乎再次证实了克莱因的解释：

> 接下来他提到干草——他曾下令用更好的方法制作干草，而农夫认为干草没什么用处，他［B 先生］说，干草可以装进袋子里，然后再拎着袋子去喂羊，所以干草是有用的。提到袋子，他提醒我他曾经说过，人是人性的容器……他们是装满感受、往事和回忆的容器。我将这一点与他在内在建立母亲的整个过程及内摄的过程联系起来。

接下来，B 先生第一次表达了对克莱因会死去的想法：

> 前一天他来见我时，听见有人在窗户上敲敲打打，他突然想到我可能已经死了，而有人正在钉棺材。

正如接下来我们将会看到的，B 先生对克莱因的死亡焦虑得到后续的分析后，他的性欲也得到了释放，包括对她的性欲和更广泛意义上的性欲，这相应地减轻了他的抑郁。

○ 1936 年 6 月 23 日，星期二

克莱因写道：

> 接下来的这次会谈充满了绝望。B 先生有半个多小时完全无法说话。他丝毫不相信我能帮助他，尽管他也没有力量离开我。我做了个有关昨天的会谈的解释，然后他突然离开了。

○ 1936 年 6 月 24 日，星期三

克莱因只记录了：

> ［B 先生］没有来，但他给我寄了封信，在信中说他明天会来。

○ 1936 年 6 月 25 日，星期四

B 先生提到了前一天的缺席，他说他想离开克莱因，而去他父亲家。他"和这些天一样，说话声音低沉，非常沮丧和绝望"。当他说治疗就是他无法忍受的遭遇时，克莱因说：

> 他似乎暂时完全否认他遭受了非常严重的丧失，他感到无法忍受由丧失带来的痛苦。我还提醒他，在他母亲去世三天后，我告诉他，他的抑郁和情绪状态与母亲的去世有关，他当时笑了……虽然他对此有了更深刻的理解，但他仍然想暂时否认。

克莱因又谈到了 B 先生用干草喂羊的想法，以及人是"装满情感的容器"的想法。B 先生说，他"不明白为什么［克莱因］如此重视这句话"，于是她解释道：

它的重要性在于它与当前情境的关联，以及他如何处理在内在建立母亲的过程……在我看来，他说这句话，恰恰承认了他正在这样做，并以这种方式表达了他希望能够把她作为一个完好的母亲形象保留下来，但是，任何希望的升起都伴随着绝望。

似乎是为了证实这一点，B 先生转而谈到了"暴风雨造成的损害"以及其他"破坏、仇恨和死亡的表现"。克莱因将他的绝望与他感觉到自己充满仇恨、毒害和灼烧的尿液联系起来。她说：

在他的心中，这些危险的表现与他自身的仇恨有关，他相信是自己将父母置于如此危险的性交之中。

B 先生谈到了自己的儿子，说儿子对"如何摆正与父母的关系"感到非常无助。克莱因写道：

我对这一点做了解释，他希望通过对自己儿子的认同，重温与父母旧有的情境，并摆正与父母的关系。回到……暴风雨，我总结了一些材料，包括危险的公牛、母亲去世前夜、棚屋和失控的汽车，以及他感到他无法在内在拯救她，因为是他在仇恨中安排了如此危险的性交……

克莱因提醒 B 先生，在他的分析中，他经常完全否认对父母性行为的意识。然而克莱因和 B 先生发现，"在他心中，最可怕的事情都发生在父母的卧室里"。克莱因认为，由于 B 先生感到内疚，绝望也随之而来。

他从未能保护母亲不受父亲在性交中带来的伤害，因为他过于恐惧父亲是个阉割者，在梦中他实际上救了自己，却把母亲留给了这头怪异的公牛，他希望母亲能逃走，可他实际上深信母亲是不可能逃走的。

B 先生告诉克莱因：

> 现在他要承认一件事，他感到不得不说，因为他马上就要离开了，那就是在安排干草事务时，他表达了一种强烈的情感，他不想让干草"下地狱"。

克莱因说，地狱是指"母亲和父亲危险的性交"，而 B 先生所言"似乎说明他对自身建设性的力量有坚定的信念"。她记录了 B 先生"带着接受的心情，静静地听着所有这些解释"。

💬 1936 年 6 月 26 日，星期五

B 先生首先讲了个笑话，这个笑话是有个乞丐甚至连一辆能够居住的车都没有。然后他讲了一个梦：

> 他在国外的一个城市，可能是巴黎。他和一个刚刚认识的女人走了。她并不年轻，也没什么吸引力，但他非常想和她上床。

他联想到法国人会"根据个人的情况"来判断一个人，而在他认识的人中，初次见面大家通常会说"我认识你的表亲"，或者做这一类的联系。他认为这让人很愉快，然而克莱因提醒他，在分析之初，B 先生很高兴她不是英国人，所以不认识他的家人或社交圈。B 先生同意这一点。

> 所有这些都可以运用到巴黎的那位女士身上，她当然不了解他的家庭情况，因此，对他的判断实际上是依据他个人的情况。他还说，我不认识

他的家人，这点（在某种意义上，本身就）① 已经是我提供的分析了；我所关心的只是他本人。

回到他的梦，B 先生做了说明：

> 他和这个女人一起去了酒店，住进了房间，然后他发现床上躺着一个人，他对此感到恼火，但也不是十分恼火，于是他找到了酒店负责人。这个人让他想起了自己的哥哥。在梦中，事情并没有结束，他还没有和那个女人发生关系，但他认为肯定会非常愉快，他有种感觉，这一定会发生——只是还没发生。

根据克莱因的记录，这一天她得离开咨询室去服用止咳糖浆，这并不常见。接下来，B 先生想起他曾经说过，当分析结束时他会问克莱因是否喷了香水。现在他说："香水和止咳糖浆都是我不想知道的私事。"

克莱因指出，B 先生自己也清楚，梦中的外国女人代表着她。她解释道：

> 他想和我一起出国，而在前段时间的另一个假期之前，当我们遇到类似的材料时，他非常坚决地否认了这一点。我提醒他就在前一天，在所有关于［危险的父母］性交等材料的解释之后，他突然说："你走后，我将在八月死去。"在这个梦里，他只是离开［并找到了我］。我并没有死。

B 先生报告了第二个梦：

> 他当时……和三个女人坐在一张桌子旁……然后又进来了三个人，他们都很杰出、危险而又迷人……他从自己的座位挪到了桌子的主位上，叫

---

① 此处单括号中的内容为译者所加。——译者注

人送一些杜松子酒来。他的面前放着一杯红葡萄酒，是法国葡萄酒，他对这种酒一点也不感兴趣……当杜松子酒端上来时，有人开始倒酒，然后酒瓶和酒杯似乎都空了——但 B 先生并不担心——他知道自己家里存了多少杜松子酒。

克莱因写道：

> 最后我提醒他，他表现出与前一天相同的倾向，昨天他也对自己建设性的能力有些信心，而他曾说过杜松子酒是无色的，代表着他的精液和能力，也代表着他感到自己已经得到了很多，未来也将会得到，尽管目前他觉得似乎还没有得到。经过近几天的解释，他似乎得到很大的解脱，完全变了一个人。从乞丐的笑话开始，他的整体态度带有躁狂的意味，实际上他感到自己就是那个乞丐，是他独自喂养了所有这些女人。

🗨 1936 年 6 月 27 日，星期六

克莱因的记录是这样开始的，"B 先生再次陷入了绝望"。他觉得不可能"让他的妻子康复"，而且"对孩子和父母之间的关系感到绝望"。B 先生"想象自己是个令人担忧的孩子，在很大程度上成了父母担忧的来源"。他对克莱因充满了仇恨和指责。她写道：

> 我提到了上一次会谈的材料，那个沉默的女人令人愉快，他信任她，并为性交做好了准备。他非常确信这是个好梦，那个女人也很好，最好不要再提这些事情。他说我们不需要催促花蕾赶快开花，甚至无需鼓励它，还说分析还没有结果。

克莱因写道：

他说得很清楚，他不只是要和［"巴黎梦"中的女人］性交。他先是和她一起去了一个公园或游乐场，然后又一起去了一个正在修建的郊区游乐场，这个游乐场以后会很可怕，看起来让人不舒服。他首先想要的是和这个女人交谈，接受她的陪伴。当我说在梦中他和她有种友好的感受和信任的气氛时，他说其中也充满深情。

克莱因补充道：

实际上，这个梦中的关系似乎充满了情感——当我说 B 先生把这个梦视为珍贵的财产时，他也承认了这一点。

克莱因告诉 B 先生，游乐场也和分析有关。因为分析"像花蕾一样成长"，即使其中也有不愉快的方面。这揭示了"童年愉快的游戏和与母亲愉快的关系"。然而，当克莱因把这些与梦中那个友好的女人联系起来时，B 先生又愤怒了。他强调梦中并没有发生性交，但他并不否认自己想要性交。然后他转向了另一个话题：

他谈到，一位出版商建议他写一本关于人生的书，谈谈他不同的观点。他说他做不到。我指出，写书类似于花蕾绽放。他感觉到事情在发展，也就是阴茎在发育。我提醒他，在梦中，当他招待那些女人时，他显然还没有长大，因为他对获得了这么多女人而感到非常骄傲。杜松子酒喝光了。不过，他知道自己还有储备……他相信自己会拥有它，就像一个孩子觉得自己的阴茎会长大，他相信自己长大后能做所有可能实现的事情。

克莱因还提醒 B 先生，"当他说要用正确的方式准备干草……来喂羊时，他对自己建设性的能力仍然有些信心"，而他的回答是肯定的：

他向我详细说明了干草的事宜，并说他还有一个想法，即干草应该让能欣赏它的动物来吃。干草要以正确的方式准备，也要以正确的方式被摄入。

克莱因评论道：

这似乎和分析有关，他希望我欣赏他的联想；我指出精液在一定程度上等同于精神产物，而精神产物被认为是礼物。

克莱因在记录的结尾写道：

这些材料尤其令人印象深刻的是，梦本身被视为内在客体和财产。

💬 1936 年 6 月 29 日，星期一

B 先生和妻子"吵崩了"，情绪再次变得非常低落。他首先提到了一个梦，梦见他在牛津大学认识的一个人，那个人现在已经去世了。那个人非常善良，尽管他一直反对精神分析。

在梦中那个男人，看起来像从坟墓里爬出来，这让 B 先生想起了《荷马史诗》和奥德修斯（Odysseus）[①]，奥德修斯见到了冰冷、悲惨和模糊不清的死者。

接着，他从梦中挣脱出来，告诉克莱因：

昨晚他一个人睡，那雨声难道不是很可怕吗？然后他告诉我他和妻子

---

① 奥德修斯是《荷马史诗》中《奥德赛》的主角。——译者注

争吵的原因，他妻子周末要出远门，他觉得自己被她遗弃了。我解释说，他对离开和遗弃他的好母亲感到绝望，并认为这是对他的惩罚……［他］继续说，如果他梦见一个人从坟墓里爬出来，那一定是他的母亲，而这个非常善良的人就代表她。我认为他感受到的绝望感，那种在周末被妻子、也被我独自留下的绝望感，以及假期临近的感觉，与他害怕母亲死亡，以及自己会孤苦伶仃，而在每个夜里感到寂寞有着联系。我还把他对凄风苦雨的焦虑与之前的材料联系起来——即尿液是危险的，而且他也因为尿液而变得危险……这些模糊的、凄惨的、冰冷的人，是他内在母亲的写照，由于他内在有危险的东西，他无法保护她，也没有能力拯救她。

在这个动人而凝练的解释中，克莱因成功地表达了 B 先生内心的毒害感、伤害了内在母亲的恐惧感以及恐怖的孤独感。克莱因将这些感受与他的母亲、妻子以及她本人联系在一起，而接下来的会谈似乎证实，B 先生已经感受到了她的理解。

💬 1936 年 6 月 30 日，星期二

克莱因指出，B 先生的心情"完全不同了"；他明显不再那么沮丧。他说"他认为现在离开分析是件好事，因为他没有分析也可以"。克莱因认为，B 先生觉得分析对他有帮助，他想趁着她在他心目中还是个好客体时离开她，从而拯救她。B 先生对这种想法并不满意。他要求了解，"为什么他得承认分析对他的帮助，而［克莱因］却从不承认分析对他也有伤害"。克莱因再次以非常动人的方式回应他：

　　我谨慎地对他说，我很清楚有时他会因为分析而感觉更糟——分析会激起焦虑等，但我并不真的相信分析会让他变得更糟，尽管他有时会这么

觉得。相反，他觉得成年人不应该总说自己是对的，孩子是错的——分析代表了他的客体做得不好的地方……而这是他希望我承认的。

这似乎又给 B 先生带来了一些解脱，因为他随后报告了一些生意上的好消息，并计划在不久的将来出差，甚至带上他的妻子。然后，他回忆起了一个梦：

> 他穿过一个房间，里面有几个空军官员。他们打扮得像一支匈牙利乐队，那个房间也像音乐室。

在联想中，B 先生回忆起在母亲举办的一次花园聚会上，有一支匈牙利乐队来演奏。他对那支乐队非常感兴趣，感到"很自豪，但又因为太害怕，而不敢和他们说话"。克莱因解释道：

> 这些空军官员和匈牙利乐队代表着父亲，但也代表着父母之间愉快的性交，他相信父母的性交除了有令人恐惧的一面，也有这样的一面。

克莱因在此处写道："B 先生变得极度愤慨，走出了房间。"尽管如此，当他回来后，她仍然向他强调：

> 他要独立于他母亲的感觉变得强烈，并将希望转向同龄人——在目前的情况下，是转向他的妻子（和她一起离开我）……他似乎不再那么纠结于与母亲的冲突，以及他对被内化的母亲的焦虑。

B 先生说：

> 一直以来，他都对军队感到赞叹不已——它既古老，又总那么令人钦佩，而且与之相关的情感也非常强烈。这也与他父亲的老房子有关。我把

军队这一古老的事物和相关的强烈情感，与受人尊敬的父母和他们令人钦佩的性交联系在一起。

克莱因显然认为，必须承认 B 先生逐渐意识到他的内在父母存在着一种不同（性质）[1]的性交，并且承认他意识到他们具有令人尊敬的品质，尽管其中的部分材料带有一些躁狂的意味。

💬 1936 年 7 月 1 日，星期三

此时分析似乎发生了相当大的转变。虽然这些材料的内容显然并不新鲜，但这是克莱因在记录中首次提及 B 先生对他和他的妹妹之间性行为的幻想。B 先生迟到了，他忘记了自己的会谈时间很早。首先他说，虽然他和妻子相处得很愉快，但"她真像个忧心忡忡的小女孩"。然后他报告了一个梦：

> 妻子的医生向他询问妻子的情况。他们在一个公共场合，让他觉得难以启齿——尴尬至极——但同时他又很高兴医生来问他。

回到 B 先生与妻子的关系，B 先生说：

> 由于妻子太像个小女孩，所以前些年给他的印象是，性交之后，他就像强奸了一个小女孩。

克莱因提醒 B 先生，"所有关于强奸小妹妹的材料，都让他深恶痛绝"。她说：

> 有关他妻子的这些话，似乎证实了他已经从过去对父母的冲突和焦虑

---

[1] 此处单括号中的内容为译者所加。——译者注

中离开，转向了对妹妹的愿望，但因为妹妹更年幼，他感到异常内疚。

这个解释激怒了 B 先生，他说：

我总是在指责他，他永远不会和我有好的关系，分析似乎总在强调性欲，好像不理解其他任何事情。

B 先生转而谈到他在读的一本小说：

这是一本侦探故事，有人在水里发现了一个与某公司有关的人，他被铁链锁住，并且头部中弹。该公司的成员被要求辨认尸体。其中一个人非常沮丧，侦探开始怀疑他是不是凶手。当我问这个人是否真的是凶手时，他说他还不知道，他还没有读完。

克莱因解释道：

他觉得我是侦探——因为他提到我一直在指责他——而故事还没读完，说明分析还没结束……他一直害怕分析，害怕发现过去自己对妹妹和母亲所做的一切。在联想中他说过一句话，表明他认为自己是凶手，我还指出，还有一种可能是凶手另有其人，而这个人可能真的是父亲，也可能是公司的另一个成员，因为他始终不能确定是父亲（公牛）伤害了母亲，还是他，B 先生，在幻想中伤害了母亲。

💬 1936 年 7 月 2 日，星期四

克莱因指出，B 先生"处于极度绝望中，感到非常害怕"。他问：

难道我就不能给他一点安宁吗？他又一次和妻子闹得不愉快，他说他

感觉自己就像一口沸腾的锅，里面炖着什么东西，不时有一只看不见的手将锅从火上拿开，然后他才能感到一丝安宁。说到这只手，他引用了哈姆雷特（Hamlet）的话，哈姆雷特在被问到父亲是怎么死的时候回答说："他睡着了，靠在一位兄弟的手上。"我提醒他，他的哥哥曾经从自己的床上走到 B 先生的床上，B 先生当时吓坏了，而且他也意识到他对睡着的哥哥感到相当恐惧。

克莱因写道，B 先生继续痛苦地抱怨，他问：

> 为什么孩子们会如此不快乐？为什么母亲不能给他们平静？他说我只是在责怪他……我永远不会明白，母亲也有错的时候。

克莱因解释道：

> 我现在似乎根本不代表他的母亲，而是代表他的坏哥哥和坏父亲，他总是把对他们的焦虑和责备转嫁到母亲身上，而他一直害怕的正是我这只阉割之手。

B 先生承认克莱因的观点。他说，他直到"最近才想到，我是否始终仅仅代表他的母亲——就在昨天，他还这么想过"。

克莱因写道：

> 然后我告诉他，我们有很多材料表明，我是一个非常复杂的人物，而在他的心目中，父母总是互相混合在一起。B 先生非常坚定地说，他们始终是同盟关系，他还记得以前经常提到的一件事，当时他还没有门把手高，他和哥哥在公园里做了错事，保姆让他们去向父母道歉。在他们进门之前，比他大三岁的哥哥说："别担心，我会搞定的。"他们进了房间，但

他的哥哥一句话也没说——没有道歉，他们就这么出去了，让他母亲和保姆都很不满。如果他真的道歉，那么母亲就会原谅他，而他也会感到心安，他觉得哥哥太让他失望了。

💬 1936 年 7 月 3 日，星期五

昨天的会谈结束后，B 先生给克莱因写了封信，告诉她在会谈中没来得及说的烦心事：

> 医生发现他的其中一个孩子患有几种疾病，需要引起重视。B 先生倾向于从心理上解决问题，并认为他的妻子不想看到这一点。他责怪她和我都没有以正确的、心理上的方式照顾孩子。当我提到这封信时，他平静地说，他很清楚自己所有外在的烦恼——孩子、妻子、生意上的忧虑等——不过是寄托了他内心的痛苦。

后来他说：

> 他们现在见的人少了很多——和人一起吃晚饭，或者和人一起外出……我解释说，这也是指喂养一些人和让一些人活着①，他同意这一点。他说，人们也会说，想想一个充满生机的孩子吧，生个孩子是多么美好，但他并不这么认为。

💬 1936 年 7 月 4 日，星期六

不同寻常的是，B 先生"比这个很早开始的会谈时间，更早到了一点"。

---

① 克莱因在解释中将"和人一起吃饭"与"喂养"联系起来，并将"和人一起外出"与"活着"联系起来，我们猜测这是她在高度凝缩一些分析材料后，做出的象征意义上的联系。——译者注

然而，他又一次责怪克莱因。他没有足够的钱给出租车司机付小费，这让他很担心。克莱因解释道：

> 他提前到达显然是想尽力做好分析工作，但他又心烦，因为他知道自己无法满足"父亲 - 出租车司机"（the father-taxi man）的要求，这让他对我产生了反感。

B 先生报告了一个梦。他非常关心的是，克莱因必须绝对正确地理解其中所有的细节。此处克莱因的记录变得很难理解，但能看出梦的场景似乎是一座城堡。B 先生站在长满青草的堤岸上，堤岸下是一条护城河。

> 他从堤岸向下望着那墨汤般的水，水里长满了古树。他说："我们一直往下看，我想向某人借眼镜，但后来发现我并不需要。"他继续说明，如果两个人看到的东西不一样，戴眼镜也没有用。他看到的是水花四溅，鲑鱼游了上来。看到只有在流动的水域中才有的鲑鱼，他非常兴奋。如果他告诉朋友们，他们一定会大吃一惊。当我问他"我们在看"是指谁时，他说："和现在在房间里的是同一个人。"

B 先生对护城河的联想是：在另一个梦中，他看到护城河里有死人，包括"他的妻子和另一个人，代表着父亲、母亲、哥哥和整个家庭，他们都复活了"。克莱因说：

> B 先生认为我们正在观察某些东西，他不需要向我借眼镜，意味着他相信我们实际上在合作，我也被内化为一个能够合作的人，因为我和他在一起。

此外，克莱因还认为：

正如我们之前看到的，这条护城河代表着他的身体内部和他母亲的身体内部，而鲑鱼的出现与他最近想喂养一些人以及"好孩子"的联想有关，"好孩子"也就是在所有这些被死亡萦绕的身体中出现的有生命力的孩子。当我提到，一起吃晚饭和出门的人——意味着喂养和生命——都很少，这让人遗憾时，他说，当然，好孩子对对抗死亡有着最大的帮助。他同意我所说的。

B先生回忆起同一个梦的另一个部分：

他看到一对老夫妻……在场还有很多其他人，他们感到和这对夫妻在一起很尴尬，他想把这对夫妻赶走，但又不知该拿他们怎么办。那个男人好像是位上校。然后，他谈到他必须努力与董事长达成［一致］，以及他对此的担忧。接下来他提到了S夫人，说他可能会再见到她，又说她的婚姻不幸——但他想告诉她，无论如何，她的婚礼还是办得相当不错，好像这样能安慰到她——他还说，他可能会在某个时候再见到她。

克莱因解释道：

他希望安慰和恢复他的母亲。他将S夫人既看作他母亲，也看作我，但他不知道如果父母结合在一起，该如何处理他们这对夫妻，因为这将演变为公牛、棚屋和汽车等（那样的危险）[①]，而他只能尽量保护他的母亲，前提是他能把母亲从结合中分开。只有这样，他才能感到生命力在他的内心涌现。

[①]　此处单括号的内容为译者所加。——译者注

💬 1936 年 7 月 6 日，星期一

B 先生一来就痛苦地抱怨治疗。他表示，要是他能离开克莱因就好了。接着他报告了一个噩梦：

"我在排便。"① 然后他又说："不，我没有，是一群兔子从我的短裤下面跑出来了，它们沿着我的腿一粒粒地掉下来，就像我把它们排出来一样。它们看起来像盘子里的食物碎片。"

B 先生非常担心的是，克莱因会认为他没有真的把兔子排出来，而只是像在排便。克莱因写道：

我清楚地传递……我知道这一点，但他也把碎片从腿上掉下来比作排便。他之所以一定要否认这是排便，是因为他希望我看清事情的本来面目，而他又对承认这一点感到焦虑。然后他不情愿地说，兔子让他想起了阴茎。假如一个人手里握着一只小兔子，那就像握着阴茎一样。

克莱因解释道：

这个联想解释了为什么他不应该把这个东西排出来，因为首先它就像食物一样进入了他的口中——它是盘子里的食物碎片。我提醒他，他想到过"他睡着了，靠在兄弟的手上"，很明显，这个爬上他短裤的东西，以及他手里的阴茎，都与哥哥的手和阴茎有关，这个东西同样也进入了 B 先生的口中。我提醒他［在之前的一个梦中］，有个哥哥般形象的人给了他姜汁啤酒，他也将此和阴茎联系在一起。

---

① 此处引号为译者所加，原文中没有引号，容易将"我"误认为是写记录的克莱因。——译者注

在这次会谈开始时，B 先生"在指责治疗，并［表达］他想离开的愿望之后"，还提到"然而这并不是他想告诉我的"。克莱因问，那么他想告诉她什么呢？

他说他不知道，"但如果你说'我朝你扔了个苹果'，这并不意味着你想扔别的东西"[①]。我解释说，他觉得他对这些……兔子——代表坏的排泄物——的联想实际上代表了，他内在的坏阴茎再次被当作坏的排泄物排了出来，当他进行联想时，也就把它扔向了我。

B 先生对苹果做了进一步的联想：

他说这与帕里斯（Paris）有关，他将苹果递给了女神，而这肯定不是一个坏苹果[②]。我解释说，在这个联想中，苹果被比作好阴茎，而我被比作良善的女神。但另一方面，他也将危险的坏粪便扔向了我。我解释说，此刻他对治疗的憎恨和绝望与积极情绪频繁交替出现。眼下我似乎也成了坏哥哥和坏阴茎的代名词，是他（它）伤害了他的内心，让他变得如此糟糕，以至于无法给我、他的母亲和妻子好阴茎……这一切似乎都被他妻子在性交方面的困难所证实。

💬 1936 年 7 月 7 日，星期二

B 先生再次处于绝望之中。他感到：

---

① B 先生应是在强调，一切都是指字面意思。——译者注

② 应指希腊神话中，帕里斯王子将金苹果给了爱与美神阿佛洛狄忒，引起众神之母赫拉和智慧女神雅典娜的恼怒，从而引发了特洛伊战争。金苹果也因此被喻为"引发纠纷的苹果"。——译者注

很难决定自己该做什么。他想死。他无法忍受听我的解释，说那是可怕的胡话。他受够了，但又无法离开。他用手帕蒙住眼睛，以前他也会这么做，他还捂住了耳朵（cover his ears），这样即使我说了什么，他也只能听到模糊的声音。我告诉他，现在我的话和解释就像他昨天联想到的苹果和兔子，是我扔给他的东西，或者是坏的排泄物，他必须保护好身体所有的孔洞，防止危险的坏粪便进入他的身体。

B 先生有如下一些反应。他报告了一些与生意有关的事情，"一些安排，一些他试图与董事长达成的方案，似乎可以和平地解决整个问题"。他还详细描述了他妻子的情况，以及"他因为无法让她康复而感到绝望"。然后他告诉克莱因，"在开始治疗时，他一直有很严重的便秘，现在已经完全好了"。最后，他表达了他的妻子也能痊愈的想法。克莱因指出，他表达了一些对自身痊愈的信念和希望，甚至是"在他似乎不断指出，治疗就是他所有不幸的时候"。

💭 1936 年 7 月 9 日，星期四

克莱因指出，和前一天一样，B 先生的情绪极度低落。

他控诉我总能找到充分的理由让他抑郁。首先是他母亲的去世，然后是假期等。他一再表示希望死后"有个漂亮的小坟墓"。他觉得再也无法忍受我和治疗，但他又不能走。

克莱因谈到即将到来的暑假时说：

假期的临近一定萦绕在他心中，此外还有他对我的死亡焦虑，这种焦虑在前一段时间突然出现，当时他以为工人敲敲打打的声音是在钉我的棺材……他承认假期似乎让他很难熬……然后他提到了妹妹，这是他母亲去

世后他第一次提到妹妹。当我追问他妹妹的事——她是否有什么担忧，而这是否又让他担忧时——他说，不，她足以照顾父亲，但突然又说，她似乎很失落。他情绪激动地谈到，街上的人们是否知道，如果他们的母亲死了，一切就都完了，他们在其他任何事情上都一无是处。我指出，他之所以觉得自己没用，是因为他觉得自己没有能力复活母亲，而他对孩子们和妻子的焦虑，又加重了他对于无可挽回的恐惧。

克莱因问 B 先生：

他的意思是指，那些低估他母亲死亡重要性的人是假装不知道吗？他同意，肯定有这个意思。然后他又说，他肯定一直都非常害怕母亲的去世，觉得她不在身边自己会非常困难。然后，他告诉我他的假期计划，之前他一直对我隐瞒。他不想知道我什么时候回来，因为他担心我可能在他之前回来，而且他也不想知道，在他不能回来的时候我是否有空。然后，他谈到对假期里要做的事情很高兴，他的女儿也很满意。会谈在他相当友好的心情中结束。

💬 1936 年 7 月 10 日，星期五

克莱因注意到 B 先生的"态度发生了变化"。她报告说：

他感到我对他的假期很关心，而且我的态度也很友好；他觉得我并没有因为厌恶而离开等。然后，他提到了《泰晤士报》(*The Times*) 上一篇讨论 A 国的文章。文章说 A 国以前被比作熊，现在似乎更像河马，"它把自己藏在水底，只露出头顶，这让它坚不可摧，因为在适宜的环境中，它无法被攻击"。

B 先生表示"他做过的梦像蝴蝶一样飞走了"。他前一天晚上看了《暴风雨》(*The Tempest*)①的演出，他引用阿里尔（Ariel）对普罗斯佩罗（Prospero）说的话："我来了，主人。"普罗斯佩罗把阿里尔从极为可怕的折磨中解救出来，虽然阿里尔还要继续为普罗斯佩罗服务一段时间，但他很快就会获得自由。B 先生认为这与分析有关。克莱因指出：

> 他愿意把飞走的梦交给我，这表明他是阿里尔，他在工作中通过合作为我服务。但他也暗示，是我把他从极为可怕的折磨中解救了出来，我认为这是指他内心深处的焦虑，而这种焦虑似乎有所减轻。在他获得自由之前，他一直为我服务，这在他的分析中已持续了一段时间。

克莱因提醒 B 先生：

> 几周前，他说起当分析结束后，他会问我一个关于我的问题。这是他第一次能够面对分析有一天会结束的事实。我似乎扮演了好父亲的角色，这角色是位魔术师，因为是卡利班（Caliban），而不是普罗斯佩罗让阿里尔遭受了可怕的折磨。我提及今天的会谈开始时，我在他的心目中是如此美好，他也认识到我没有折磨他。

接下来，克莱因提到 A 国从熊变成了河马，将这种变化与 B 先生的进展、他的内在客体以及他对克莱因的感觉联系起来。

---

① 即莎士比亚的戏剧《暴风雨》，下文中提到的阿里尔、普罗斯佩罗、卡利班均为其中人物，该剧讲述普罗斯佩罗在被篡夺了爵位之后逃到荒岛，并依靠魔法成了岛主。卡利班是岛上野性而丑陋的土著，而阿里尔是原本被奴役的精灵，最终被普罗斯佩罗所救。因此在下文中，克莱因解释时说："我似乎扮演了好父亲的角色，这角色是位魔术师。"——译者注

B 先生不太同意，因为他说他一直对熊有种特殊的情感，尽管他赞同这篇文章的作者将熊与河马作比较确实有进展的意思，他也是因为这个含义而引用了作者的话。我指出，人们对公牛、熊和河马的善良当然有很多怀疑，但他对折磨的联想，似乎意味着我帮助他改善了客体。

最后，B 先生谈到由于董事会成员不同意罢免董事长，公司内部已经找到了解决方案。另外两个人将加入董事会。克莱因认为，虽然他觉得董事长不是"一位好父亲，但［另一个解决方案是］在他内心找到更好的客体，来促进整体的内在和外在的处境"。B 先生提到"他一直认为自己必须把董事长赶走，他为此感到内疚"。

💬 1936 年 7 月 11 日，星期六

B 先生报告了一个梦，他再次强调，克莱因必须非常清楚地理解真实的情境：

> 有一块长满草的田地——但是草都被吃光了，只留下草皮。他低头一看，发现有兔子在奔跑。他用脚踢着草皮，试图找到兔子洞。接着他看到了一个兔子洞，他知道里面有很多兔子，但实际上他似乎只看到了三只。他用手抓起一只兔子并且杀了它，就像他小时候带着猎狗追兔子那般，杀得津津有味。B 先生用左手从后面抓住它，一边说"可怜的小东西抬起了头"，一边用右手狠狠地给了它一拳……说到兔子，他把它们称为"迷人的小生物"。抓兔子最重要的是要用正确的方式把它们从洞里拖出来。在杀死这只兔子后，他无法决定是否杀死另外两只兔子，他说可能是因为他不确定是否能以正确的方式把它们拖出来。

B 先生认为这些材料与分析有关。克莱因认为这"与分娩有关——如何以正确的方式把婴儿拖出来……（这关系到）①婴儿的位置，以及拖出来的方式"。B 先生对克莱因的想法有各种联想：

> 他见过一些美丽的蓟类植物（thistle），是他非常喜欢的乳蓟（milky thistle）。说到蓟，他提到有种无柄蓟非常聪明，因为它长得很低，马或驴都吃不到它。然后他说到植物的伞形花序（umbels），突然说这似乎与分娩有关。"伞形花序"这个词让他想起了什么，他让我帮忙想想。他似乎对所有的真相都一无所知。当我提示"脐带"（'umbilical' cord）②时，他说他就是这个意思。说到伞形花序，B 先生说有伞形花序的植物也是有毒的——他记得苏格拉底（Socrates）就是被这种植物毒死的，他还说起当植物群发生变化时，他的感受会变得多么不同。

再次联想到兔子时，B 先生想起：

> 一个在他公司做事的人，这个人工作非常努力，像只雪貂一样能把兔子（客户）抓出来送到你手上。他是个可靠的人……虽然在其他方面受到限制，但他的工作非常出色。这让 B 先生想起自己向公司推荐的另外一个人……事实证明，这个人根本无法与他人相处，他似乎偷了钱，最后被开除了。这个人从来没想过真正得到帮助……如果他能接受帮助，承认他偷了钱……情况会好一些，但他并没有这样做——他只是很受伤，而且无法

---

① 此处单括号中的内容为译者所加。——译者注

② umbilical 意为"脐带的；母系的"，而 umbilical cord 意为"脐带"。克莱因在做记录时，特意用单引号将 umbilical 和 cord 分开，强调 umbilical 和 umbels（伞形花序）两者有类似的词根和相近的拼写。或许她认为，B 先生稍加联想就能把这两个词联系起来，知道自己想说的其实是脐带，但此刻他却显得一无所知。——译者注

觉察自己的错误。B 先生接着说，他有一种感觉，似乎他会对我隐瞒梦中发生的其他事情。[这些事情]"就像薄雾笼罩的山巅"——但是他不能告诉我……关于雪貂，他联想到了列奥纳多·达·芬奇（Leonardo de Vinci）的一幅画《抱银貂的女子》，说她似乎把雪貂抱在她的胸前。

克莱因在解释中提到了自己死于山难的儿子汉斯。她认为 B 先生感到：

> 他对我隐瞒了一些"山巅般"可怕的事情，似乎与杀死那只兔子有关。很明显，这些"无辜的生物"代表着孩子们，而在田野里……他踢草地是对（母亲）①内部的攻击……这是为了把孩子拖出来，而他已经杀死了一个孩子。在他的家庭中并没有孩子死去，但兔子和山巅似乎与我死于山难的儿子有关，而 B 先生又不愿意杀害他人……他的内疚和焦虑似乎与我的另外两个孩子有关，这又与我要去哪里度假有关，因为我已经告诉过他我要去度假……他可能与以往一些时候一样，想到我会和儿子一起去度假。我认为，是他的嫉妒，以及他攻击了我所引起的焦虑，引发了杀死另外两只兔子的危险。他说他家也有三个孩子，包括他自己和另外两个。

B 先生指出蓟类植物是"苏格兰的特色"，而克莱因已经告诉过他，她将去苏格兰度假。克莱因继续说道：

> 我认为，他所知道的那群兔子，就是他母亲体内的孩子，他知道这些孩子就在里面；但在他的感觉中，他攻击了他们……在这里，兔子被想象成无辜但非常危险的孩子，因为他们吃光了田野里所有的草，这是他在母亲体内攻击并摧毁他们的次要原因，因为在他的幻想中，他们会耗尽母亲

---

① 此处单括号中的内容为译者所加。——译者注

的内部，而这也源于他自身的愿望①。他自己就是那只雪貂，以及被比作那个工作出色的好人等，但却也把那位将他抱在胸前的女士置于危险之中。

克莱因说，B 先生像他公司里那个偷钱的人，他从母亲那里偷走了兔宝宝，甚至杀死了它，然后被内疚折磨。她指出，B 先生回忆起哥哥不允许他承认他们在公园里做了错事，而母亲和保姆希望看到并且欣赏的正是承认错误，这透露了 B 先生对那个偷了钱却又不承认的人的认同。再次谈到乳蓟时，克莱因评论道：

> B 先生的第一个联想是，这似乎是阴茎的象征……他实际上想在母亲身体［内部］握住乳白色的好阴茎，而好阴茎之后变成了有毒的伞形花序植物……他曾说过，他的整体感受随着植物群的变化而变化，这似乎也适用于他的内心状态，因为美好的、乳白色的蓟类植物，代表着美丽又令人钦佩的阴茎，但它却在他的内在变成了有毒的东西，使他也变坏了。

克莱因提醒 B 先生他的另一个梦，在这个梦中：

> 一个年轻人走近一个看上去病恹恹的老人，老人正坐在某个地方，而在此之前，B 先生向其示爱的一位迷人女子也坐在同样的地方……这个年轻人掏出了一双袜子之类的东西——同时他知道，老人也知道，［老人］会被下毒。这个噩梦与阴茎有关，在梦中，看上去既单纯又有事业心的年轻人，正在用他的阴茎毒害［这个］老人。

克莱因向 B 先生表明：

---

① 即 B 先生自身也有耗尽母亲的愿望。——译者注

他认同了那个下毒的年轻人，与此同时他惊恐地转身离开了现场……他不想看到发生了什么，避免遭受危险的攻击……苏格拉底也代表一位父亲，他因 B 先生的毒害而死去……我将整个情境与他对母亲之死的焦虑和感受联系起来……他现在无法向她忏悔，无法让她复活，因为他掠夺了她，还伤害了她的孩子……我还说，虽然他表达了离开我的愿望，但却无法做到……这与他对我和我的孩子受到攻击的焦虑，以及拯救我的愿望有关。

💬 **1936 年 7 月 13 日，星期一**

B 先生深感沮丧，对克莱因"充满仇恨"，他说克莱因"好像自称在性幻想方面的工作取得了进展，但事实恰恰相反——他与妻子的关系变得更糟了"。他提到，他的妻子似乎不想和他独处，总想让他们的女儿也加入进来。她自己好像也没有长大，而是想"成为孩子"。他报告了一个梦，而上述评论显然与这个梦有关：

> 他要和妻子一起上床睡觉，感觉非常愉快，但他没有和妻子发生性交，因为他们最大的那个孩子好像就在他们身后——有她在场，他们无法顺利地性交。

克莱因解释说，曾经 B 先生引诱他的妹妹时，他真正想要的其实是他的母亲。现在他的妻子代表着妹妹，但他想要的却是与一个成年女性的关系，这个女性代表着母亲。

我提醒他，最近他首次提到，当他与妻子性交时，感觉好像在强奸一个孩子。他现在强烈地希望能和［一个］真正的母亲拥有联系。

克莱因随后认为：

> 在梦中，孩子出现在父母性交的场合，这似乎是逆转的情境，是他本人会干扰父母的性交，以及他和妹妹在一起时会被人发现。

B 先生说：

> 我总能找到一些对他不利的东西。

💬 1936 年 7 月 14 日，星期二

克莱因再次注意到 B 先生对她的"态度发生了变化"。他承认自己前一天很生气，但现在又承认最近他在公司成功地完成了几次谈判。言下之意是，克莱因帮助了他。有位医生似乎也能帮助他的妻子。B 先生说："让她意识到问题的存在，并且必须得到解决，这已经是很大的进步了。理解是第一步。"克莱因评论道：

> 这同样也适用于 B 先生，而且他对于不想面对我告诉他的事情而感到内疚。他为对我暴怒而内疚。然后我指出，正如过去几天所有材料显示的那样，公司的业务似乎表明，他的恢复过程伴随着他的客体恢复的过程……他觉得我在改善他的内在客体，而这种改善反映在了他的外在客体身上……有关他的进展的轨迹似乎是接受更好的客体，与母亲建立更好的关系，承认坏事也承认好事，不再把它们远远地分开，而是让它们彼此靠近。

B 先生说，由于公司目前利润不佳，他决定不接受任何作为董事会成员的报酬。他说："董事应该按照惯例，要么减少酬劳，要么分文不取。"克莱因的解释是，B 先生也希望她降低对他的要求，尽管不是指酬劳。她说：

如果我说我在帮助他，那么这就意味着，我会在他内心激起所有相关的情绪，包括对母亲的爱、内疚感和焦虑……事实上，他希望我做的是，不要对他的感恩之情和正面情感提出如此高的要求。他总是说他无法忍受爱，只能徘徊在爱与恨之间。

B 先生对这个解释"非常不满"，从某种意义上讲，他误解了这个解释。他告诉克莱因，他"根本不希望……她降低费用"。他说他感到"极其沮丧，说他要死了，心里全是不满——一切都错了"，然后他说："我和你的关系根本就是错误的，无法挽回。"克莱因告诉 B 先生：

> 我的解释激起了他的焦虑，即他再也无法挽回与他母亲的关系，因为他不想满足母亲对爱和感恩的要求——他对母亲一直有这些感情，但却一直压抑着……他觉得，如果不能改善与我的关系，那么他所有的关系都无法得到改善……他对我充满了不信任。

💬 1936 年 7 月 15 日，星期三

B 先生带着"痛苦的抱怨"开始了会谈。他告诉克莱因，"在克利夫顿山，〔曾〕有一位老太太走在他前面。他不能和她一样慢行，但又不想超过她，因为他不想让她看到他走进我家"。对于有人可能知道他接受治疗，他感到一阵盛怒。然后他报告了一个"可怕的梦"：

> 梦发生在一栋房子里，他知道那是 W 医生的房子，但看起来又不像。W 小姐向他展示了壁炉架上的两件装饰品，并特别向他说明其中一件的价值。那是两块叠放在一起的奖牌。这代表着两个人物，一个人在往另一个人拿着的罐子里倒东西。关于她认为这件物品很有价值的想法，B 先生

似乎既不同意也不反对。他根本不知道。他感到非常尴尬和恐惧，并极力强调他那混乱而无知的状态——整个梦让他陷入了混乱。

B 先生说，这件物品"让他想起了和性有关的东西"，还回忆起"在匈牙利见过一个玩具，把它翻转过来，就会看到一对在性交的男女"。

> 突然间，B 先生抱怨街上一片嘈杂，有汽车驶过的声音，我划火柴的声音，火柴盒被放下的声音，最后他说，他受不了我说的任何话，他堵住耳朵，蒙上眼睛，这十分罕见。以前他曾用手帕长时间蒙上眼睛，但不会堵住耳朵（stop his ears）。过了一会儿，他停止了这些动作，我解释说，这像他早期观察性交（的体验）[1]被重新激活了，我们以前发现过很多这方面的材料……由于早期的焦虑状态，他无法再看，也无法再听。我认为，他不想再看到和听见任何东西，因为对他来说，性交不应该是向他展示的宝物，而是可怕的事物。他引用了柏拉图（Plato）的话，说一个人可能想看并且看到了某些东西，随后又把目光移开，比如，假如看到的是一堆尸体……一个人可能既想看到又不想看到。

克莱因解释道：

> 这种对比表明，性交将以死亡告终。我提醒他那个剥鸟皮的梦，在梦中，普遍意义上的阉割和他自身经历的阉割，都与这样的早期幻想或体验有关。他提醒我，他曾经告诉过我的一个噩梦，那是他和妻子在巴黎时做的梦，他看到床上有模糊不清的人影——剪影般的轮廓——然后看到了性交。他们在他的上方，就像他们在床上被抬起来了，我认为这可能是他的

---

[1]　此处单括号中的内容为译者所加。——译者注

小床相对于父母那张床的位置。然后他说，这也可能是他曾经以不寻常的方式进入了（父母的）①房间，并躲在床下，我将此与他进入我家时被老妇人看到的巨大焦虑联系起来。

💬 **1936 年 7 月 16 日，星期四**

根据克莱因的记录，B 先生到达时"相当疲惫和惊恐"。他说：

> 当他一动不动地坐在出租车里［等着他的会谈开始］时，一个女人从他身旁经过，盯着出租车里的他看。他谴责我，说这个街区的人太糟糕了，并强烈抵触那个长相可怕的女人，觉得她茫然若失，又喜欢打探隐私等。他描述了她来的方向——她是一位老妇人——并问我是否认识她。当我说不认识时，他很高兴……他的结论是，她可能只是看了一眼，并没有什么目的。

然而，一种带有偏执的氛围依然存在。

> 因为 B 先生，转而再次开始抱怨董事长，他"在没有征求 B 先生意见的情况下，在股东的问题上"做了一些事情。B 先生认为董事长现在可能想把自己逐出董事会，就像 B 先生想把他赶走一样。然后他迟疑地提到了国王遇袭事件，但是强调袭击显然并不严重——可能只是一把玩具左轮手枪……把袭击者带走的警察相当友好等。

克莱因向 B 先生解释：

---

① 此处单括号中的内容为译者所加。——译者注

> 他因为在早期［观察父母性交］的经历中攻击了父亲而焦虑，以及他
> ［后来］因为被观察而焦虑……老妇人代表着我，是发现他攻击行为的坏
> 母亲……我指出，他现在对性交的焦虑与他母亲的死亡和失去母亲有关，
> 这重新唤起了［他］旧有的焦虑……这是一种被内化的情境，以及……这
> 意味着母亲的死亡是以一种可怕的方式发生的。

最后，克莱因强调了 B 先生对观察性交的早期经历感到内疚，这种内疚
与他母亲的死亡有关。她再次提到"公牛梦"和"棚屋梦"，梦中他目睹他的
母亲在父亲手中受到伤害。克莱因在记录的最后写道：

> 在这次会谈里，B 先生再次表现得优柔寡断、无知、混乱和无助，但
> 是比昨天好一些。

至此，克莱因在 1936 年夏季期间与 B 先生的工作结束了。虽然在 7 月 16
日的最终记录中，没有任何迹象表明这是漫长的暑假前的最后一次会谈，但她
的日记显示出这的确是最后一次。她的记录于 1936 年 9 月再次恢复，将在下
一章呈现。

＊ 注释

1. 从克莱因的日记能够看出，她经常在星期六见 B 先生，仅仅有两次，她也在星期日见
   了他。

＊ 参考文献

Klein, M. (1940) Mourning and Its Relation to Manic-Depressive States. *International Journal of Psychoanalysis* 21:125–153.

第四章

走过烧焦的草皮

B 先生没完没了地批评克莱因和他的分析，根本停不下来，而这样的批评也充斥在本章的各次会谈中。1936 年暑假期间 B 先生生病了，他打电话给克莱因，想弄清楚他们何时恢复会谈。他发现克莱因回应他的态度很友好，于是又后悔自己经常责备和攻击她。他想要合作，但却常常对治疗和克莱因都缺乏信任，感到她无休止地指责他有"不良的性欲"。在接下来的几个月里，克莱因对此进行的分析让他稍感宽慰。B 先生的感受逐步获得了更好的理解，即他感到内在客体持续遭受攻击，这是由于它们和内在父母暴力的性交混杂在一起。克莱因认为，正是这样的内在情景，解释了尽管 B 先生对他的外在客体有着非常矛盾的态度，但仍需要与这些客体——包括他的分析师——保持密切的联系。

会谈材料清楚地表明，B 先生对自身内在可怕状态的深切忧虑，以及他对如何让内在客体存活下去的关注。他在 1936 年 9 月的一个梦中走过"烧焦的草皮"，这令克莱因感受并捕捉到了他所经历的无法维持生命的内在世界的体验。然而，与这份材料并列出现的，是他对岩蔷薇花（cistus flowers）生命繁衍的反思。因此，尽管 B 先生猛烈地抨击治疗，声称治疗正在摧毁他，但克莱因仍能发现他心底的希望，即分析能够帮助他恢复对客体的美好体验，并支持他为保护客体所做的努力。

在本章呈现的分析阶段中，我们还看到克莱因开始更为全面地将 B 先生内在的破坏感，与他和兄妹之间的性活动幻想联系起来。克莱因深入分析了在 B 先生心中，自身的性欲与坏和破坏之间的联系。在移情中，B 先生既害怕破坏克莱因，又害怕被她侵犯的恐惧更加清晰地凸显出来。

会谈材料还显示出，在 B 先生感受到父母的性交具有破坏性的同时，他也对阴茎深藏着钦佩之情，还萌生了性交也可以具有创造性和治疗性的意识。克莱因和 B 先生之间有一些非常动人的互动时刻，比如他向她讲述自己对鸟类和自然界的热爱，并试图向她说明一些事情，就像他曾经对自己深爱的妹妹所做的那样。然而，这种良好的接触很快就引起了 B 先生的警觉，他觉得这与性欲联系得过于紧密，而性欲在他的心中是极具破坏性的。当克莱因和她的病人努力去理解这一点时，克莱因持续分析 B 先生对他的客体的破坏性，这让他痛苦不堪。当他指责克莱因无权揭露"他内心的恐怖"时，克莱因只是说："如果存在这些感受，就不可能将它们掩盖起来，假如要把它们隐藏起来，使其不被意识到，它们就会完全失去理智。"这似乎非常符合克莱因的信念，即对仇恨进行充分的分析，能够让爱得到解放，斯坦纳（Steiner，2017）最近强调，克莱因的这一观点可能并未得到足够的重视。

仇恨一旦得到分析，就会让位于爱，这一点在本章的材料中展现得让人深受感动。克莱因的记录开始揭示出，B 先生和他内在的母亲之间正在发展出更为细腻复杂的关系。母亲依次出现在 B 先生对"海燕"的描述中，这种鸟费尽周折才来到幼鸟身边，就像"比目鱼妈妈"笨拙地抱着自己的孩子；接着她又出现在美丽又令人钦慕的翠鸟身上，翠鸟掠过，却激起如此强烈的情感。B 先生此时悲痛欲绝，也许一位他深爱的母亲正开始驻扎在他的内心深处。克莱因告诉他，由于愉悦感总是与破坏性的性欲有着千丝万缕的联系，他始终需要将"愉悦的元素"从他与母亲的关系中剥离；但克莱因也告诉他，通过分析，他正在重新认识他的父母，并修正与他们过去和当前的关系。

💬 1936 年 9 月

尽管克莱因没有在记录中做任何说明，但这一年的暑假显然延长了。B 先生对自己的分析感到绝望，他的情绪低落得"就像死了一样"。克莱因的解释是，分析"代表了他内心所有的坏，这是他感到自己必须摆脱的东西"。沿着这条思路，克莱因所做的进一步解释似乎给他带来了些许缓解，因为 B 先生随后向克莱因讲述了以下内容：

> 他发现了一根鸟的羽毛，是一根猫头鹰的羽毛……他了解这根羽毛属于哪种鸟类，并与住在附近的一位顶级专家进行讨论。B 先生认为这根羽毛属于一种在当地非常罕见的鸟。专家同意这一点，但说这种鸟并不像 B 先生想象的那么罕见。B 先生说："只要了解一根小小的羽毛，就能发现很多东西。"

克莱因解释道：

> 他是发现了这根羽毛的那个人。我是能从一根小小的羽毛中得出这么多结论的专家……他［回应］说，在分析中，一个人究竟能从一根小小的羽毛中得出多少结论。

几天后，在"抑郁占据上风"的情况下，B 先生内在世界的品质，以及内在客体之间互动的性质开始成为关注的焦点：

> B 先生谈到了印多尔（Indore）①处理植物废料以改良土壤的工艺，说这是个伟大的发现。他说，在英国有一种上好的处理土地的方法，由于吃草的牛同时提供了粪肥，所以放牧不会对土地产生不良的影响，反而可以通过牛粪的循环使土地肥沃。而在其他地方就实施得没这么好……B 先生在 X 地的土地状况相当不错。然而，他又谈到了柳树遭到伤害的问题——柳树的树皮会被牛蹭伤……一种可能的解决方案是让牛在同一片地里活动，但用栅栏把柳树围起来，这样它们就不会被蹭伤了。B 先生提到，他

① 印度的一座城市。——译者注

了解到柳树并非雄树，从来都是雌树。他过去一直认为柳树都是雄树，但现在认为它是雌树[1]。在这些联想出现之前的两天，B 先生对可可树 - 飞蛾（cocoa-moth）[2] 带来的破坏产生了兴趣，这与此前的一段材料有关，即他想保护内在的好不被坏伤害。

克莱因认为，B 先生的问题"不在于分析，也不在于他该如何处理分析——是继续还是放弃——而是土地的问题"，她明确指出土地代表着母亲，也代表他该如何处理母亲在他内在的状态。她说：

> 如果孩子不毁坏土地（母亲），而是排出好的粪便，以正确的方式施肥，那么母亲就不会被毁坏。

克莱因告诉 B 先生，他真正关心的是"母亲的身体"，以及如何让他的母亲在他的内在存活。她写道："这一点他很同意，因为［曾经］他感到并不知道自己在谈论什么问题，而问题又始终存在。"第二天，B 先生带来了两个梦。在第一个梦中：

> 他与他的母亲和哥哥一起旅行。他们在向后退，他和哥哥都很难把母亲从车厢里推出去。她昏昏沉沉，几乎死去。

在第二个梦中：

> 他和一个人走在一起—— 一个女人——女人走在他的左侧，他们在

---

[1] 柳树是雌雄异株的植物，并不像 B 先生说的那样"都是雌树"，这里更多反映出 B 先生在性别意识上的变化。——译者注

[2] 详见后文中"1936 年 10 月 19 日"的记录。——译者注

黑暗中穿过伦敦的公园。他穿着睡衣，这在非洲东部地区是很合适的服装，但在伦敦的公园里似乎不太合适……长椅上坐着一些人，他与左侧的这个人失去了联系——他能看到她，也能听到她说话，但是……（B 先生觉得说话非常困难，我也听不太清楚——这让他很不愉快）这个人指给他看一株岩蔷薇。上面连一个花苞都没有，整个景象阴郁得可怕。他走过一片烧焦的草皮……

对第二个梦进行联想时，B 先生谈了一会儿岩蔷薇花，也谈了烧焦的草皮。克莱因记录道：

在谈到烧焦的草皮时，B 先生咳嗽得非常厉害，他说实际上他感到喉咙灼热难耐。当我指出烧焦的草皮和喉咙的灼热感之间的联系时，他表示同意。出门时他告诉我，岩蔷薇非常多产。哪怕所有的花在某个清晨都凋谢了，第二天又会开出许多新的花。而在他的梦里，一切都显得非常阴郁——什么都没有。

克莱因的下一次记录是在 10 月中旬，但当她提到此处描述的两个梦时，仿佛它们是最近才发生的，甚至就像发生在前一天。

🗨 1936 年 10 月 14 日，星期三

B 先生迟到了很久。克莱因写道：

因为感冒，他去海边待了一天，他说他不得不从空气新鲜的地方回到……臭气熏天的伦敦，并补充说是克利夫顿山 42 号。他说这话时声音低沉，非常沮丧，但可以看出他内心充满了焦虑，也能看出他对我感到恐惧。我继续保持沉默。过了一会儿，他说如果我不说话，他的恐惧感非但

不会减轻，反而会更强烈。

克莱因回到了上述两个梦，"向他展示他们之间阴郁的气氛"。她解释道：

> 那个在黑暗中与他同行却失去联系的人代表着我，而我正在向他展示他内心的阴郁。我提醒他注意，他不愿意说明失去联系的原因是什么。我曾问他，是不是因为听不到、看不见或摸不着，但他无法回答。我认为，当我不说话时，他之所以如此害怕，是因为他失去了与我的联系，感到我像他母亲一样死去了。那么，失去联系就意味着无法与他内在濒临死亡的母亲取得联系，在第一个梦中，他试图通过把她推出火车车厢来处理这个问题。但如果他把她推出去，他就失去了她。然后他强调说，在梦中他在向后退……很明显，这意味着童年和回到过去。

在 B 先生离开之前，他告诉克莱因另一个梦的部分内容：

> 有一座名为 W 的小镇，离他之前去北方度假的地方很近。大约 48 公里外还有一座同名的小镇。他没有见过这个小镇，因为它和 W 小镇之间隔着海。在梦中，他与某人谈起了 W 小镇，但第二座 W 小镇在梦中出现在了内陆，与他所知道的实际地点相隔仅约 16 公里。有人提到了一艘船，他说："也许那就是另一个 W 小镇的船。"

克莱因写道："我提到，他临走前才把梦告诉我。"然而，B 先生很高兴时间所剩无几，他告诉克莱因："我特意最后才把梦告诉你，这样你就来不及解释了，我也有时间在明天之前好好想想。"他表示自己非常讨厌克莱因当场做出解释。

💬 1936 年 10 月 15 日，星期四

B 先生迟到了很久，他告诉克莱因他"实在不想来"。他"无法忍受"，又说"风险太大了"。克莱因告诉他：

> 很明显，他的分析已经成为一切破坏性和恐怖的象征，但如果他现在离开我，放弃他的分析，他仍然无法摆脱真正导致他抑郁的原因。他说他当然不相信离开会让自己感到幸福，但他不禁感到自己再也无法忍受了。

B 先生认为：

> "风险太大"让他想起了赌博，而他从不赌博，他想起了《荷马史诗》中一句非常动人的诗句，他不愿意直接引用，但还是描述了出来。这句诗说的是赫克托耳（Hector）在特洛伊城（Troy）内被阿喀琉斯（Achilles）追得四处逃窜，而其他特洛伊人和希腊人在一旁围观。赫克托耳在为自己的生命奔逃——而生命正是最大的赌注。

克莱因说，很明显，分析已经变成了"阿喀琉斯和赫克托耳之间的斗争"，而 B 先生也认为她极其危险。她向 B 先生表明，他的抑郁情绪"在假期中不断累积"；也表明"他在极度抑郁的状态下离开，然后假期就到来了"。她提醒 B 先生，他对自己和她的死亡都感到非常焦虑。他同意，克莱因在他眼中就像阿喀琉斯一样，是"最具威胁性和最可怕的人物"。

克莱因记录了在这次会谈的早些时候，她提到前一天他关于两个名为 W 小镇的梦：

> 当时 B 先生拒绝说话，他表示自己无话可说。但在他引用了《荷马史诗》的这句诗之后，他说话的音量变大了，并表示他现在能够更多地告诉

我关于 W 小镇的事情。此时他表达了一些过去从未提及的内容，即 W 小
镇是一个人们能想象到的最迷人的地方，有美丽的海岸等；这里出现了三
个地方，一个是他知道的真实的地方，另一个是他没见过的真实的地方，
第三个地方则根本不存在。我向他表明，这与我做的解释有关，即在他的
内在，母亲既是存在的，又是不存在的。他知道的那个美丽的地方，以及
那个未知但真实存在的地方，都涉及他幻想中那个既被理解又不被理解的
母亲，由此他产生了与我失去联系的感觉……我说《荷马史诗》与他的母
亲曾为他朗读这本书有关。他同意了。

根据克莱因的记录，B 先生"离开时抑郁情绪稍有缓解"。

💬 1936 年 10 月 16 日，星期五

B 先生首先回顾了克莱因最近提到"探究他的抑郁更为深层原因的重要
性"。他表示自己"也非常渴望了解更为深层的原因"。虽然克莱因明白，B 先
生是在表达与她合作的愿望，但她认为还是不要点明为好。她写道：

> 每当我提到这一点时，都会遇到很大的困难——我向他展示任何好的
> 变化时也是一样，因为这与他希望和我合作有关。有时他的确需要确认他
> 的合作态度，但此时由于他的抑郁情绪如此强烈，情况如此困难，我克制
> 住自己，没有说他的这番话表明他产生了新的合作态度。

B 先生又谈到了他梦中的 W 小镇，克莱因写道，他似乎觉得自己可以"一
直谈论下去"。他描述了那里"绝佳的位置和海岸等"。

> 他由此谈到了鸟类，特别提到了一种在那里发现的鸟——海燕——这
> 种鸟的巢穴总是朝向大西洋，这是它的一种特性。海燕哺育幼鸟时会遇到

极大的困难，因为它的脚在陆地上非常不灵便，这使它很难抵达自己的巢穴。B 先生似乎对这种鸟养育后代时所面临的巨大困难深感同情，他谈到这对海燕来说是可怕的负担。它就像一位无助的母亲，不知道该如何照顾自己的婴儿。

B 先生"兴致勃勃且充满愉悦地"继续谈论其他鸟类。事实上，克莱因记录道："他说得非常愉快，以至于晚了几分钟才离开，因为我很难让他停下来。"

💬 1936 年 10 月 17 日，星期六

前一天晚上，B 先生和朋友们共进晚餐，他告诉克莱因，他继续和他们谈论鸟类。他似乎对此非常内疚。克莱因解释道：

> 他因为与我谈论此事时感到愉悦而内疚。很明显，他非常享受，甚至想继续下去。B 先生也认为如果他享受与我交谈，而我也对他说的话感兴趣并且感到愉悦，他就会觉得非常危险。我提醒他，在他与母亲的关系中，他多么需要排除这种愉悦的元素，尽管他非常享受与母亲有某些共同点。此外他也同意，他试图通过自己的语言和表达方式给我留下好印象，这增加了他的内疚感。

克莱因试图进一步理解 B 先生在享受与她的交流时所遇到的困难，他与母亲交流时也有类似的困难：

> 我提出了一个问题，为什么愉悦会让他感到如此内疚，我还提到，我知道他在接受分析之前，能够从性交中获得性快感。他觉得在接受分析之前，他的性快感更为强烈，但同时我们也看到，在他的心灵中，性欲与坏的东西之间存在着深刻的联系，因此他感到不应该享受性欲。

克莱因指出，过去 B 先生曾指责她低估了他获得性快感的能力，还指出这"给他的分析带来了狂风暴雨"。然而此时此刻：

> B 先生承认性欲对他来说总是意味着坏的东西——并非总是，但有时是……

克莱因提醒他：

> 他在童年的某个时期完全戒掉了自慰，而且再也没有做过。但另一方面，他仍然记得自己享受自慰的时光。我还提出了一个问题，即当时可能发生了什么。他告诉我——这是他以前从没说过的——在他心中，这件事与他上的第一所和第二所学校有密切的联系——在第二所学校里，他和哥哥一起度过了一个学期，后来哥哥离开了。他告诉我许多关于那个特殊夏天的事，那是在两个学期之间的时光。当时有个非常友好的男孩——是他的一个朋友——和他们在一起，这个男孩相当温和而被动，但非常讨人喜欢。虽然当时他已经 10 岁了，但他对那个夏天住的房子、房间里的布置以及哥哥的情况一点印象也没有。我之前听说过关于那个夏天的一些细节，但从未听他提起过这个温柔的男孩，也没听说过以下内容。
>
> 当时，他的父亲患了阑尾炎。父亲躺在床上，而 B 先生坐在床边，把手放在了父亲疼痛的部位，父亲疼得抽搐起来。B 先生说，当然他并不知道那就是父亲感觉疼痛的部位。他轻描淡写地提到了父亲的这次生病，于是我问他以前是否见过父亲生病。他回答说，这是他的父亲第一次真正生病。我向他表明，而且在以前的分析中我也表明过——他似乎经历了一些和性有关的攻击性事件——我还提醒他，他曾明确表示非常害怕他的哥哥，因为他的哥哥在梦游中朝他的床走去，而 B 先生实际上害怕自己的

阴茎受到攻击。此外，我们还讨论了许多关于攻击背后的焦虑的材料。

克莱因清楚地注意到一种转变，即 B 先生从回忆起"那个特殊的夏天"，以及与那个温柔而被动的男孩的关系，转向回忆起自己伤害了生病或受损的父亲。她写道：

> 我提到近几日他对我感到非常害怕，还提到他说过的高风险比赛，其中我是阿喀琉斯，而他是赫克托耳。当我说我代表一个男人形象时，他觉得不可思议。然而我想知道，我在多大程度上代表了可能以某种方式侵犯过他的哥哥。我做了关于阿喀琉斯的焦虑等问题的解释，显然减轻了 B 先生的焦虑，因为他可以更自由地与我交谈了。

关于 B 先生对那个温柔男孩的记忆，克莱因认为：

> 这似乎指向了一种情境，其中 B 先生扮演了主动的角色，这个男孩扮演了 B 先生的角色，而这与哥哥对他的强奸有关。

接下来，在考虑到 B 先生父亲的疾病时，她说：

> 这似乎证实了 B 先生所有的焦虑，即他与哥哥的关系，给他的内在带来了一些糟糕的事情。在提到与他哥哥的性关系时，我提醒他曾经有一段让他印象深刻的材料——在一个梦中，他认为一个代表他哥哥的人，拿着一个姜汁啤酒瓶站在他面前，他联想到了口交，而姜汁啤酒瓶代表阴茎。当我这么说的时候，他记起他还做过一个梦，梦里有很多啤酒泡沫洒在地板上。他觉得很尴尬，不想谈论这个梦。我解释说，这段材料出现的时刻，正是他把我视为攻击他的哥哥，会强迫他口交并且有可能掠夺他的时候，因此他对我感到害怕，他的梦似乎支持了我的解释。

💬 1936 年 10 月 19 日，星期一

B 先生首先想知道自己是否真的如此抑郁。克莱因指出，"如果他假装比实际情况更为抑郁，他会非常内疚"。她还提到，她最近曾告诉 B 先生"他内心深处有一些深层的原因，使他抗拒改善或抗拒承认改善"。

> 我还说，他觉得我在责备他，说他不想变得更好，但我的感觉是，他一定有非常充分的理由觉得自己无法摆脱抑郁。我以前经常对他解释，他害怕我低估了危险；他总觉得他的母亲和保姆都是这样，她们曾说过："没事的——一切都没什么大不了。"

B 先生转向了另一个话题，他告诉克莱因，从他外祖父居住的地方，可以看到远处的一个地标，这个地标受到国家信托基金特别的关注。为了纪念他的外祖父，他向该信托基金捐赠了一笔钱，这让他自己都感到意外。他说，虽然他很想把这件事告诉哥哥和妹妹，但却很难开口。随后，他讲述了自己去乡下看望一位表亲的经历，在那里他见到了许多家人。虽然他母亲的家族"几近灭绝"，但父亲的家族里却有很多表亲。B 先生谈到了一位特别的表兄：

> 这位表兄因为试图治愈一只被老鼠咬伤的雪貂而感染了某种疾病……当他听闻此事（这时他的声音和神态都发生了变化），他笑着对那个告诉他这件事的人说："哦，他终究还是被老鼠逮住了？"B 先生告诉我，这位表兄过去捕杀了太多老鼠，他杀死了成千上万只老鼠，现在他自己也被抓住了——老鼠终于实施报复了。B 先生丝毫没有为这位他并不讨厌的表兄感到难过。接着，他联想到有一次，他和哥哥在乡下的一个垃圾堆附近等一只兔子出来。他们本想抓住兔子，但出来的却是一只老鼠，它咬伤了B 先生哥哥的手指。B 先生感到很幸运，因为他没有被咬。

克莱因解释道：

众多的老鼠实际上代表着众多的表亲。而母亲家族的"几近灭绝"，代表着他内在的母亲的状态，他试图让母亲复活，却因为内在被老鼠淹没而做不到。我提到之前的一段材料，关于他要消灭损害可可树的飞蛾，也回顾了上周提出的问题——由于牛的存在，土地保持了肥沃。牛粪对土地有好处，但同时牛也会蹭伤柳树。

克莱因继续说：

我提醒 B 先生，他对咬人和破坏乳房有着强烈的感受，我们有很多这方面的材料，他认为这是一切坏事的开端。我说，老鼠——咬人的老鼠——既代表着危险的阴茎，现在也代表着即将死去的母亲，因为在成群的老鼠面前她没有任何希望。我告诉他，他不仅希望外祖父的名字永垂不朽，也想将他自己与这个地方的联系永远保持下去——这是一个人们能够从远处眺望的地方，即……好母亲，她似乎被放在远处，从而让人只能眺望她。他希望她在他的内在永垂不朽。B 先生担心自己无法永远保留母亲，这一点从他试图让外祖父的名字永垂不朽能够看出……他想要永垂不朽和延续下去的是母亲本身，但却无法做到，因为有……坏孩子们，他们由家族中男性的一方所代表——仿佛他们就是破坏母亲的坏阴茎和坏孩子。

克莱因最后又谈到了 B 先生对自己是否真的如此抑郁的怀疑。她的解释是，他无法"让自己接受走出抑郁的希望"，因为他对老鼠、坏东西或坏孩子会侵占内在的土地和毁掉他内在的母亲感到焦虑。

💬 1936 年 10 月 20 日，星期二

B 先生首先报告了一个梦：

> 他梦见自己参加了一个聚会。这不是什么高雅的聚会——虽然人们穿着晚礼服，但看起来像在室内野餐，大家喝着啤酒……B 先生的父亲也来了——非常虚弱——他非常担心父亲死亡。父亲倚靠在某个人身上，用胳膊搂着那人来支撑自己。他说父亲看起来非常友善，对每个人都很好。B 先生想小便，于是去找盥洗室，但却找不到。他走进一个地方，那里有许多障碍物阻碍他小便，他突然发现在一块老式床单上睡着一个孩子，这让他非常不安。突然间一个女人出现了，她透过窗户往房间里看。这让他非常尴尬和惊恐。最后，他总算小便完回到了聚会上，接着他父亲当着所有人的面，问他去了哪里或做了什么。B 先生被这种缺乏技巧的行为激怒了。就在刚才，他还非常欣赏父亲的友好。

> B 先生说，那个孩子被发现时正在睡觉，那是个无辜的孩子。他的语气似乎有些急促，说话的声音也完全不同，似乎相当惊恐——然后他说那不是个无辜的孩子——那根本不是一个孩子。当我试图弄清那是什么时，他提到了一个……像洋娃娃的东西，然后又提到了一幅画，这幅画描绘的并不是莎士比亚，但却代表着莎士比亚。他说这幅画看着一点也不像一个伟人。根本不像一个人——就好像他有两只右臂，这一切似乎都不真实。

克莱因将 B 先生梦中的材料与他可能观察到的原初场景（primal scene）[①]联系起来。她回顾道：

[①]　由西格蒙德·弗洛伊德提出的概念，指婴幼儿对父母性交的体验。在克莱因的理论中，她更多强调儿童无意识幻想中的父母性交。——译者注

B 先生的妹妹出生了，这让他很惊讶——他不知道她是否是个孩子——以及这是否与原初场景有任何联系。我向他指出，两只右臂……和一个伟人通过一件不真实的事情表现出来，可能暗示了 B 先生观察到的原初场景中，父母的肢体缠绕在一起。接下来伟人，也就是父亲，变成了一个完全不同的形象，而……孩子的出生，对他来说似乎是一个不可思议的存在。

克莱因认为，梦中的孩子就是 B 先生本人：

那个本该睡着的无辜的孩子，其实一点也不无辜，因为他带着仇恨和各种情绪监视着原初场景，这让他看起来像只老鼠，而非一个无辜的孩子。此外，B 先生的小便和他伤害了小妹妹也有联系，他一直都觉得，那个监视他的女人对他不信任，我们在分析中的发现也证实了他的焦虑，他担心自己用危险的尿液伤害了小妹妹。在这里，一位友好的父亲也以干涉者的形象出现，他公开揭露 B 先生使用尿液犯下的事情。B 先生对老鼠和破坏性所有的焦虑，现在似乎都与原初场景和妹妹的出生这些早期情境联系在一起。

💬 1936 年 10 月 21 日，星期三

B 先生迟到了，之后他非常沉默。克莱因认为她对新材料的解释让他感到十分不安。他说自己度过了一个"可怕的夜晚"。虽然他不记得做了什么梦，但他非常焦虑。他再次表示对治疗的抵触，也抵触克莱因，克莱因写道：

我提醒他昨天的材料，尤其是危险的尿液、监视的女人和无辜的孩子，以及他被激起的早期焦虑。

她再次谈道：

B 先生有着对婴儿的原始挫败感，与妹妹出生相关的所有焦虑，以及他对妹妹的危险性。

💬 1936 年 10 月 22 日，星期四

B 先生到得很准时，尽管克莱因调整了他今天会谈的时间，这是他以往最讨厌的事情。他抱怨分析，也对克莱因对待他的方式表达了不满：

他用一种相当低沉和悲伤的声音说，他觉得自己像很多坏人一样，而且他的内心缺乏统一性。两天前他做了一个梦，梦见自己射杀了两只雪貂，他说这在现实中是不可能发生的，尽管他很想射杀妻子的狗，因为它让妻子感到非常害怕，而他无法忍受看到这样的场景。

接着，B 先生指责克莱因不愿意帮助他的孩子们，他们需要帮助，可他的妻子实际上反对他们接受心理方面的帮助。他说，妻子想带上女儿，在这个学期过半时一同去探望儿子。他觉得这将是一场灾难。克莱因认为：

小女孩去探望哥哥，是对 B 先生的小妹妹出生的重演，而他不希望看到这一幕。然后，B 先生说他希望自己已经死了。

在联想中：

他突然想到了龙虾，觉得它们很可怜。它们被活生生地装进箱子里，紧紧地挤在一起，然后被拿出来……活活地煮熟……然后，他突然说起他将如何在董事会其他人的帮助下除掉董事长。我解释说，[他上一个梦中]无辜的孩子不是真正的孩子，而是一个洋娃娃——这是他对尚未出世的妹

妹的印象。我提醒他，他曾听哥哥说过，有一个看起来红得可怕的孩子降临了。（这个红得可怕的孩子）[①]就是龙虾，而他也曾听说过或看到过，为分娩做准备时要煮一些东西。他觉得孩子好像红彤彤地从母亲的身体里出来，而这般赤红的模样令人毛骨悚然。他想要死去的感受，与他放进母亲身体里的燃烧的尿液有关。这个联想导致他想除掉董事长，也除掉他自己，因为父母过度沉溺于危险的性交中。而他之所以想死，是因为他为自己对婴儿所做的一切感到无比内疚。

B 先生一开始提到他想离开分析，但克莱因指出，此时他真正想要的，是将她从他内在的坏中拯救出来；他觉得自己是个"破坏性进食的孩子"，而他也希望将她从这个孩子那里拯救出来。她说：

> 接着他就会把我当作一个爱的客体抛在远处。我提醒他，他经常认为自己的联想和叙述是坏的和危险的。对于他想拯救我的想法，他先是一笑了之。他似乎主要感觉到的是恨，但随后他又说："好吧，我对女人有毒的行为，确实给女人造成了伤害——伤害了我的母亲和妹妹[②]、妻子以及 X 夫人。"他否认对我有过任何的担心。

在会谈临近结束时，B 先生又提到了妹妹：

> 我的父母没给她带来什么好处，没有帮助过她，他们大惊小怪，只会让事情变得更糟。

[①] 此处单括号中的内容为译者所加。——译者注

[②] 在记录中，克莱因有几处写到 B 先生的母亲和妹妹，都把她们写作"母亲和妹妹"，仿佛她们不是并列关系，而是联合关系。翻译时保留了克莱因的这种写法。——译者注

言下之意是，B 先生觉得妹妹有心理问题或某种程度的不适，尽管他从未明确表达具体是什么问题。当然，B 先生有时会为自己对妹妹的所作所为，无论是幻想中的或现实发生的，感到无比内疚，他非常担心父母知道他做了什么。他被阻止抱妹妹或给她喂食，他认为这证实了大人们对他的不信任。克莱因在这里记录道：

> 他记忆中的闪光点是在乡下的一个地方，在那里他曾用奶瓶喂妹妹，因为其他人都在忙别的事情。

这次会谈后，B 先生给克莱因写了封信。

> 他指责我没有遵守重要的条款，因为我突然更改了他的会谈时间，这是他的财产，也带给他安全感。这对他造成了极大的冲击，我必须做大量的工作来缓解这种冲击。

🗨 1936 年 10 月 24 日，星期六

B 先生再次"非常沮丧，沉默寡言，[而且]还迟到了"。他说自己"感觉很投入"，这大概是指他对分析的投入。克莱因写道：

> 片刻之后，他提到他在夏天养了一条狗，他非常喜爱它；有一次，它把一只死羊的内脏掏了出来——拖了足足好几米远——然后狼吞虎咽地吃掉。我解释说，他提到自己如此投入，而且之前他还提到过，他是由很多坏人组成的。我认为他想射杀的妻子的小狗和这条吃掉死羊内脏的狗，代表了他自己的进食倾向。他坚决不同意，觉得根本无法听我继续说下去。

💬 **1936 年 10 月 26 日，星期一**

B 先生充满了仇恨、猜疑和不信任。他再次提到想离开分析，

> 他还说，我无权揭露所有这些恐怖的事情——指的是羊——即使是真的也不行。我无权因为他病得很重就"把他大卸八块"。我做了一个概括性的解释，说揭露这些可怕的事情似乎是处理它们的唯一方法，就像我反复对他做的那样——如果存在这些感受，就不可能将它们掩盖起来，假如要把它们隐藏起来，使其不被意识到，它们就会完全失去理智。

接下来，克莱因对 B 先生的材料做了更为直接的解释，她说：

> "我无权把他大卸八块"这样的表达，指的是被那条狗狼吞虎咽的内脏，他预期他会由于（他的进食倾向）^①遭到报复。此外，他想离开分析的愿望非常强烈，每次会谈都会重复提及，这是为了保护我不被他吃掉。然后，他谈到了他受挫的性欲，表示这不算什么挫折，或许他假装这并不是挫折，他说因为通过我和分析，他的性欲已经大大降低了；是我让他意识到性欲是邪恶的。这里涉及他与妻子的关系。我解释说，他的狼吞虎咽以及所有关于小便和无辜孩子的材料都表明，他从很早期开始，就将性欲认同为毁灭，我还谨慎地解释，他出于焦虑而将自身的挫败感投射给我。

克莱因显然认识到分析 B 先生的口欲破坏性非常困难，因为对他来说，口欲破坏性与他的性欲有着令人不安的联系。她明显对此非常小心，以免 B 先生再次感到被她指责。

---

① 此处单括号中的内容为译者所加。——译者注

💬 1936 年 10 月 27 日，星期二

这次会谈在控诉中开始：

> B 先生再次表达，他强烈地感到我让他的孩子们很失望，还表达他知道自己很疯狂，如此强烈地将我认同为他的妻子并指责我，但这就是他的感受。他的孩子们需要帮助，却得不到帮助。我指出，他觉得我可以帮助他的孩子们，但他却总说我帮不了他。

接下来：

> 我提醒他，他曾说过有的母亲对自己的孩子如此依恋，以至于觉得孩子仍然在自己的身体里——他因此批评了他的妻子。我运用了他的比喻来说他的孩子和妻子都是他的内在客体——哥哥、妹妹和母亲、父亲、妻子，他们都在他的内在——这些内在客体，与所有关于吃的材料联系在一起。从这个角度来看，如果他没有治愈他的孩子们，他就不可能被治愈，这相当合乎逻辑。

💬 1936 年 10 月 28 日，星期三

克莱因对这次会谈的记录很简短，但她报告了 B 先生提出的一个有趣观察，这与最近对他的"进食倾向"的解释有关：

> 会谈即将结束时，他告诉我，他把两件事联系起来了，[而且]他现在才意识到这种联系，真是令人吃惊……他女儿的牙齿不整齐，她出于担心而在睡觉时磨牙……但牙齿不整齐正是因为担忧和磨牙造成的。接着我指出，这种焦虑与"进食"的材料有关——他女儿的牙齿代表他自己的

牙齿，他发现他对自己的进食倾向有很深的担忧。离开时，他非常友好，并说他没想到我会像那些维多利亚时代的母亲，认为孩子应当遭受箍牙的折磨。[①]

💬 1936 年 11 月 2 日，星期一

这天，B 先生"不那么沉默和沮丧了"，尽管他觉得"很难开口说话"。他琢磨着说："能不能给隔壁的人放点毒气呢？"在之前的会谈中，隔壁公寓传来的钢琴声曾让他感到非常不安。而更早一些的材料显示，钢琴演奏在他的心灵中代表着对母亲身体的探索和对性的探索。克莱因写道：

> 然后他想到毒气也可以用来对付老鼠。他记得我曾打算把墙做成隔音墙，我告诉他，我在夏天的时候做了。他对此感到很惊讶，然后想，工人们在做隔音墙时是否发出了很大的噪声，干扰到了邻居。他丝毫没有意识到，这种联想其实来一种报复邻居的愿望，因为邻居制造的噪声打扰了他和我。于是我向他表明，这就是他对父母性交的感受。我提起他的一段记忆，那时他睡在父母房间隔壁的更衣室里，有一次他被噩梦惊醒，梦见一条狗在攻击他的生殖器。他跑去找母亲，但当他惊醒母亲时，却没有得到她的同情。我认为，当时他想用屁来下毒，而他发出的噪声是尖叫。

关于攻击结合的父母形象的幻想，克莱因解释道：

> 之前关于老鼠的材料显示，老鼠本来既是有破坏性的孩子，也是坏粪便，而现在老鼠似乎成了隔壁的坏父母——他们在进食和进行危险的性

---

① B 先生在此处的言辞带着几分轻描淡写的反讽。——译者注

交，而他想用毒气毁灭他们。我提醒他这类"用一个东西毁灭另一个东西"的材料——飞蛾摧毁了可可树，之后人们又用其他东西对付飞蛾，而这些东西或许会对可可树内部的好东西构成威胁。我认为，他之所以难以与我交谈，是因为他希望把我从毒气中拯救出来——他的话语和想法等同于危险的屁和粪便。

在一阵沉默之后，B 先生直接谈到他知道他父亲很快就会去世，尽管他发现父亲在周末的时候状态还不错。克莱因问 B 先生在沉默的时候还想到了什么。他说：

他想起母亲的坟墓，以及父亲带他去给母亲扫墓时告诉 B 先生，他已经安排好将来要葬在她旁边。怎么会有人想到被埋葬或死去呢？他同意我的说法，承认他对父亲的想法感到极度焦虑，接着我解释说，他强烈的自杀幻想与死亡焦虑相伴而生。他觉得死亡就像内在的老鼠，它会摧毁一切，而减少这方面的焦虑，显然会让人对真正的死亡更加从容。我还说，他漏掉的联想是将他母亲的死亡——她的坟墓——与我的解释联系起来，即他试图把我从他对我的毁灭中拯救出来。然后，他谈到如果父亲死了，［他会感到］痛苦；房子会被卖掉等，一切都会很糟糕。我解释说，房子似乎代表着母亲，他的痛苦不纯粹因为父亲临近死亡，还因为意识到整个家庭行将破裂——实际上他的母亲已经去世了。

B 先生回忆起一个梦：

有一个孤儿，他是个非常好的孩子，紧紧地依偎着 B 先生。B 先生无法摆脱这个孤儿。他想了很多办法。最后，B 先生把他送给了自己最喜欢的女儿，这个女儿有 182 厘米高，已经长成了最不吸引人的样子。但即使这样也无济于事，他无法摆脱这个男孩的纠缠。

在进行联想时：

> B 先生提到他妻子有一位即将远行的女友向男人投怀送抱却并不成功，至今未婚。他说她很幼稚，尽管她已经长大成人，和他妻子一般年纪。接着他提到父亲与他和他的妻子之间的一次谈话，他的妻子说了一些相当幼稚的话，显得她似乎对法律事务一无所知。接着我解释说，这个他最喜欢的女儿似乎与孤儿混为一谈，也与成年后向男人投怀送抱的女子混为一谈，还与他妻子的幼稚混为一谈。她们似乎都代表着他的妹妹，如果他父亲去世，妹妹就会成为孤儿，而实际上，母亲的去世已经在一定程度上剥夺了妹妹的家庭生活。可能他一直在思忖，如果妹妹始终孤身一人会发生什么，因为她还没有结婚。他说，她会成为一个糟糕的讨厌鬼，并说他想过这个问题。他并没有对她的遭遇表现出悲伤，我解释说，在他最早期的情境中，这个孤儿是他的妹妹，他觉得如果父母被毒气毒死，他将对她负责，而当他感到灾难即将来临时，这一情境让他如此冲突，正如他之前提到的，有一些材料表明他的粪便让整个世界变成了不自然的绿色。这表明，由于他的破坏性幻想，他感到自己要对家里的每个人负责。

💬 1936 年 11 月 5 日，星期四

B 先生"再次深陷抑郁和绝望之中"。最近的解释以及与董事长之间令人不安的交流，激起了他的俄狄浦斯焦虑。克莱因写道：

> 前一天，他提到董事长要出席公司董事会的会议，而且他是在谈到对他父亲的担忧——父亲可能会去世——之后，很快提到了这件事。我将这

些事情联系起来向他说明，内疚和焦虑来自这样一个事实，即在深层无意识中，他试图将这些人物分裂并移置到生活中其他人的身上，但诸如此类的行动并未成功。他表示赞同，即使对董事长，他也不是真的不喜欢；董事长是位不错的老人，虽然效率低下，但其实让他想起了自己的父亲。他也知道，如果他成功地实现了这些行动，他会非常内疚。与此同时，他对可能成功实现这一切又感受到一种强烈的胜利感。这时候，他费了很大力气才告诉我，董事长想见他，建议他们一起吃午饭。董事长和他交谈时坦率而友好，并问他［B 先生］是否意识到自己讲话有多么尖酸刻薄。董事长想知道，［B 先生的处世之道］是否也延伸到了生活的其他方面，他的尖酸刻薄是不是他性格的一部分。

这显然让 B 先生异常痛苦。他感到"完全绝望"，还说"一切都没希望了"。克莱因解释道：

> 董事长的这番话恰恰印证了他内心深处的想法：一位友善的父亲向他展示他的排泄物是多么恶毒，以及他如何利用这些排泄物毁掉了父亲和母亲。在与董事长的这次谈话中，B 先生说他意识到自己有时候举止不佳，但董事长不同意他的说法。董事长说："你的举止很有魅力，但你非常尖酸刻薄。"我解释说，举止不佳本是无害的——这就像一个顽皮的孩子——而尖酸刻薄则和恶毒的言行有关，是他内疚感的根源。我向他表明，这就是为什么他感到如此绝望，无法拯救他内在的父亲和母亲。我还把这一点与老鼠、毒气和上一次会谈的其他材料联系起来。

💬 1936 年 11 月 6 日，星期五

克莱因记录道：

B 先生完全变了。他来的时候一直在门阶上等着，并毫无怒意地提到，他听到有两个女人经过，这让他很不愉快。但他表示，如果她们与他过去某些可怕的经历无关，这也没那么重要。

克莱因认为这两个女人"发现了毒气的存在"。B 先生想起了一个梦：

他看到一只翠鸟（kingfisher）。翠鸟从他身边飞过，却在他左边的柱子上停了下来。在示意翠鸟的位置时，他用手触摸墙壁指出它的位置。这正是几天前他敲打过的墙壁的位置，当时他问我能不能通过墙壁发送一些毒气。他在梦中与我交谈，问我翠鸟在德语中叫什么，之后我们谈论了这一点。

他问我翠鸟在德语中的名字。我告诉他我不知道，但我会查一查。他很兴奋，说他根本无法从书本上了解翠鸟。他告诉我，有一次他妻子看到一只翠鸟飞过，激动得差点晕过去。看到翠鸟是一种无法形容的体验。他带着极大的热情和钦佩之情向我介绍这种鸟，还告诉我翠鸟在哪里养育后代，似乎坚持要我去看看。我认为翠鸟是一种神奇的鸟，它代表着母亲，我还认为它也代表着父亲，因为母亲捕获了（having fished）国王（king）。[1] ［我注意到］他敲了敲墙壁，而墙壁后面是将要被毒死的父母/邻居，但此刻他们是好父母，是受人钦佩的父母。我指出，这里他提到小鸟快速飞过，这体现了内化——人们几乎看不到它，但它又回来了。所有这些都是他内在母亲的特征。

克莱因注意到 B 先生与她谈论翠鸟的方式，她继续说：

---

[1]　kingfisher 可以被理解为"捕获国王的人"，这个单词被克莱因理解为"母亲是捕获了国王的那个人"，因此翠鸟既代表母亲，也代表父亲。——译者注

他显然很想与我交谈，与我交换意见，并且向我传达美感。因此我代表了他的小妹妹。我提醒他那个孤儿是多么令人讨厌。但此刻，他在移情中安慰着妹妹，告诉她，她并没有失去好妈妈。虽然母亲去世了，但她正在经过，她会在那里，她还会回来，她的记忆可以通过将她当作一个内在客体保留下来，而这种方式可以用以保留父母双方。他同意这一点，并摘下眼镜说："过段时间，"然后他纠正自己，"也许在另一个世界，你必须告诉我，我应该去找谁来解决眼镜的问题。我觉得这都是心理作用，我可以摘下眼镜，不用它也能看清事物。"我解释说，这意味着透过我的眼睛来看待事物，以我的方式来看待事物。

💬 **1936 年 11 月 7 日，星期六**

会谈材料表明，B 先生对母亲、父母的性欲以及母亲体内其他孩子的存在感到担忧。

由于学校有父母参观开放日，B 先生的女儿请他去她的学校转转。B 先生不想去——他不仅讨厌这样做，而且为此感到非常尴尬，但他还是去了。他惊讶地发现，孩子们拥有的空间太小了——在如此狭小的空间里竟然容纳了大约 80 个孩子。他在那里见到了其中一个孩子的母亲 B 夫人，由于她丈夫的缘故，B 先生在她面前很不自在，因为我们过去在分析中遇到过的一些困难与她的丈夫有关。说到她的丈夫时，他没有称他为 B 医生，而是称他为 B 先生，这让他立即感到很不寻常，他说实际上当他说"B 先生"的时候，他想到的是 B 夫人，而不是 B 医生。我认为，见到这些孩子和 B 夫人时的尴尬，与他对母亲怀孕的幻想有关——她的体内装了多少孩子，他们在那里做什么。想到他们占有的空间如此之小，这也许是一种安慰。此外，他把 B 医生（我们有很多关于他的材料，他对 B 先生来说是如父亲般的人物）和 B 夫人混为一谈，这表明在他的内心，怀孕与父亲和母亲的混合有关，而他（常常）[1]在早晨感到的尴尬，等同于这样一种尴尬，即他看到父母在床上，想到他们在性交中混合在一起，因而母亲就会怀孕。B 先生承认他总是感到尴尬，即使是现在，当他早晨看到妻子躺在床上时，他也有一种特别尴尬的感觉，他承认自己无法解释这种感觉，因为当他有这种感觉时，妻子并没有生病，也没有任何特殊的原因。

克莱因将这段材料与 B 先生最近的绝望联系起来，他和董事长的交流令他蒙羞，之后他又感到绝望。

我提醒他，当董事长责备他的尖酸刻薄和敌意时，他感到抑郁，因为这也意味着他在伤害母亲体内的孩子，尤其是他起初非常憎恨小妹妹，而在小妹妹出生后，家里再也没有孩子降生。

💬 1936 年 11 月 9 日，星期一

在分析中思考父母在性交中的混合，激起了 B 先生极大的焦虑。在这次会谈中，克莱因观察到他的注意力集中在"了解"上，特别是和性欲有关的事情。他对流言蜚语有些嗤之以鼻。

B 先生提到有一次与 X 先生谈话时，X 先生提到了国王情妇的丈夫。说起这件事时，B 先生说："……夫人"，差点说出了她的名字，但又打住了。X 先生似乎对 B 先生不知道这件事感到惊讶，他说："你不会从来没

---

[1] 此处单括号中的内容为译者所加。——译者注

听说过吧？你一定听过她的名字。"以及诸如此类的话，这些话听起来像我有时试图向他证明，他其实知道一些他否认的事情。在这件事上，B先生自己也笑了，因为他当然知道所有的事情……他认为，他不想知道S夫人的名字，就像避免谈论我的名字和我一样。不久前，他的妻子提到一些从聚会上听来的关于我的事情，这让他非常反感——而这些事都不是什么坏事。他提到有人认识S夫人的丈夫，他是个相当正派的人。他告诉我，在从索森德（Southend）出发的火车上，他们都在谈论这件事——每个人都在谈论这件事，B先生带着些许蔑视的神情说，他可以想象在这次火车旅途中——每个人都是怎么谈论这件事的。

💬 1936年11月10日，星期二

虽然B先生说自己"非常沮丧"，但克莱因注意到他对此并不确信。他说"看到妻子躺在床上，让他的心情很沉重"。他又回到了流言蜚语的问题上。这一次，克莱因明确地将他对流言蜚语的厌恶，与他对父母性行为的焦虑联系在一起，这种焦虑在过去和现在都让他感到恐惧。他告诉克莱因：

> 提到国王情妇绯闻的那位X先生，也曾想给他看一篇有关离婚事宜的剪报。B先生又一次显得不感兴趣，不想和他谈论此事。我指出，这种态度与孩子们谈论父母的性欲有关。在这里，他看起来不想谈论这件事，但另一方面，他却压抑了自己非常想和哥哥或妹妹谈论这件事的那一面。他之所以如此强烈地压抑，是因为性交对他来说意味着非常可怕的事情，以至于他在早晨会产生某些特定的感受，这些感受我们在过去的几次会谈里讨论过。他表示不明白我的意思。他总说他认为对他的母亲来说，父亲的性欲是可怕的，但这又有什么区别呢？我告诉他，他当然对此有所了

解，但他所否认和压抑的，是他心灵中性交产生的所有危险性和坏。当他提到他对兄妹说话，让他们坐起来听时，他已经做出了一种联系，这是指躺在床上的父母，他让他们坐起来听他说话。他觉得他们处于非常危险的境地，互相伤害，而他们自己并不明白他们在做什么。

克莱因还挑战 B 先生说：

他真的不知道我在说什么吗？他承认他很清楚我在说什么。我随后指出了这种全盘否定的态度，他曾对 S 夫人全盘否定，而今天也两次对我全盘否定——第一次是他不确信自己真的抑郁了，第二次是他不知道我是什么意思——就如同孩子如果对父母的性欲感到非常内疚，他就会假装什么都不知道。

对此，B 先生告诉克莱因：

周末他见到了自己的小儿子，小儿子向他问起雪鹀（snow bunting），他感到很难描述这种鸟。他打算写封信向儿子说明。他将这种鸟描绘为一种美丽却难以描述的东西。然后他提到有次与朋友共进晚餐，其中一位女士是他的老朋友，她提到大约十年前他写给她的一封信，信中他寄给她一些鹰的绒毛，并生动地描述了鹰的故乡。

接着，B 先生回忆起一个梦的部分内容，其中更多地揭示了他对父母性行为的态度，包括父母的性行为在他心中激起的敌意。

他看到田野里有两只兔子（rabbit）。梦很模糊。他认为它们是分开的，没有在一起。他看到有个人拿着枪向它们射击。然后，他眼睁睁地看着一只野兔（hare）跑过，勉强从一堵墙的缝隙中挤过去，还因此受了伤。他还说，他确信野兔已经死了。B 先生对梦中的野兔深感同情。兔子从洞里出来了。

　　B 先生说，当他醒来时，他对兔子的联想是 H 夫人讲的一个故事，H 夫人就是那位他赠送过绒毛的朋友，H 夫人说他们去新西兰旅行时，在船上遇到了一对姓拉比特的夫妻（Mr and Mrs Rabbit）①。另一个人说，从未想到还有如此没文化的人，并拿这对夫妻举例。关于伦敦，除了在塞尔福里奇（Selfridges）的百货公司看到的一个人造苹果之外，他们什么也没记住。拉比特夫人明确表示，她的丈夫喜欢别人叫他拉比特。B 先生笑了，觉得拉比特的发音让这个名字更有趣了。我认为，他是在蔑视一对没有文化的父母，而且在他的梦中也利用了这一点。作为孩子，他觉得这对父母一起上床，做一些和性有关的事情，这是滑稽的、不道德的、没文化的以及坏的。我认为，拿枪的人就是他自己，这些兔子的模糊性和不确定性（他说过，他只是在擦肩而过时看了它们一眼）反复出现，表明了他对性交的观察，我们已经有很多这方面的材料。他为野兔感到遗憾，这说明了同一个主题的另一个方面，野兔既代表了父亲的阴茎，也代表了在性交中受伤的父亲，同时还代表了母亲和他自己，因为他觉得自己应该投身于父母性交的情境中，以打扰和拯救他们。

　　然而，克莱因叙述了事情还有另一面，B 先生除了对父亲 / 阴茎感到恐惧之外，还对二者深感钦佩。而这种钦佩一直被压抑着。

　　我指出，鹰是一种令人钦佩的鸟类，而他所描述的轻得几乎看不见的绒毛，则代表了父亲那令人钦佩的阴茎，他难以向儿子描述的雪鹀也代表

---

① 在英文中，这对夫妻的姓氏和兔子是同一个词。——译者注

阴茎。那种"见过但却难以描述"的元素再次出现了。我认为，绒毛就是阴毛。鹰是父亲成熟的阴茎，而雪鹀则是他哥哥的阴茎，他也非常钦佩哥哥。他承认对父亲的确有此情感。他记得，第一次从父亲那里听说一些以前不知道的事情时，他有多么惊讶。他觉得父亲无所不知，到现在还能相当清晰地记得对父亲的钦佩等。我指出，他对阴茎和性交深深的钦佩必须与性交可怕的方面一起被压抑。我承认他多少知道自己对性交有治愈和好的感受，但这不同于对阴茎极端而强烈的钦佩，也不同于对阴茎强烈的恐惧。我认为，正是由于他对与父母性行为有关的内容压抑到了极致，才使得这两个极端无法相互接近。

克莱因还将"翠鸟"材料与 B 先生的妹妹联系起来，并和他对母亲怀上妹妹及妹妹出生的幻想联系起来。

我提醒他，这只美丽的鸟和翠鸟一样，也代表婴儿时的妹妹。我们知道，当他看到小妹妹时，他觉得这个婴儿很可怕。他想，这到底是不是个孩子？然而不久之后，他在很多方面都很欣赏她。在他看来，这个孩子是性交后直接生下来的。他的哥哥告诉他，她红得吓人，而这一点出现在他最近的梦中，梦里一个无辜的孩子躺在床上。他曾说过："这真的是个孩子吗？"这是一种观念，即孩子会在出生时因性交受到伤害；而野兔挤过一堵墙其实代表了孩子从母亲体内出来。他的不确定感还与死亡和内在有关。如果事物是内在的，它们就会逐渐消失。[①]他认为那对父母 - 兔子（the parent-rabbits）是分开的，这也与他希望将父母分开有关，这样他们就不

---

① 应指由于 B 先生感到自己的内在存在破坏性，因此内在客体的存活和保留都变得不确定，随时可能消失。——译者注

会在一起了，[他希望] 他们都只和他在一起。

💬 1936 年 11 月 11 日，星期三

B 先生迟到了很久，他"陷入了彻底的绝望"。他恳求克莱因"让他走吧，他想平静地死去"。他谈到了自己的妻子：

> 她的感冒好一些了，但她又躺回了床上。他往家里打电话，而她似乎很讨厌他。可能她有充分的理由。B 先生觉得妻子恨他是有道理的，因为他对她造成了伤害。她得了流感，而他无法忍受这种情况。如果妻子生病时能让他帮助她或者为她做点什么，那么他会释然得多——但她从来没有这样做过，他的母亲也没有。他收回了一部分话，说昨晚妻子让他帮忙清洗眼睛，这给她带来很大的缓解。

克莱因说：

> B 先生之所以想从我这里逃走，实际上是因为他和妻子的关系以及他对妻子的焦虑。我认为，他一定很害怕她会死。我提醒他，当他抱怨妻子为孩子们得了麻疹而大惊小怪时，我们发现他自己也担忧孩子们会死。他承认自己对死亡感到焦虑，并告诉我他和妻子结束通话后的一个幻想：如果妻子死了，他就会自杀。人们会认为他非常爱她，但事实并非如此。

💬 1936 年 11 月 12 日，星期四

B 先生本来不想来，但是他告诉克莱因，刚刚和妻子谈过之后他"感到轻松多了"。他提到：

> 她好多了，而且对他非常友好。医生不仅安慰了她，还为她安排了一

顿营养餐，她看起来很高兴。B 先生称赞医生是个好人。

接着，他讲述了一个梦，尽管他告诉克莱因她不可能理解这个梦；这个梦"非常的复杂，极其混乱，无法描述"。

> 他和一个人看向前面的舞台——他指着能看到我的花园的窗户。我们两个人（他突然说："我肯定那个人就是你。"）都在看舞台，那是我们应该看的地方，但什么也没看到。什么也没发生。我们都不时地瞥一眼左后方（说这话时，他反复敲打沙发左侧的墙壁），而他看到了一些东西。在那里，他的生意伙伴 A 先生表现得像个小丑，他手舞足蹈，好像正在指挥一支乐队演奏，但这并不是我们应该看到的。他无法解释我们为什么要视而不见。

B 先生问克莱因："你明白这个梦吗？"之后他对克莱因说的话感到惊讶。

> 我说事情其实很简单。我提醒他，他敲的这面墙，正是他最近想用毒气毒死邻居的那面墙，因为墙那边传来了音乐。他的伙伴（他说他是个好人——虽然在生意场上他一点也不喜欢这个人，但在其他场合见到他时，他觉得他很有魅力）的表演——他的手势、小丑般的状态等，是指父母的性交；而他想毒死那些吵闹的人，意味着杀死性交中的父母。我们代表着他和我，或者他和他的哥哥或他的孩子们，我们本不应该看这种表演，但却总在毫无可看之处驻足。我解释说，他对父母性行为的否定态度与他非常希望看到真正的性交有关，但他又因为自己的仇恨和毁灭欲望而害怕看到性交。

B 先生对克莱因的解释感到相当不安。

他一直坐立不安，表示他一秒钟也受不了了。他不知道我在说什么，感到无法忍受。然后他又表示自己难以忍受我独断专行的解释方式。这位可怜的病人无话可说，却必须忍受一切。他说，继续你该死的工作吧，接下来的一句话中又说了两次"该死的"，他还表示他想逃跑，并说他要离开。我把这种反应解释为，这重复了他曾经待在床上的旧有反应，当时他真的无法忍受了——他觉得父母正在进行该死的事，他感到自己被他们暴露在焦虑和冲突中，却无法阻止或干扰他们；我还清楚地向他说明，由于（他无意识中的）①重复，这种情境是多么容易再现，因为如果他愿意，他实际上可以随时离开我。

B先生回应说：

他提到在之前的一个梦里，他觉得自己可能会射杀兔子，但他认为自己并没有这么做。他觉得是那个男人干的。我将此解释为，这证实了他有开枪射杀的倾向，同时他也担心那个男人——也就是他的父亲——也会开枪射杀母亲和婴儿。B先生用手帕捂住了耳朵和眼睛（他已经很久没有捂住眼睛了，但在分析中，他曾一度这么做）。他表示他无法避免听到我说话。他难以讲述。他不打算再说什么了。为什么要说呢？这只会给我提供材料从而对他发起可怕的指控。过了一会儿，他又说，我的沉默比说话更糟糕。

克莱因解释道，当她沉默时，B先生会感到对她的死亡焦虑。然而，当她强调最近几次会谈中他对她的怀疑时，他回应说"很多人根本不相信分析，但

---

① 此处单括号中的内容为译者所加。——译者注

他对分析是忠诚的，他不会让我失望"。

💭 1936 年 11 月 14 日，星期六

B 先生迟到了，但比他最近到得稍早一些。他报告了一个梦：

> 他坐在一个酒店一楼房间内的扶手椅上。他对酒店的联想是，酒店里总是有不受欢迎的人。他正在和一个大男孩讨论，说离登顶只有 20 分钟了。也许斯诺登山脉（Snowdon range）就在眼前。另一个男孩说，在这个时间内登顶是不可能的，B 先生似乎相信了，尽管他以前从未到过山顶。B 先生由大男孩联想到他在东方遇到的一个人，他向这个人打听他想爬的一座山。这个人似乎并不理解 B 先生爬山的缘由，而 B 先生认为这对他来说将是一次绝佳的经历。

又谈起这个梦时，B 先生记起：

> 接着他在走廊里遇到了酒店的女老板，她告诉他登顶告示的位置。但是，当 B 先生按她说的位置去寻找时，他看到了很多指向不同方向的指示牌，却没有一个真正指向山顶。B 先生将此与我联系起来，还将整个梦与分析联系起来——我给了他许多指向不同方向的解释，却没有一个真正指向治愈。

他再次谈到这个梦：

> 接下来 B 先生在参加一场越野跑比赛。B 先生提到小时候，他的父亲给他写信时非常赞同他参加越野跑。天气变得雾蒙蒙的，B 先生认为这对他来说是个优势，因为他识路，而其他人不认识，这样他就能赢得比赛。

但比赛中有一段上坡路。B 先生累得拖着双腿，筋疲力尽。他说那是在回家（指酒店）的路上。然后他抵达酒店，换了身衣服。

克莱因解释道：

不受欢迎的人指的是我的其他病人和我的家人。这些人是他在比赛中击败的人。他似乎表现出一种强烈的信念，认为自己知道分析的方向，并且一定会赢，但结果似乎又与这种信念相矛盾，因为他筋疲力尽，不知道自己是否赢了。此外，一切在 20 分钟内触手可及，似乎同时也掩盖了他从未实现目标所引起的焦虑，这意味着无法治愈，也意味着死亡。此外，在比赛后回家的行为表达了他希望回到母亲身边却又找不到她。

🗨 1936 年 11 月 16 日，星期一

B 先生报告了另一个梦：

人们期待着皇室成员的到访。为此大家做足了准备。B 先生正在穿衣打扮，却发现自己穿着一件红色的狩猎服，他对自己解释说，这一定是在哪里捡到的，但即使在梦中也觉得这不可能，他没有权利穿这件衣服。他试图从纽扣上辨认这件衣服属于哪支狩猎队。宴会开始了，小公主坐在他的左边，脸和他靠得很近。王后似乎对这件事很感兴趣，但他没有看她，只知道她在场。他带着强烈的厌恶说，公主长着一张可怕的脸，皱巴巴的，还涂了粉。B 先生回忆说，有一次他向妻子指出，他不喜欢她涂脂抹粉，妻子很伤心。他不知道妻子涂的是脸还是身体的某个部位。他想起了他的朋友们，一个与他共进午餐的女人有一条小狗，当他和小狗玩耍时，她警告他不要让小狗的脸靠近他的脸，以防小狗咬他。

克莱因解释道：

> 涂满粉的皱巴巴的小脸是女人的生殖器，他的小妹妹坐在他的左边，而他对她的生殖器做了些事情。此外，小狗——浑身长满了毛——以及他不记得的妻子涂的身体部位，似乎都表明这是女人的生殖器。出乎意料的是，B 先生很平静，他说他并不反对这种关于生殖器的解释。

💬 1936 年 11 月 17 日，星期二

B 先生迟到太久"以至于时间所剩无几"。

> 他表现得很沉默，无法讲述，还想中断分析。我提到以前的一段材料，有一天他提到，他想知道我是否喷了香水，或者这仅仅是他的想象——他会在分析结束后问我。我指出，在我们的关系中，他对我的生殖器感到焦虑，他的沉默和消极态度是为了不让他的脸靠近我，也是为了让自己远离我。

接着他报告了一个梦：

> 他站在岩石（rocks）上。岩石是红色的。只有他站立的岩石是红色的，其他的都不是。他不禁想到了血。此时他想起，他曾在祖母的马车上看到过血迹，而且有人告诉他，祖母的马车曾搭载过一个流血的人——这个人鼻子流血或诸如此类。当时他觉得这个故事既惊险又不可思议。几年后，有人告诉他这是真的。然后，他想起了战争和他的参战经历。他提到，那是一堆被水冲刷得非常光滑的岩石。

接下来，B 先生因为语言方面的误解，差点离开了会谈。克莱因写道：

　　我被岩石的复数形式（rocks）[①]所误导，问他有多少块岩石。他讲得很在理，即这个词并不是指它们是不同的、单一的物体，他这么说，是指我的英语不够好[②]，他还说，它们和混乱没有任何关系，而是一大堆岩石。此时他非常强调它们并不是不同的物体，但是一大堆岩石在某种意义上又是不同的。然后，他对复数形式感到疑惑——为什么他要说岩石（rocks）呢？听起来好像是几个东西，但其实并不是。他为此非常恼火，站起来说他再也受不了了，他要离开。我向他说明，我很愿意承认由于英语不好，我误导了自己，我完全明白什么是一大堆岩石。我亲眼见过。B 先生从门边走了回来，但站在沙发那头，几乎一动不动，这是我以前从未见过的姿势……他曾多次站起来或想走出去，但并没有像这样站着。B 先生没有离开，但又很想离开。在走出房间之前，他开始大笑，并说有些事情非常有趣，他说，我没有解释关于岩石最简单和最相近的事情。难道我不知道"在岩石上"（on the rocks）[③]是什么意思吗？

💬 **1936 年 11 月 18 日，星期三**

　　克莱因指出，B 先生的焦虑明显减轻。他讲述了一些其他的梦，但又谈到了前一天的"岩石梦"。他说：

　　　　他昨天没有提到的是，他想到了奥德修斯——奥德修斯被困在岩石

---

① 在英文中，名词的复数形式用以指代两个或两个以上的人、事物、地点或概念。——译者注
② 克莱因的母语是德语。——译者注
③ 此短语还有婚姻濒临破裂、事业岌岌可危等含义。——译者注

上 [①]——当看到有人来时，他就遮住赤身裸体的自己。最近他给他女儿讲了个故事，珀涅罗珀（Penelope）在织布，当奥德修斯归家时，她的织布工作恰好结束。[②]他第一次在学校学到这个故事时，留下了美好的回忆。他还说，他对"在岩石上"的解释并不能改变这样一个事实，即这可能有更多的含义。他感到不解的是，为什么他要用复数形式来描述岩石。

克莱因解释道：

他一直以特别的姿势站着，就像在梦中小心翼翼地站立在岩石上。如果岩石是复数形式，而且上面淌着血，那么就与祖母的马车和一个男人在马车上流的血有关，这是一个令人难以置信的故事，一切似乎都指向流血的父母，而病人就位于他们上方，与他们混合在一起，感到惊恐万分。如果他被困在岩石上，那么他就需要我的帮助。我似乎是正在织布的珀涅罗珀（以前有一些相关的材料，他将分析比作铺马赛克或做手工艺品）。他笑着警告我不要把自己和珀涅罗珀相提并论——珀涅罗珀每晚都要拆掉自己的作品。我解释说，我认为这个比喻很贴切，因为我似乎经常拆解事物——无法完整地呈现（分析材料的）[③]联系等。但他并不否认，织布和珀涅罗珀代表着分析和我。此外，他还告诉他女儿奥德修斯归家后被认出的顺序——他依次被狗、猪倌、保姆和儿子认出，最后才是他的妻子。他

---

① 在《奥德赛》中，在特洛伊战争结束后，伊萨卡的国王奥德修斯在归途中被困在仙女卡吕普索的岛上多年。——译者注

② 同为《奥德赛》中的情节，在奥德修斯离家的二十年中，众多追求者觊觎伊萨卡的王位而向王后珀涅罗珀求婚，为了拖延时间，她承诺等她织完一件寿衣再做决定，但每晚她都会拆掉白天织好的部分，以此等待奥德修斯归来。——译者注

③ 此处单括号中的内容为译者所加。——译者注

经常觉得自己被我误解，没有得到认可；但这并不是珀涅罗珀的错，因为奥德修斯已经变得难以辨认。我还提到了珀涅罗珀那些不受欢迎的追求者——他称他们为讨厌鬼。在奥德修斯杀死这些追求者之后，珀涅罗珀才认出了他。我提醒他，他梦中的酒店里有不受欢迎的人，以及不受欢迎的我的病人和家人。但也是在梦中，分析和我似乎又是有帮助的，毕竟奥德修斯最终回家了——这也意味着回到他母亲身边。

💬 1936 年 11 月 20 日，星期五

B 先生处于绝望之中。他抱怨说：

他的妻子没有照顾好她自己——她感冒了，还晚睡等。她对他与孩子们的关系的态度，丝毫不受他的影响。他只应该欣赏他们。他曾反对过，他们最小的孩子还在流口水，不应该让他吃饭，但那孩子仍然被允许吃饭。过了一会儿，他提到他最喜欢的女儿非常崇拜他，把他当作她的财产，还提到他去和最小的孩子道晚安，而孩子想听故事。B 先生说："我不知道该讲什么故事。"此时他最喜欢的女儿走进来说："妈妈和保姆都说我应该上床睡觉了，但我听到你要讲故事，所以就进来了。"她跷着二郎腿坐着，看起来非常迷人和自信。然后他讲了一个非常动听的故事。

💬 1936 年 11 月 21 日，星期六

B 先生迟到了，他解释说：

他去看考古展览了。总的来说，他的态度很友好。他经常去看考古展览，总是无法离开在那儿遇到的熟人——他的岳母，还有一次是一个法国女人。我解释说，在以前的材料中，考古物品象征着复活，他遇到的人对

他来说是活着的人，因此他无法与他们分开，而我则代表着他害怕见到的垂死或死去的人。他提到妻子曾向他坦白她花钱过度，并请他帮忙把账目理清。他担心这是一种症状，但非常友好并乐于提供帮助，对此并不介意。接着他提到他曾和妻子一起参加布鲁姆斯伯里（Bloomsbury）的一个聚会，他妻子感兴趣或欣赏的人都在那里，但她并不尽兴。

接着 B 先生带来一个梦，梦的背景是他的公司在国外的某处办公场所。

在梦中，办公室所在的大楼已经腾空，但仍在使用中。公司经理本已安装了一个厕所，但在梦里这个厕所却不见踪影，不过可以看到很多管道和给水设备，它们代表着这个厕所。他经过这些给水设备，走在一条太妃糖小径上。他知道那是太妃糖，因为当他走到尽头时，他趴下来咬了一口。太妃糖和坚果混合在一起就像一条砾石小路。之后他绕了一圈，走下台阶，来到车站的月台上。在他的左后方（这个方向经常代表我的声音、谈话和我本人）有一个火车司机，火车司机碰了碰他的肩膀，引起了他的注意。火车司机犯下了某种社会罪行，并告诉了 B 先生。但 B 先生很愿意和他谈话，接着他们一起走下月台，沿着开阔的道路在平坦的乡间散步，直到来到一个半圆形的长椅前，他在那儿和一个肥胖的本地老妇人说话。事后他也不确定那是一个女人还是几个女人。此时他从包里拿出了三样东西——剪刀和小刀，他不知道第三样东西是什么，也不知道那是他的包还是老妇人的包。火车司机似乎把他带离了太妃糖小径。［接着火车司机］告诉 B 先生，他把一些科学家带到了一个机构，他们感到又惊又喜。B 先生看不到通往机构的这条路——它离长椅很远，由于距离，也由于被树木遮挡而看不到。B 先生似乎对这个科研机构并不感兴趣，而它通往长椅的路线是矩形的。

对火车司机进行联想时，B 先生提到前一天晚上他和妻子去的那家很贵的餐厅。他说：

> 餐厅老板是个肥胖的外国人，菜很好吃，服务员的指甲很脏，老板说他认得 B 先生。当 B 先生提到这个肥胖的外国人时，他说老板在店里以一种非常有趣的方式喊话——当时店里没什么人，B 先生不知道他是怎么经营生意的。他强烈地感觉到，火车司机就是他自己。这让他想起了他在分析初期做的一个旧梦，他梦见一个老巫婆问他愿不愿意见一个死了 30 年的人，他表示愿意，接着他看到那个人复活了，而那个人就是他自己。我同意并且强调 [火车司机就是他自己] 这种感觉是相当有说服力的，但我补充道，在火车司机之后的联想是那个肥胖的外国人，他提供美味的食物，但上菜的服务员却很脏，他的英语说得很差，等等。再加上 B 先生对火车司机说话时朝着的方向，这表明那个火车司机就是我。尽管 B 先生在谈到火车司机的社会罪行时，提到他对此并不介意——他在金融城认识一些因欺诈而被捕的人，他不太放在心上，但他却梦到女人受到不恰当对待的问题①，说明他其实介意。

克莱因继续说：

> 如果火车司机是过去的 B 先生，如果他的过去在分析中复活，而过去的记忆也在浮现，那么这里没有被恰当对待的女人就是他的妹妹和母亲，太妃糖小径也表明他用嘴接触了生殖器，这被他视为对女人的犯罪。但他似乎原谅了自己，认为这并没有那么糟糕。我在解释中，将自己解释为火

---

① 应指梦中那个肥胖的本地老妇人受到了不恰当的对待，这可能是克莱因对 B 先生梦境的一种解读。——译者注

车司机，我认为他常常觉得分析是错误的，人们会因此而鄙视他，而我作为外国人的社会劣根性也会遭到鄙视。我还补充说，把科学家带到这个地方，可能与他听说过我的工作有关。B 先生非常不喜欢我的解释，因为我把自己比作火车司机。他向我描述那条太妃糖小径，他一直站着，闭着眼睛，越来越靠近一个小房间的角落，而太妃糖小径直接通向我。

1936 年 11 月 23 日，星期一

B 先生来得很晚，而且几乎一言不发。克莱因仅仅记录了一些他的话：

> 他说我所有的解释都是先入为主的。我总是指责他的性行为，这只会让他更糟等。

1936 年 11 月 24 日，星期二

B 先生今天很准时，但几乎说不出话。他沉默了很长时间。

> 最终，他同意我的看法，这是一种虚假的顺从。虽然他按时来了，但却不能合作。他强调说，不能合作让他感到绝望。他觉得自己的情况越来越糟，对治疗和我都感到不信任。我解释说，这与我发现了他性方面的事情有关，而我曾提出他的梦有此含义。在他离开前几分钟，他告诉我，他可以告诉我更多的梦；毕竟这些梦是他的梦，他愿意告诉我，但我不能催他，也不能快速驱使（drive）他。我提醒他，我是那个火车司机（the engine driver）。他还感谢我因为他刚刚开始讲述梦而给了他几分钟时间，他还非常友好地说，只要我能跟上他的节奏，他不介意再重复一遍梦，讲述所有的细节。当天晚上，他寄给我一份冗长而复杂的计划，包含了分析的整体情况和所有细节，这显然是为了弥补他什么都没说，但他也让我做

好第二天他可能不会出现的心理准备。

💬 1936 年 11 月 25 日，星期三

B 先生实际上来了，但他再次迟到了，而且不愿意说话。他"情绪低落，充满疑虑"。克莱因写道：

> 我回到火车司机的梦，也回到他的信和计划。这封信比他以往写给我的信，或者对我说过的任何话都要友好，他在信中把我比作约瑟夫（Joseph），把自己比作法老。他说，他不想像法老那样，对约瑟夫的解释不满意，就用各种事情威胁约瑟夫。B 先生忘记了约瑟夫的际遇，我提醒他，约瑟夫预言了七个丰年和七个荒年——他拯救了国家，法老对此印象深刻，并任命约瑟夫为宰相。B 先生很惊讶，但他记得这个故事。他说，他在信中写的计划让他很愉快，而他只写了计划的一部分，是为了证明我对计划的理解并不足够——他想把计划写得尽可能清楚，而不是被我的解释所干扰——我不在的时候，他很容易做到友好。他解释了关于他是火车司机的说法。然后，他用低沉的声音说，他对我的工作最反对的地方是我似乎对自己深信不疑，他用这样的声音说话时，总是意味着他对自己所说的内容有些内疚。如果我像大多数人那样，对分析抱有愤世嫉俗的态度，他的感受就会完全不同。还有一点是，我表现得就像母亲对儿子一样——这个母亲不能欣赏儿子，不能让他充分发挥自己全部的重要性。我解释说，（他认为）[1] 我不欣赏阴茎和他的男子气概，而他对我的解释也有这种感觉。

---

[1]　此处单括号中的内容为译者所加。——译者注

💬 1936 年 11 月 27 日，星期五

B 先生对妻子感到"非常绝望"，觉得"她永远不会好起来"。刚开始他回忆起一个梦，但又中断了讲述，回到对妻子的绝望中。当他再次谈到这个梦时，他说这个梦"很可怕"：

> 我给了他一支体温计。他从书上看到过，如果要在炎热的国家测量体温，首先要把体温计放在湿布里，但还有另一个东西——一个笔尖——我让他把它放进肛门里，或者我来把它放进去。我提出了这个建议，而 B 先生也不知道这是怎么发生的，但他看到体温计碎成了几块。他对把体温计放进肛门而不是嘴里感到恐惧，并且非常艰难地向我讲述这个梦。我把这个梦和太妃糖小径联系起来，并认为我的解释像对他肛门的攻击。

💬 1936 年 11 月 28 日，星期六

克莱因只记录了："B 先生非常抵触，情绪沮丧，对我充满了指责，并且难以开口讲话。"她"对这些表现进行了解释并将其与过去几天的材料联系起来"。

💬 1936 年 11 月 30 日，星期一

B 先生很沮丧。他做了很多梦，但只记得一个片段。

> 他看到他哥哥把脚伸进他妻子的嘴里，并且说："这样做很好。"

对这个梦的片段进行联想时，B 先生说：

> 他脚上的指甲里还残留着夏天在沼泽留下的污渍。他曾试图把它弄

掉，但污渍或许只能随着指甲的生长逐渐消失。他对此感到很不舒服。他向我说明，沼泽里可以找到漂亮的花朵。在他的联想中，沼泽里有污浊物，也有好东西。他喜欢光着脚丫到沼泽里去，有人警告他这样会伤到自己。说这话时，他右手的指甲划伤了他的左手掌。他的左手掌曾被灌木丛划伤过，而他只是碰了碰疼痛的地方。他与父亲共进午餐时，觉得父亲对他清理指甲感到恼火，即用一个指甲抠另一个指甲，把指甲根部的皮捋顺。他知道父亲讨厌他这样做，他不能再像小时候那样惹父亲心烦了，为了不惹父亲生气，B 先生不再这样做了。

克莱因注意到，B 先生最近也感到遭受了她的迫害。他尤其感到她因为他的性欲而迫害他。尽管如此，她还是回到了那个梦的片段，将其与 B 先生和兄妹之间的性活动联系起来，然后又与他意味着强行进入（姨妈）[1] 身体的自慰幻想联系起来。

> 脚代表阴茎。[我联系到]以前的一段材料，当时他说他"把脚伸进去"，并意识到这是指他妻子的生殖器。我提醒他，他对肛门强烈的焦虑，他对被人从背后注视和从背后攻击的焦虑，以及其他一些以前的材料，这些材料似乎暗示他的哥哥攻击了他的肛门，还把阴茎放进了他的嘴里，而且他的哥哥可能对他的妹妹做了同样的事情，B 先生也可能对妹妹做了同样的事情。我提醒他，探索姨妈身体的幻想让他感到非常愉快。但我认为，在这些幻想中，他一定以某种方式进入了她的身体。他说他很清楚是什么方法，并不像我之前说的那样是用他的阴茎。他整个人都进入了她的身体，向上爬并且进行探索。在她的两腿之间有一个很大的开口，足以容

---

① 此处单括号中的内容为译者所加。——译者注

他通过，而他就是从这里进入的。我认为在这里他否认了肛门和阴道，因为这个口开得太大了，以至于可以在没有任何暴力的情况下进入。在此之前，他提到一段记忆（不是新的），他在为剪贴簿剪人物，他认为他剪了一个裸体的人物。当时他大约五六岁，他问姨妈："臀部这里要不要剪开？"这让姨妈非常尴尬。我认为，这段记忆似乎表明他以攻击的方式进入了身体。[我还提到]最近他非常怨恨我的解释，这是一种同样性质的攻击。在过去，由于这种幻想和危险的粪便，他对他与哥哥和妹妹的经历非常焦虑。

克莱因再次谈到火车司机的梦，将他对肛门的探索与火车司机的科学探索联系起来。她解释道：

> 他希望探索肛门，了解粪便和身体内部的一切，这是科学探索的基础之一，而他的意思很可能是，当他对这些事物的兴趣和探索凸显出来时，火车司机就会出现。关于火车司机的梦，他还提到了从太妃糖小径通往月台的环线，并说他喜欢环线，讨厌矩形路线。我还提醒他，梦中他因为在圆椅处与肥胖的本地老妇人谈话，而耽搁了时间。在这里，圆椅似乎和沼泽是一回事，而且光线暗了下来，他不确定是他从包里拿出了剪刀和小刀，以及他忘了是什么的第三样东西，还是老妇人拿出来的。他强调（他关于梦的每一个细节都非常精确，包括梦的陈述方式等）他对此并不确定，我同意这种不确定性证明了两者都有可能是真的，同时也表明了一种带有侵略性的攻击，因为在以前的材料中包与阴囊有关。

💬 1936 年 12 月 1 日，星期二

B 先生到得很早，当他说自己非常抑郁时，克莱因对此再次感到怀疑。他

说："一个人感到抑郁，不论是因为外在事物还是因为自己的心理状况，感受都是一样的。"克莱因写道：

> 他将抑郁的心情和盘托出后，问我什么时候去度假。我回答了他。然后他说要去买醉，他从来没这么做过。我把他对我离开的焦虑和他的抑郁与"肛门"材料联系起来。他对离别和孤独的焦虑始终伴随着他的生活，最近我们甚至还发现，他在一次展览上无法与他人分离，他补充说"尤其是与女人"。我将他对死亡的持续焦虑与肛门联系起来。此时他提到了一个语法问题。例如，当一个人遇到了某个人时，在英语中人们会说，一个人不能和"他们"（them）分开，把"他们"用作单数（来指代某个人）①，因为不知道这个人是男性（he）还是女性（she）。他们彼此混杂在一起。我解释说，这句话表达了他的感受，即女人与男人混在一起是种可怕的情况，因为他们会互相通过肛门攻击②对方，从而导致女人的死亡。

B 先生接着描述：

> 他刚开始认识指南针的时候才五岁，在坐火车时，他只能想象指南针的指针要么指向火车的方向，要么指向与之成直角的方向；他已经知道有北方、西北方、西南方等，但他坐火车的时候并不认可这一点。他问我是否能对此做出解释，当我说不能时，他似乎很高兴。然后他说，他认为这就好像他必须把地图或国家装进一个盒子里，而这个盒子必须与火车完美适配。但是，那时候他似乎喜欢直角。现在他却感到讨厌和不喜欢了。我

---

① 此处单括号中的内容为译者所加。——译者注

② 此处的"通过肛门攻击"是指原始攻击性幻想中的肛门期施虐意象，并非现实中与肛门有关的性行为。——译者注

问他这种焦虑和不喜欢与肛门有什么关系。他说"直肠，矩形的"（rectum, rectangular）。他无法（在情感上）理解（这种混合）①是有可能的，但理智上他知道。我认为他也不认可这种混合，他认为它应该是单一事物。

接下来，B 先生告诉克莱因：

> 他带着低沉的声音和强烈的感情说，当他告诉我火车司机的梦时，他感觉非常糟糕，他认为火车司机就是他自己，对此他非常肯定。然后，我提出了另一种解释，即火车司机不仅是我，还可能是其他六七个人；这个想法像洪水一样从我口中涌出，而他不得不接受。然后他说自己太夸张了。他知道我指的不是六七个人，而是指至少两个人。我解释说，即使我的解释是错误的，他也没有必要如此受伤。如果他受到了伤害，那意味着他想驾驭自己——［表达］他人格的统一性，而我——也就是我的解释，［反而］像体温计一样强行介入，好像我在驱动着他的引擎。

有时我们可能会和 B 先生有共鸣，即感到克莱因在强行介入他的内心世界，尽管克莱因承认她的解释对他产生的影响。在这里，她继续解释 B 先生对于她进入他内在的焦虑，更广泛地说，是他对内在客体的焦虑，他觉得这些客体受到了攻击，无法在他的内在生存。克莱因提醒 B 先生：

> 他在告诉我火车司机的梦的那天，说"他受不了我催他，驱使他快一些"。［他曾说过］如果我更有耐心一些，他可以告诉我一切。我认为，他在这里说的是，除了他自己，他不希望有任何客体进入他的内在，而我正通过肛门强行进入他的身体，我再一次将此与前一天对肛门的攻击联系在

---

① 此句中单括号中的内容为译者所加。——译者注

一起。此外，他一直希望拯救内在的母亲，[这意味着他非常震惊]体温计被摔成了碎片。母亲和我就这样与体温计混合在一起，在他的内在被伤害和杀死，[这就是]他一直担心失去外在母亲的原因，因为他无法保住内在的母亲。我提醒他昨天[他对身体探索的自慰幻想]的材料，[以及]对肛门和阴道的否认……一段关于切割的记忆，尤其是他自身的撕裂幻想^①。

克莱因的解释激怒了 B 先生，他"变得极具威胁性"。克莱因指出，这种情况并不常见。B 先生可能经常表现出生气和责备，但通常不会用如此威胁性的语气。

此时，他警告我说话小心一点。他问我是不是在告诉他，他自身的幻想是有撕裂性质的？他说过一个关于撕裂的字眼吗？我怎么能把自己的幻想强加给他？我解释说，他没有说过"撕裂"这个词，但在我看来，那段剪刀的记忆和他的否认共同表明了他在幻想中暴力地进入了身体，还有肛门的材料表明了他暴力地进入肛门。接着，他以同样的方式指责我用他没说过的"暴力"一词。中间他还承认，他无法靠自己了解无意识幻想，我必须通过材料来发现它们，但最后他愤怒地离开了，因为我把我的幻想强加给他。

💬 1936 年 12 月 2 日，星期三

B 先生很痛苦，但"不像前一天那么愤怒"。克莱因对 B 先生说：

可以说，他在愤怒中离开了我，没有与我和解，这让他想起了[童年

---

① 应指 B 先生有撕裂母亲的无意识幻想。——译者注

时]的情境，他没有与母亲或保姆和解就上床睡觉了，而他也承认了这一点。他读到过，动物园里有两只没能成功筑巢的鹤收养了一只鹅，并和鹅一起在动物园里散步。我解释说，他认为我应该收养他，虽然他不是我的儿子，但我应该更像个母亲，而不是留他独自一人。他说，他很可能希望这样，当然他很难承认这一点。我解释说，他对母亲的需求，以及希望母亲永远陪在他身边的需求，受到了我们最近几天分析过的那些焦虑的刺激，再加上通过切割等方式攻击肛门从而产生的死亡焦虑。[这一切都促使他]持续地需要一个真实的客体。

克莱因再次谈到火车司机的梦，梦中 B 先生和一位外国老妇人①交谈，从一个包里拿出了三样东西，包括剪刀和小刀。她提醒 B 先生：

> 之前有一段关于他母亲的工作材料，其中有父亲的解剖刀，与父亲的阴茎插入母亲体内有关。究竟是阴茎伤害了女人，还是她体内有受伤的阴茎，似乎是这个梦中最模糊的部分之一。

💬 1936 年 12 月 3 日，星期四

B 先生非常沉默和低落，他感到"内疚，但并不愤怒"。他"无法让自己开口说话"。他说：

> 我应该能理解为什么他在那段材料②后不能说话。他说，我也许是对

---

① 即"1936 年 11 月 21 日，星期六"的记录中所述的"本地老妇人"，鉴于梦的场景设定为海外公司，其指涉对象实与此处的"外国老妇人"为同一主体。——译者注

② 实际上我们很难确定这是指哪段材料，可以确定的是，克莱因在之前的分析中多次直接地解释了 B 先生的焦虑，他既有些承认克莱因的解释，同时也痛恨克莱因的诚实。——译者注

的，但这令人无法忍受。他痛恨我的诚实。

克莱因注意到 B 先生使用了"诚实"（rectitude）一词，并指出 B 先生曾说过他现在讨厌直角。他将这种讨厌与"矩形"（rectangle）联系起来，然后又与"直肠"（rectum）联系起来，因此克莱因说，这显然与"肛门"材料有关。B 先生同意这一点，认为这一定与他对克莱因的诚实的说法有关。克莱因对此做了解释：

> 他的沉默和痛苦既与我的攻击有关，也与我的严格、揭露和对他的责备有关。

💬 1936 年 12 月 4 日，星期五

B 先生迟到了大约半小时。他沉默寡言，没有任何想法要分享。他惧怕克莱因，而且感到他必须放弃分析。他提到，不给克莱因"工作的机会"是不公平的。克莱因解释道：

> 他［觉得他必须］要停止我们之间的交流，因为说话意味着危险的肛门攻击。此外，这也因为他认为应该把我从他的性攻击中拯救出来。

💬 1936 年 12 月 7 日，星期一

B 先生没有迟到，但仍然很沉默。他再次"抱怨自己无法说话"。最后他说：

> 一个人怎么能既说话又不说话呢？我说了一些关于"交替谈话"（talking alternatively）的事情。B 先生纠正了我——我指的是轮流（alternately），他详细地向我说明这一点。他的声音变了。他对我既友好

又亲切。我对这个变化做了解释，并说我感到他的谈话是有建设性的，因为他在教我一些东西。此时，讲话不再是肛门攻击，这使他能够流利地表达。

克莱因说，B 先生感到：

> 如果他能对我好一点，事情就不会那么危险，他也不会被那些坏的、与肛门有关的东西占据。B 先生的声音又变了，他说我一直都对他非常好（bloody well），这让他感到非常不安，他还引用了《诗篇》（the psalm）中的"你在我的道路上，也在我的床边"。他感到非常内疚，责备自己没有与我合作。

克莱因记录道：

> 被内化的、与他联系在一起的我是残暴的（bloody），与他自身残暴的责备如出一辙——这指明了超我。B 先生说："当然，在我的道路上，也在我的床边，这意味着永远。"

在报告前一晚的梦之前，B 先生告诉克莱因：

> 董事会中有一位成员 X 先生，B 先生本以为 X 先生会支持他，但 X 先生却对他相当有敌意。最近他在回答 B 先生的问题时引用了一段拉丁文，不仅引用错误，还充满敌意。接着，B 先生向我重复了博福克勒斯（Bophocles）的故事。在他所在大学里有一个学生——一个非常愚蠢的人——拿着另一个人写的整篇文章，在朗读时把索福克勒斯（Sophocles）读成了博福克勒斯。老师纠正了他，而这个学生露馅了，他说："是他说的博福克勒斯。"

接下来，在他的梦中：

B 先生正在给 X 先生讲博福克勒斯的故事，X 先生理应听得懂，因为他是公立学校的学生，但在梦中他却丝毫不明白。我在 B 先生身后，但比平时离得更近，更靠近他的身边。我完全听懂了这个故事，尽管我对拉丁语比 X 先生懂的要少。但我和 B 先生却完全理解彼此。

B 先生说：

他认为不可思议的是在梦中我们竟然如此默契，而白天他却因为和我关系不佳而痛苦不堪，但在梦中他确实对我充满了信心。

克莱因解释道：

和大人比起来，小妹妹懂的少得可怜，甚至都不会说一句完整的话，可有时小妹妹又让 B 先生觉得她是个好伙伴，他们之间的关系是如此美好。

接下来是一阵长时间的沉默。在离开之前，B 先生艰难地说道：

昨晚他撕破了床单，以前从未发生过这样的事，似乎证实了关于摧毁的重要解释。我解释说，床似乎代表母亲，而床单是母亲的一部分。我还问他那是不是一条旧床单。B 先生笑了，说他不该讲这些——好像在责怪我过于关注外在的因素。接着他说，床单不是旧的——但也不是全新的——他睡觉的时候床单还好好的，是在他向右翻身的时候撕破的。

💭 1936 年 12 月 8 日，星期二

B 先生到得很早"但却很久都没有说话"。他再次说他浪费了克莱因的时间，她提醒他注意，他为此"一再感到内疚"。接着他又抱怨浪费了自己的钱。他说：

> 如果他必须讲述梦，他会感觉好一些，因为我们都认可梦是无意识的产物。

接下来他确实报告了一个梦：

> 他在猎杀松鸡（grouse）。很重要的一点是要明确松鸡从哪个方向来。它们在一个巨大的黑色障碍物后面，或者（他说）应该说是个"物体"？它们从左边跑出来，然后也从右边跑出来，当然，它们从哪里来似乎并不重要，因为他正在射击它们，它们一跑出来，就到了他跟前。（他的声音更焦虑了）他再次提到它们从左边和右边跑出来，然后说："别因为我说了这些话而杀了我。"

克莱因指出，在 B 先生的分析中，鸟类往往代表着孩子，因此他一生都对打猎充满矛盾。她写道：

> 我提到他第一次和父亲一起打猎时的强烈感受，B 先生也承认，尽管他一直在打猎，但他实际上从未真正克服这种感觉。接着，我把他右边的巨大黑色障碍物解释为我，把他因担心我要杀他而突然感到的焦虑，解释为这其实源自他正在杀害从我身后出来的孩子们。B 先生说，他在说这句话的时候知道那个巨大的黑色障碍物就是我。

克莱因将此与 B 先生的妹妹联系起来：

> 我强调他说鸟一跑出来他就开枪的方式，并提出了一种可能的解释，虽然这不完全有根据，即这似乎是小妹妹刚从地上爬起来走路时的样子。我提醒 B 先生，他的父亲曾含着泪嘱咐他，当他玩"士兵射击"时要小心，不要伤到他的小妹妹——他提到这段记忆已经有一段时间了。在我提出鸟类代表孩子之后，B 先生说，在我做解释之前，他也想到了这一点。

B 先生继续说：

> 松鸡是漂亮的鸟类，也是英国特有的——"松鸡"这个词无法翻译，因为它们只存在于英国；他还讲了一个故事，关于一位老师说，一些原本计划在苏格兰举行的演习因为松鸡而无法进行。他还联想到赫利戈兰岛（Heligoland）和苏格兰之间可能发生战争，他去德国时曾见过这个美丽的岛屿……

克莱因解释道：

> 苏格兰和这个美丽岛屿之间的战争，象征着父母的破坏性，他们互相破坏，而婴儿——也就是松鸡，虽然在英国如此受到喜爱，相对来说却并不重要。我认为，他可能带着复杂的感情和焦虑研究着小妹妹，觉得她那么小，像一只小鸟，她真的如此重要吗？

B 先生联想到《泰晤士报》上的一张照片，照片上有几个人正在射击，看起来非常开心。克莱因解释道：

> 射击代表着性欲，而他们作为孩子能够或者曾经享受过它，但现在一

切都变得不快乐。此外，B 先生还想知道，他的父母是否享受过性欲，性欲并不等同于相互炸毁。我强调了他的母亲不快乐的性格和对性欲的态度，这一定极大地证实了他所有的焦虑感受。

B 先生愤怒地回应道：

这些都是无稽之谈、胡言乱语和垃圾，当然只有孩子才是坏的和肮脏的，他曾一度希望有人能纠正他，但现在他已经完全绝望了。我解释说，其中有一部分是他对父母的行为感到愤怒，同时他也认识到，正是他自身的破坏性倾向和幻想让事情变得如此糟糕。

💬 1936 年 12 月 9 日，星期三

B 先生一来就抱怨他的妻子。他感到非常沮丧。因为他的妻子"不能康复"。

她不过是个被压抑的孩子。他抱怨她缺乏洞察力，言行举止像个孩子。他在读奥维德（Ovid）的情诗，却无法引起她的兴趣。当然，她不需要爱和性欲。她让他邀请她的哥哥来过圣诞节，她和哥哥在一起非常快乐——他们就像婴儿房里的两个孩子。这就是她的理想。B 先生觉得她和她哥哥之间的快乐是对自己的一种冒犯——这太不成熟了。

克莱因解释道：

这些联想在上一次会谈结束后仍在继续，即对于不能分享 B 先生性欲的小妹妹的抱怨。我认为，他妻子和哥哥的关系代表了他自己与妹妹在过去的关系。这段关系有两个方面，一方面是快乐和相互理解，另一方面

是对性欲及相关焦虑的否认。

B先生首先表示反对，他抗议说：

他说的不是孩子，而是他的妻子。我是否简单地将妻子翻译成了妹妹？我指出，他强调他的妻子是一个被压抑的孩子，她在整段关系中带有幼稚的特征。然后我又强调，他不能把这种快乐的关系当作一种属于自己的东西保留下来。

接下来，B先生有了更多反思，并回应说：

只有在分析的这一个小时里，他才感觉到完美——那是从他内心自然流露出的，我们保持着充分的接触。我还强调，他很难记住对母亲快乐的记忆，尽管他部分承认这些记忆，但却无法享受它们，也无法真正将其内化为自己的东西。我认为，造成这种情况的原因是，当他与妹妹处于完美的快乐关系中时，妹妹可能做了他梦中小公主所做的事——她可能会让他性兴奋，把她的脸（生殖器）靠近他的脸，因此，与我、母亲和妹妹之间良好的理解及愉快的关系与性欲过多地联系在一起，而性欲被他认为是坏的和危险的。

克莱因指出，这是她第一次强调这种联系；B先生之所以不允许自己拥有友好和快乐的关系，是因为这可能会导致性关系。她写道：

B先生也同意，他与妹妹之间有着非常快乐的记忆，他十分乐意教她，也乐于看到她的进步，妹妹对他也很忠诚。他还提到了柳树——以及垂柳（weeping willow）。接着他联想到苔丝德蒙娜（Desdemona），她的死是因为垂柳将她推入水中 ①。他认为这是垂柳的错。我解释说，他正是那棵垂柳，还联系到他意识到自己很伤心——他为将她推入水中而哭泣（weeping）。

对此 B 先生回应说：

他排干了柳树生长的池塘里的水，这样水就变成了流水。看到涓涓流淌的水是多么令人惬意，而流水对柳树又是多么重要。B 先生满怀深情地讲述了春天里从大地中涌出的井水有多美。他回忆起幼年时祖父母居住的地方，他记得那里有一口井，人们可以看到井水从地里涌出。他说，那可能是世界上最美的地方。

克莱因解释道：

他觉得自己能让柳树生长，这象征着好的和有创造力的阴茎；清澈的水，它所连接的地方，他的祖父母，以及非常愉快的早期记忆，都指向清澈的井水——代表母亲的乳房……最近的解释说明了为什么他不记得愉快的事情，这让他产生了与母亲最早期的快乐的关系中强烈的情感——被母亲喂养的情感。

B 先生听到这个解释后哭了起来，表示他也这么认为。接下来，他们对分析已有的工作进行了一些讨论。

B 先生谈到了他对妻子真实的担忧和她不太可能康复的前景，还谈到

---

① 应指莎士比亚戏剧《奥赛罗》中，奥赛罗因怀疑妻子苔丝德蒙娜不忠，而将她杀死的相关情节。——译者注

了他对孩子们的担忧。当我说他并不认为分析是无望的，而只是强调妻子无望得到治愈时，他说他必须承认，他对自己在困难中扮演的角色的洞察力有所提高——他看到了正在发生的事情，等等。这意味着他了解我们所做的工作，而且他对此很重视，尽管这项工作没有产生治愈的效果。克莱因指出，他的内心存在着巨大的分歧：一方面是对希望的强烈信念和执着——比如柳树和他想让妻子康复的愿望，以及他想要恢复孩子们的决心，等等；另一方面则是绝望，因为这两者无法结合在一起，就像美好的回忆与坏的性欲无法共存一样。这段谈话后，B 先生说他的妻子人很好，也很乐于助人。他曾让她查看所有他必须回复的信件，并告诉他哪些是紧急信件，她照做了。

接下来，B 先生告诉克莱因：

> 他曾经和一位熟人吃午饭，发现对方的状态很糟糕，他的鞋子没有鞋带，并显得十分落魄——午饭后，B 先生问起他的经济状况。他说自己身无分文。B 先生尴尬地给了他一些钱，还说了一些关于挨饿的事。然后他感到自己好像身无分文（尽管这完全不真实）——好像他的口袋里空空如也。我解释说，在我指出并是最初也是最重要的满足感的来源之后，他出现了这种空虚感，以及对这位熟人，也就是对挨饿和被忽视的孩子的感觉，他因为被剥夺了这种满足而感到饥饿。我还将此与假期联系起来。临走前，B 先生再次询问账单，并说："难道不是你让我的口袋更空的吗？"

💬 **1936 年 12 月 10 日，星期四**

B 先生再次"痛苦而沉默"。他又一次指责克莱因，"尽管没有最近几次那么强烈"。克莱因写道：

我提醒他注意，在抱怨治疗让他变得更糟时，他忽略了一个重要的事实，即他的母亲最近刚刚去世，而他正处在哀悼中。在谈到他的悲痛和无法挽回的绝望时，他并不承认这份哀悼。在上一次会谈中，他曾提到，在接受第一段心理治疗时，有一天他想起母亲从来没有和他一起在婴儿房的地板上玩耍过，他哭了。此时我提醒他，对他母亲的指控只是一个方面，另一个方面是这无法改变，因为她已经不在人世了。B 先生……在听到我告诉他这些时，态度发生了很大的变化，并一再表示同意。他说他真的无法忍受这种悲痛，还说他并不是一直感受到爱而现在才感到绝望，而是他和他母亲总是激惹对方，这让情境发生了变化。

💬 1936 年 12 月 11 日，星期五

B 先生仍然"情绪低落，但还能说话"。他讲了一个梦，但"开场白是他和妻子要跟亲戚们共度一个晚上，这些亲戚的生活相当艰苦，没什么钱"。B 先生还觉得其中有对夫妻中的妻子不够爱她的丈夫。另一对夫妻也将出席。这对夫妻中的妻子"人很好，很害羞，而且几乎失明"。接下来，B 先生报告了他的梦：

> 他参加了一个聚会，一对夫妻向他告别。令他惊讶的是，那位妻子在告别时亲吻了他，而他才刚刚认识他们。即使在梦中，他也觉得这异乎寻常。那个女人的脸和之前梦中小公主的脸一样毫无血色、皱巴巴的。当他们离开时，他想，他希望这位丈夫能以正确的方式看待这件事情，和她好好相处。

在联想时，B 先生提到另一对夫妻，男的看起来很快活，但女的却非常不稳定和神经质。我解释说，这对他在告别时才刚认识的开朗夫妻，似

乎是已经去世的父母，他的母亲已经去世，父亲很快就会去世，而他通过分析才刚刚认识他们，修正他与他们的关系。

💬 1936 年 12 月 12 日，星期六

B 先生"迟到了，沉默不语，充满绝望"。他首先谈到了他的妻子及她的病痛：

> 他的妻子本应接受 X 光检查，但她没有服用医生开的药粉，因此无法进行检查。B 先生尖锐地谈到她对医生的焦虑，在她看来，医生可能给她开了坏的药粉，或者对她做了错误的事情，因此她无法得到帮助。在此之前，他提到妻子总是与医生打交道，并暗示医生没有用。我问，她为什么要接受 X 光检查，B 先生似乎暗示她的身体内部总是有问题，但实际上他似乎并不真的这么认为。我解释说，不仅是他的妻子怀疑医生没有用，B 先生也持怀疑态度；坏的药粉也是他的想法。他也害怕她身体内部出现问题，我还将这一点追溯到过去，当时他一直在焦虑地注视着婴儿房里小妹妹的一举一动；他曾经害怕妹妹和母亲死亡，而现在他总是害怕妻子和孩子们死亡。他默默地同意了这些解释。他看到自己在父母乡下的家中，在灌木丛中，他非常不开心、忧虑和沉默。

💬 1936 年 12 月 14 日，星期一

B 先生再次迟到了很久，他绝望地想放弃分析。临走前，他脑海中浮现出一幅画面：

> 他正在锯一块木头，木头的另一端从一堆砾石中伸出。他还说，这种联想来得很突然，他无法解释。

💭 1936 年 12 月 15 日，星期二

克莱因记录了：

> B 先生给我写了封信，像往常那样说他对妻子的康复和自己的治愈感到绝望。他想放弃分析，但又做不到。他非常痛苦地谈到，他想给妻子的医生写封信。他觉得妻子的病肯定治不好。我说，很明显，他对妻子的绝望与他觉得自己无法被治愈是完全一致的。B 先生说道："想想有 A 和 B 两个人，A 无法被治愈，当然从理智上讲，B 还是能够被治愈的，但从感情上讲并非如此。我不应该忘记，B 对 A 是如此依恋。"我解释说，这种依恋比看起来要更深。

克莱因提到，B 先生感到他伤害了 A，A 被破坏了，这就是他相信自己无法被治愈的原因。她还说：

> 如果他内心的好死亡了——在分析中，他内在的母亲在很多方面都代表了这种好——如果这种好死亡了，那么他也一定会死，如果我不能恢复代表着内在母亲的外在客体，那么就意味着他的死亡。

分析出现了长时间的沉默。B 先生又谈到一块木头从一堆砾石中伸出的画面。

> 他认为无需解释，这显然是男性生殖器的象征。然后，他说他讨厌与妻子的性活动。她让他感到性很堕落，而他的母亲也曾让他的父亲有同样的感受。我解释说，木头象征着阴茎，但这并不是全部的解释，因为他的下一个联想是与妻子的性交。我认为那块木头就是阴茎，而那堆砾石是他在女人体内放置阴茎的地方。B 先生说，他已经在地里挖好了一条沟，用

来修建下水道。在土壤之下几厘米的地方有一层砾石底土，他认为这一点都不好——一无是处。我解释说，砾石似乎代表粪便，而此处的性交实际上是进入肛门。我提醒他，太妃糖小径就像砾石，在他的幻想中，肛门和阴道显然是等同的。[我提醒 B 先生，他] 抱怨妻子在某种程度上忽视她的生殖器，从而让自己变得没有吸引力。他非常坚决地重复了对妻子的控诉——还说母亲当年显然也让父亲感到厌恶。我解释说，妻子的态度证实了他的一种古老的幻想，即女人的生殖器像肛门一样肮脏，女人身体里的东西又脏又坏，就像坏粪便一样，而且他自己在联想中也在锯掉阴茎。

B 先生小声说："因为如果她不想要它，它就没用了。"最后，克莱因解释道：

> 在最近的肛门攻击材料中，他对妻子（以及妹妹和母亲）受伤而感到焦虑，B 先生因为这种行为产生了强烈的内疚感，并希望自我阉割。B 先生说，可能我的假期也影响了他的情绪。

💬 1936 年 12 月 16 日，星期三

B 先生再次绝望而无助地谈起"一条美丽的小河穿过宜人的村庄，那里开着美丽的花朵"，但"当它汇入溪流时，就变得肮脏了；有恶狗、污水等"。它"因为与文明接触而变得肮脏"。B 先生说，小河就是他自己。

> 他想讲一个梦，但是他只记得一个片段，或者说整个梦只有一个片段。回忆是没有用的，因为它令人无法理解，不适合眼前的情况。它就像一份手稿，第一页被撕掉了，每一页又被撕掉了一部分。它就像一只鞋，鞋跟却不见了。

克莱因解释道：

> B 先生觉得自己无法给予任何积极的东西，只有碎片，这些片段既代表妻子的生殖器，也代表他自己受损的阴茎。在这里，他无意识中的礼物和产物，都被认同为无用的阴茎和无用的生殖器，他感到自己没有什么可给予的。

💬 **1936 年 12 月 17 日，星期四**

这是克莱因在圣诞节假期前记录的最后一次会谈。根据她的日记，这也是 12 月的最后一次会谈。克莱因提到，B 先生实际上没有平时那么绝望。她写道：

> 他之所以迟到，是因为修理厂的人承诺把他的车准备好，但却没做到。他说爱尔兰人不可靠，还说他们对不喜欢听的话置若罔闻。我解释说，他不喜欢听令人不愉快的解释，而那些态度友好但却不可靠的人，答应他的事情又不兑现，这对他没有帮助，相比之下，我会告诉他一些令他不愉快的事，但我是可靠的。

✱ 参考文献

Steiner (2017) *Lectures on Technique by Melanie Klein*. Routledge.

第五章

泪水带来的解脱

本章的材料来源于 1937 年 1 月至 4 月。这是分析过程中的一个动荡时期，正如本章标题所示，它最终在很大程度上缓解了 B 先生的痛苦。B 先生提供的材料使克莱因能够更全面地理解并分析他对父母性行为的恐惧观念，而与此相关的无意识幻想一直困扰着他。B 先生对任何有关父母性行为的内容的压抑程度变得更加清晰了，克莱因将他对性行为的抑制和焦虑与他内心深处的一种感受联系起来，即一种可怕而危险的父母性交仿佛一直在他体内发生。[1] 这些材料似乎还印证了 B 先生的哥哥曾从背后对他进行性侵犯的可能性，并暗示他早年可能曾被姨妈引诱，尽管 B 先生从未证实这些事件。这些性活动带来的破坏性影响极为深远，即使仅仅发生在幻想层面，也是毁灭性的。事实上，B 先生认为自己很早便"吞下了坏阴茎"，这种观念导致了他强烈的抑郁感、无价值感和绝望感，使他觉得自己永远无法从中恢复。

尽管如此，也许是在对上述情况进行了非常透彻的分析之后，克莱因依然认为 B 先生声称自己"非常抑郁"的说法缺乏说服力。事实上有证据表明，通过分析工作他看到了自己的显著改善。例如，他承认对克莱因的好感显著增加，这使他对之前对她的批评和敌意感到后悔。这种变化似乎与他对母亲的哀悼同步进行，如今这份哀悼真正开始了，他也感受到一股爱的情感涌现。同时，B 先生对克莱因可能的死亡感到绝望，他在梦中看到了这一情景。克莱因将此与他母亲的去世以及他感到对此负有责任联系在一起，在他内心，他觉得自己未能充分保护母亲，使她免受内在"屠父"（butchering father）与他自身破坏性的伤害。

B 先生对父亲的憎恨和蔑视常常体现在董事长身上，也（在这个时期）[2] 强

---

[1] 此处为原文中的注释 1，见本章末尾。

[2] 此处单括号中的内容为译者所加。——译者注

烈地凸显出来，而事实上，这似乎也是他对母亲和克莱因产生更多爱意的原因。克莱因坚信，分析师必须给予病人的抱怨和不满"充分的空间"，因为只有这样，埋藏在内心深处的爱才有机会重见天日。在 B 先生的案例中，这一信念似乎得到了充分验证。然而，爱的情感的出现却问题重重。B 先生很容易觉得克莱因"因他的性欲而迫害他"，于是他再次转而指责她。

克莱因认为，B 先生对父亲莫大的憎恨（或转移到母亲身上的憎恨）之前一直被强烈地压抑着，因为他认为这份恨意会摧毁他的父亲。然而，这种压抑对他的雄心产生了更普遍且削弱性的影响。因此压抑的解除，尽管伴随了许多焦虑和内疚，但也给他带来了极大的解脱。B 先生感到悔恨，觉得父亲似乎从未愿意花时间陪伴他，也不愿与他一起做事情。他承认这极有可能激发了他对父亲的批评，而在分析中，这种批评已强烈显现在移情中。实际上，随着对这种强烈压抑的仇恨的分析，B 先生对克莱因"恨之入骨"。克莱因坚定地承受住了这种情感，但可以想见她内心也必然深受震撼。克莱因显然还认为，B 先生受迫害和仇恨的情绪的加剧是为了逃避悲伤。

对悲痛、仇恨和焦虑大量的分析会带来解脱，这一点非常明显。克莱因写道："死亡焦虑的缓解带来了生机。"但她同时也指出，"对父母的抱怨比对母亲的性欲和对父亲的仇恨／焦虑更容易承受"。爱与恨、内疚与攻击之间的摇摆有时非常戏剧化。尽管如此，十分感人的是，随着对女儿的感情逐渐升温，B 先生非常坚定地告诉克莱因："只要一个人还活着就能改变，这实际上是有希望的。"B 先生还表达了告诉孩子们真相的重要性，包括有关人生的种种事实，而这些在他生命中曾是模糊不清的。这让分析充满希望，因为它强烈地表明，B 先生自己也希望知道和理解更多的事情。B 先生发现，当他听到一个家庭有新生儿的消息时，他不再感觉自己像一个嫉妒的孩子，他几乎难以置信。克莱因告诉他，这表明过去那些令他如此痛苦、难以忍受且看似无法解决的体验，实际上可以"在当下得到修正和缓解"。

最后，当 B 先生"忘记"在分析中取得的进展或最近获得的理解时，内化的问题浮现出来。当他感到自己的冲动如此强烈，"内在的土壤"已受到不可逆转的毒害时，他如何才能在内心安全地接受并保持一个好的客体，这成了一个令人极为痛苦的问题。人们不禁感到，B 先生在分析工作中表现出极大的勇气，而克莱因显然也致力于帮助他渡过难关。她再次非常动人地告诉他，她觉得自己的任务是"帮助他找到他的母亲……（找到）他对她的爱，从而将她保存在他内心深处"。

💬 1937 年 1 月 6 日，星期三

在经历了为期两周的圣诞假期后，B 先生回来了，在假期的最后几天他卧病在床。其间，他打电话给克莱因并告诉她，自己身体不适，还询问何时恢复会面。克莱因的电话最初占线，因此她回拨给了 B 先生。这次互动成为接下来材料中的一部分。克莱因指出，B 先生"一开始说自己很沮丧"，不过她对此并不十分信服。随后，B 先生详细地讲述了一个两天前的梦：

> 有人从 B 先生乡下的家中给他打电话。他听不清那个人的声音，也不知道是谁在讲话。他说了一两次自己听不清，但对方——一个男人——似乎坚持认为 B 先生认识他。那人叫莱昂纳德或莱昂内尔。B 先生最终妥协，觉得自己应该认识这个人。那个男人说他会带一位著名的德国女演员来共进晚餐。B 先生表示他要问问妻子是否合适。在梦中，B 先生的妻子有些反对，但最终同意了。他回到电话旁，但此时电话已经断了。过了一会儿，那个男人又打来电话，B 先生说他很高兴能招待他们共进晚餐。就在他说这话的时候，电话再次中断。B 先生对通话如此模糊不清感到非常

恼火，觉得自己必须去找另一部电话。他穿过马路并继续走，但经过邮局时却找不到电话。梦中的地理环境和现实中的相同，但细节却有所不同。

梦切换到另一个场景：

B先生发现自己正和他的邻居W一起坐在树林中，W是一位和蔼的长者。树木正被砍伐，一棵高大的枯树倒在地上。B先生听到他最喜爱的小女儿在尖叫——她被埋在了倒下的树下。他赶紧去将她挖出来。她脸朝下趴在地面上，似乎受了伤，伤势可能非常严重，但他并不确定。从表面看不出伤痕，但他有一种感觉，她的内在受伤了。B先生再次提到那棵树，说道："也许它并没有死。它倒下时还晃动了一下——但即便如此，这也不一定是它还活着的迹象。"

克莱因询问B先生"晃动"的意思：

B先生解释说，例如，一个坐地铁的男人会在列车突然晃动时不由自主地摇晃，或者一个醉酒的人也会踉跄。我将这棵高大、枯死的树对他年幼女儿的伤害解释为某种内在的反应，类似于一个人被内心的醉意所影响而晃动，地铁也象征着某种内在的东西。我指出，这棵高大枯死的树可能象征着内在的父亲形象或阴茎，正如先前的材料所揭示的那样。

我提醒B先生，在假期期间我和他通电话时，他曾提到通话声音非常模糊，而且断断续续，这可能与他对我"被切断"的情感有关。由于缺乏联系，我对他来说变得非常遥远，同时他也因害怕失去我而产生了焦虑，仿佛我已不在世上一样。B先生承认，与我通电话时他感到愉快。起初是他给我打电话，之后是我打电话给他……他认为，其实我对他很好，他不该对我如此严厉和咄咄逼人。他说，承认电话交谈很愉快让他非常尴尬，但这是事实。

B 先生回到他的梦中：

> 关于那位女演员，[他]补充道，她的教名和他妹妹的名字一样。在
> 他看来，表演和舞台与音乐相似，都是遥不可及的事物，他对此的态度非
> 常复杂。在这次谈话开始时，他曾提到他的妻子将他排除在她的音乐兴趣
> 之外，但他也承认自己在对许多领域的具体知识和经验上也排斥了她。提
> 到这位女演员时，他再次谈及音乐。然后他说，"表演"这个词有许多不
> 同的用法。我解释说，父母的性行为代表了所有的"表演"，或者说应该
> 反过来理解。梦中整个情境的遥远感（那个他不认识的男人提到他将带来
> 一名女演员，而 B 先生也不认识她）表明，父母的性行为在他心中被压抑
> 得多遥远。我还将梦中的陌生外国女演员与过去和现在的母亲相关联——
> 她的死亡让她变得遥远——并通过共同的名字与他的妹妹联系在一起。

克莱因还解释说，那棵倒下并伤害了 B 先生女儿的树象征着令他感到极
度危险的父母间的性关系。她指出，那位遥远的母亲（陌生的德国女演员）和
父亲（B 先生不认识的男人，莱昂纳德或莱昂内尔）要来共进晚餐的情景引发
了他极大的焦虑，因为他感到他们的结合充满了危险。然而，克莱因补充说：

> 倒下的树……也代表被内化的父亲和哥哥的阴茎，以及被内化的性交
> 中的父母。倒下并砸伤小女儿的树，是 B 先生的阴茎，其中也包含父亲
> 的阴茎，伤害了妹妹。

💬 **1937 年 1 月 7 日，星期四**

B 先生表达了"一贯的抑郁感"。克莱因再次注意到，他这样说时"并没

有多少说服力"。当天下午他将参加一个董事会会议：

> B 先生愤怒地批评董事长，称他是个无能且卑劣的人……他接着说自
> 己一生中一直被无能、软弱的人包围着，而这些人恰恰是权威。他觉得下
> 午开会时想把墨水瓶砸向董事长。他带着嘲讽的笑意说，董事长做了件
> 完全不体面的事，B 先生可以用此事（涉及股票买卖之类的事情）来对付
> 他，不过实际上他认为董事长是无辜的，并且在某种程度上还算是个有魅
> 力的人，显然 B 先生并不觉得董事长有恶意。然而，他仍然在考虑是否
> 要利用此事对付董事长。他打算与一些股东一起进行一次小规模的密谋
> 午宴。

克莱因解释道：

> B 先生过去一直蔑视他的父亲，他一定对他的父亲进行过最细致的观
> 察和尖锐的批评，并认为在某些方面父亲远不如自己。然而，他无法让自
> 己意识到这种批评，因为这太过具有颠覆性，意味着要摧毁父亲，并与哥
> 哥合谋反对他。因此，他必须将这种对父亲的批评完全压抑下来。他还不
> 得不压抑想要打击父亲的欲望，因为那将是极具危险性和破坏性的事情。
> 正因如此，他在许多方面的雄心和各项活动受到了抑制。我指出 B 先生
> 显然能够写书和做其他事情，但他连尝试都不敢。B 先生说，对父亲可怕
> 的批评——我认为他曾希望母亲能看见，以便让父亲在她眼中变得卑劣，
> 甚至制造父母间的矛盾—— 一定被深深地压抑着，因为他完全不记得类
> 似的情感。不过，他似乎觉得我的推测是正确的。

随后，B 先生报告了几个梦的片段，克莱因只记录了其中一个：

他的妻子正领着一位高贵的外国女士穿过一间看似病房的房间去看病人，而这个病人就是 B 先生。但那个地方不像医院。

在对梦进行联想时：

B 先生笑着回忆说，当他生病时，他的妻子会以一种类似女管家的方式与医生讨论他的情况，非常不近人情。但他补充道，那位高贵的外国女士显然就是指我。于是我指出，B 先生可能曾希望我在他生病时去探望他。B 先生承认，在电话交谈后确实有过这样的想法。我进一步指出，他可能在无意识中将情境安排成由他的妻子带我去看他，这样一来情境就显得无害，而在这表面之下，或许他真正的愿望是希望我在那里，爱护他或照顾他……

回到他对父亲的情感上：

B 先生谈到，在之前的分析中发现父亲似乎从未欣赏过他，这让他感到非常痛苦。例如，父亲希望他学木工，但从未与他一起做过这些事，也没有在这方面给予过他鼓励。B 先生并不倾向于对父亲进行强烈的批评，但认为这可能增加了他想批评父亲的愿望。他说道，如果人们能更好地彼此相处，世上的事情也不会那么糟糕。B 先生还提到最近听说一个家庭又有了一个新生儿，并听说了大孩子对这个新成员的反应。令他感到惊讶的是，如今在听到这些消息时，他已不再像过去那样强烈地认同那个嫉妒的孩子了，而当年妹妹出生时，他曾感到极度受伤。我解释说，这一切似乎表明他相信，尽管过去的事情曾如此令人痛苦且无法解决，但却可以在当下得到重新审视并有所缓解。

💬 **1937 年 2 月 1 日至 14 日**

克莱因指出，B 先生陷入了"深深的绝望"。他反复抱怨"感觉像死了一样"。他觉得分析让他的情况更加恶化。许多次会谈都以"我再也无法忍受了"开始。其间常有"长时间的沉默，以及因不说话而产生的内疚感"。在某次会谈中，接近结束时：

> B 先生提到他查看过公司打字员制作的一份清单（支付给保险公司的金额清单）。在第一页中，她准确无误地记录了他提供的所有数据，顺序也正确；而在仅有几行内容的第二页，她却没有按正确顺序记录数据。B 先生由此联想到保险公司，觉得某项［特定］费用似乎过低，原本他预期应当更高一些。在提到"事实"一词时，他自己也意识到这与他最近经常责备我有关——我说的都是假话——不是事实。他现在表示，实际上他责备我的只是我有时没有按正确顺序表达事情，这也与我表达事物的方式有关。此外，他在提到保险公司收费低于他认为的合理金额时，流露出对我的工作价值的某种认可。

第二天，B 先生提到"与妻子的性生活［让他感到］不满意"。

> 接着，他对我发起激烈的指责，抱怨我接下来肯定会说这与他过去和妹妹的关系有关。他认为我在告诉他一些关于过去的事情，而他自己对此一无所知，觉得我在冤枉他。然后，他的语气完全变了，说他必须强迫自己告诉我前一晚做的梦，那个梦非常可怕。

梦的内容如下：

> 我的女儿（B 先生对她几乎一无所知，只知道她是一位分析师，并正

在分析他认识的某人）告诉他我死了。我溺死在了 R 河中，那条河靠近他的庄园。前一天他见过那条河，河水高涨而浑浊。当他得知我去世的消息时，他彻底崩溃了，"他感到极度震惊"。他不停地哭泣，陷入绝望。然后他试图向我女儿寻求帮助，她显得非常冷淡，似乎表示她无能为力，也不会为他做分析，而这似乎与他的愿望相符。他的结论是，我是无法替代的。我的女儿让他想起了某个令人不快的人。他情绪激动地说，这不仅仅是关于分析，更是关于失去我，这才是令他无法忍受的。

克莱因指出，梦中她溺水的那条 R 河靠近 B 先生的庄园。她还提醒他：

> 曾经有一个梦，梦中的河流在源头时是很美好的，流经漂亮的村庄，有鲜花等景致，但河水顺流而下逐渐变得污浊，还漂浮着死狗。他曾解释说，这条河象征着他自己，被教育和文明污染了。我则解释说，是 B 先生杀死了我，并把这与他的无意识幻想联系在一起，他幻想着坏的尿液和粪便，以及他自己内在充满了肮脏、腐坏和死去的客体。

克莱因将 B 先生因她的死亡而产生的绝望和悲痛与他母亲的去世联系起来，说道：

> 他充分意识到了自己的反应与这一丧失有关。我解释说，在会谈一开始，B 先生表现得尖锐而愤怒，指责我因他的婴儿性欲而迫害他，这代表了一个迫害性的母亲或保姆，而这种指责被进一步放大，用以逃避悲伤——对此他显然看到并认识到了。

B 先生接着讲述了同一晚的第二个梦：

> 他试图将一个漂浮的物体，可能是条船，系在一根柱子上，柱子上挂

着六条链子。这让他想起丁尼生（Tennyson）笔下的《夏洛特夫人》（*Lady of Shallot*），她顺流而下。他补充道，她快要死了。他无法拴住这个漂浮的物体，因为当他触碰到链子时，他看见链子变成了蛇。他听到了"女祭司"（pythoness）这个词，并说："她是神的声音，是神的代言人，是德尔菲（Delphi）的神谕。"

克莱因写道：

> B 先生最初站在柱子旁边，柱子大约和他一样高——那时链子只是普通的链子。当他发现它们变成蛇时，他爬上了柱子，仿佛他的身体悬挂在柱子顶端。然后这些蛇爬到了柱子的腰部。我提到，这听起来柱子就像一个人。B 先生同意，柱子和他似乎完全联结在一起，实际上是一体的。他意识到那些链子是蛇，他的手指还夹在它们的牙齿之间。他感到害怕，但不是无法承受的恐惧。B 先生同意我的观点，即他对动物和蛇的兴趣帮助他掩盖了对它们的焦虑。他还回忆起小时候，大约八到十岁的时候，他曾把一条蛇放进自己的口袋里，认为它是死的、无害的，后来才发现那条蛇其实是活的，而且是一条毒蛇（蝰蛇），因此他承认了这种否认机制。
>
> 我解释说，第一个梦中死去的克莱因女士被留在他的内心，但她却无法被固定住，因为她正顺流而下。她与女祭司（即德尔菲的神谕，常被他认同为我和分析过程）之间有蛇阻隔，这些蛇不仅会咬他，也会咬她，（我）[1]将柱子等整体情境视为内在的象征。此外，这位女祭司不仅是神的祭司，也是好父母的象征，在另一个层面，她本身也是一条巨大的蛇。

---

[1]　此处单括号的内容为译者所加。——译者注

第三天，B 先生带来了另一个梦：

> 有个人的名字让他联想到幼儿用语，和臀部有关，这个人和他在一起，而 B 先生穿着一条短裤，短得完全暴露了他的臀部。另一个人（他只在成年后上大学时见过）对他的臀部非常欣赏，而 B 先生感到极度尴尬。

在对这个梦的联想中，B 先生回忆起：

> 他曾去过这个人的家，那房子相当豪华，而他当时感到非常不自在。当我问他梦中他们可能几岁时，B 先生回答"从一岁开始"。我解释说，这个与豪华房子相关并让他感到尴尬的人可能是他的哥哥，B 先生曾在他面前暴露了臀部，正如先前的材料所显示的，哥哥可能确实对他的臀部做过一些事情，比如试图将阴茎推进去或类似的举动。B 先生痛苦地抱怨成年人在这方面是多么忽视小孩子的感受。他回忆起一位姨妈过去常常揉乱他的头发，表面上他显得愉快，但内心却感到愤怒和不满，觉得成年人习惯抚摸孩子的臀部，而孩子们对此可能会感到非常不适。

克莱因指出，B 先生"显然不喜欢我关于他哥哥的解释，还特别强调了一个成年女性在某种程度上引诱了他的部分"。B 先生表示同意，不过他说：

> 对他来说，危险总是来自背后，他喜欢背部受到保护。先前的材料暗示他害怕我从背后攻击他，每当他觉得有人可能会攻击或注视他时，都是从背后进行的。我将这种背后的危险感与梦中蛇的情节和相关材料联系起来。我询问他对柱子上六条链子的联想，B 先生立即回答了一首童谣，其中有一句"五，六，捡起小棍"。我解释这些小棍的意义，指出它们象征着被推入他体内的阴茎，随后在内心中转化为蛇。

接下来的一天：

B 先生在谈到公司时提到，尽管他没有成功让董事长离开，但公司的很多改善完全得益于他［董事长］的建议。实际上，他们正在支付股息等回报。B 先生担心，这可能会让董事长认为一切都很好。如果有人问他是否一切顺利，B 先生会说："有些方面是好的，但还有其他事情需要处理。"B 先生自然而然地将此情境与他的分析联系起来，说整个周末他一直在担心克莱因可能会认为他比实际情况要好，从而结束分析。B 先生同意，这意味着他确实相信自己有了显著的进步。

在下一次会谈中，他们讨论了克莱因所说的"隐藏着悲伤的整个情境"：

B 先生抱怨说，孩子们总是被迫停止悲伤，总是被鼓励振作起来，必须保持快乐，他觉得这和他曾经为母亲去世而感到悲伤和担忧的情况非常相似。当我认同这种人们对待孩子悲伤的态度时，他开始哭泣，并且哭得很厉害，还持续了一段时间。他还谈到了哭泣带来的某种解脱感。

在这一时期的另一天，B 先生报告了"一个可怕的梦"。梦中有三个不同的部分，他按顺序讲述了：

他与几位女性熟人告别，其中一位给了他一个包，他说这很适合用来放他的鞋子。于是他把鞋子放进包里，拿起行李准备去旅行。回到梦的第一部分，他与儿子和大女儿在一起。B 先生提到，最近他对女儿上学的事情感到极度悲伤和担忧［已经得到了分析］，而他认同了女儿的离家意味着因死亡而彻底失去母亲。但在目前的情况下，这也意味着当女儿离开时，他将因死亡而失去女儿。在这个梦里，B 先生的女儿在一棵树上，就在他面前的树枝上。儿子已经消失了。B 先生感到自己处于极大的危险之中，尽管梦中没有出现悬崖，但他知道自己随时有可能从树枝上掉下去，跌入一个深达 60 米左右的悬崖。他随后设法从这个情境中挣脱出来。然后，他的女儿也消失了。他以为儿子可能在一群快乐玩耍的孩子中间，但他不在其中。接着他又说他找到了儿子，他去找 X 先生了，而 X 先生这个人物与教学和僵化的原则等有关，儿子正在与他愉快地玩耍。在梦的另一部分，B 先生正走过一堆木头（wood），这堆木头向着一条河流倾斜。一个老樵夫正在整理这堆木头，但他用的是柴火（firewood），无法真正以恰当的方式将木头堆整齐。

B 先生对梦相关的联想是：

他庄园里有一位八十岁的樵夫，是位和蔼友好的老人，B 先生喜欢和他交谈。但梦中的这个人却是凶狠可怕的。B 先生沉默不语，但随后他动了起来。B 先生同意，这些描述似乎意味着他已经死去或正在死去，并且与他年迈的父亲有关，他觉得父亲已经濒临死亡。在梦中，这个人做了一件徒劳的事情，因为用柴火根本无法搭建一个平台，它没有稳定性。首先，关于这位樵夫，B 先生提到他的庄园里有大量的木材——陈旧的枯木，实际上已经太旧而无法燃烧，新鲜的木材又太嫩，也不能燃烧。尽管如此，他仍然有很多木材，曾一度想送一堆给我。

克莱因解释说：

那些陈旧的枯木象征着他内心的逝者。这些枯木应该被清除，但必须小心不要同时烧掉那些年轻的、正在成长的事物（比如柳树）。代表父亲的老人也代表着我，正试图建立一种稳定性，用来保护他免于河流的威胁，即那条浑浊的、令人窒息的河流。然而，我们无法做到这一点，因为他的父亲和我都已接近死亡。

克莱因说，那棵危险的树也象征着分析。她指出，虽然 B 先生害怕"坠入深渊"，但同样地，"没有分析才是真正的危险"。第二天：

> B 先生说起他非常喜欢的一位奥地利朋友曾经在大学生面前开过一个令人非常不愉快的玩笑，其中提到了臀部。我提醒他早些时候那个与臀部相关的梦，并且告诉他，这个开令人不愉快的笑话的奥地利朋友，实际上代表了我——我曾给出了一些关于臀部的解释，而这些是他不愿听的。

克莱因注意到，当他们讨论这个令人不愉快的笑话时，B 先生变得非常恼火，因为她没有听到他说的一个特定的词。她写道：

> 他承认，这种恼怒实际上是相当不合理的，但如果我没有听到他说的某个特定的词，他会深感不满。显然，即使不说话，我也应该知道他的所有想法，这可能与他有时沉默有关。我解释说，那个被他内化的我，应该能真正知道他所有的想法，并且完全配合。B 先生说，他完全不明白我说的"内化的我"是什么意思。我指出，他突然不理解几天前他在材料中所见的内容，这与他的焦虑有关，内在那些坏的东西，比如蛇、小棍和坏的阴茎，让他完全否认内化的可能性。如果问题仅在于我作为一位理解他的母亲，如他一直渴望的那样陪伴着他，那么他应该能理解并接受我所解释的内容。但正是对蛇的焦虑驱使他否认了这一过程。B 先生提到他早上感到非常疲惫，就像血管里灌了铅一样。他联想到《哈姆雷特》中被毒死的国王。我解释了毒药、背后、蛇和阴茎之间的联系。

克莱因记录道，B 先生随后在沙发上小睡了一会儿，醒来后讲述了一个梦：

他看到了一个写出来的词，这个词的拼写是"IOGENISTA"。但他看到的是希腊字母的大写形式。在梦中，这个词被拼写为"IOOENISTA"，而不是另一种拼法，但他在梦中知道这个词应该有另一种拼法。对这个单词的一部分，他联想到"欧文"（Owen），是他母亲的一个奥地利表亲，一个非常好的人，已经去世了。对另一个部分，他联想到这个单词意味着"维奥莱特之子"（child of Violet），维奥莱特是他母亲的名字。

克莱因做出以下评论：

单词的第二部分与"伊翁家族"（the family of Ion）有关，也就是那个为阿波罗（Apollo）和德尔菲的女祭司服务的走失的孩子，他通过他们找到了失散的母亲。而且，雅典（Athens）这个词在希腊语中意味着"紫罗兰的土地"（Violet ground），所以这一切都与他已故的母亲有关，因为他是维奥莱特之子，那个走失的孩子。尤其值得注意的是，他在我的房间里做了这个梦，而这种短暂的睡眠后带来部分梦的方式通常是最直接的梦呈现方式。这也与他早期在分析中表达的愿望有关——他希望能躺在我的沙发上，得到照顾。这实际上是放松和信任，等等。因此，他通过这种方式找到了他的母亲。我解释说，我是那个女祭司，即真正帮助他找回母亲的人，这意味着他能够重新审视与已故母亲的关系，找回对她的爱，从而将她保存在内心。

💬 1937 年 2 月 18 日，星期四

B 先生回到早前关于樵夫无法将木头稳固地堆积起来的梦：

> 他特别想让我明白，樵夫放进峡谷里的这些木头本应是笔直的，但因为不契合这一用途而无法实现。他还联想到梦中的部分内容——他从这些女性熟人那里拿到一个包，并说他强烈怀疑这些人是他的姨妈们，他有很多姨妈，她们未婚，而且在他小时候非常宠爱他。他提到，尤其有一位姨妈，他怀疑（正如先前材料所显示）她曾激起过他的性欲，或者对他做过某些事情。他认为将鞋子放进包里的象征意义非常明显，是一种诱惑的象征。

克莱因指出，B 先生需要的是：

> 让我清楚地看到，木头本应该如何被放入峡谷中，这个峡谷与分析过程相关，任务是将他内心的事物理顺。他认为分析师应该改善他内心中的坏阴茎和一些人的状况。

对此，B 先生说：

> 最近他在某些场合强烈地感觉到自己内在的不同情感和倾向几乎无法整合在一起。在其他场合，他表示感觉自己不像一个整体，他有时甚至说自己内心有很多人。我解释说，他最近感到缺乏统一感，他意识到这些木块——老的和新的——代表了那些已被他内化却无法同化（assimilate）的人物。首先，他无法面对自己已经内化了这些人这一事实。我解释说，如果无法面对内化人物所带来的焦虑，显然就不可能更好地同化他们。B 先生非常理解这一点，说道："还能做点儿什么呢？"但最终他得出结论，

165

显然不能依靠意识层面的意志来做到这一点，而是只有通过合作来完成。

💬 **1937 年 2 月 20 日，星期六**

克莱因指出，"经过过去几周的工作，B 先生的情况有了明显的改善和缓解"，并且他几乎总是准时到达。在这次会话中，他带来了一个梦：

> 他和 M 夫人是在他们居住的郡里一个有些起伏的区域相遇的。她住在郡的另一个地方，而这些起伏地带正好位于他们之间。他之前多次提到过她，M 夫人是一个非常有魅力的女人，漂亮且对他相当友好，但实际上对他并不是特别有兴趣。在一个梦中（他梦见一位老人被一个年轻人毒死），他性骚扰了她，除此之外，他还有过很多关于她的幻想。他描述了这片柔软起伏的地区，并补充道："我的感情也像这片土地一样，愉快地起伏。"在梦里，他需要系紧一匹马的鞍带，而他明白 M 夫人也希望他这么做。他解释说，当然，马有时会因为系紧鞍带而腹部膨胀，然后又得松开一些。可能对它们来说勒得太紧有些不便，但如果不系紧，马鞍就会上下浮动，无法固定，他还用手势示范，表示鞍座不能很好地固定住。整个梦的氛围是令人愉快且满意的。

在梦的第二部分：

> 他正在捕鼠。可能也有其他人在场，但他的狗肯定是和他在一起的。无论如何，他是掌控局势的人。一开始是在一个小而空旷的房间里，他们抓住了那只老鼠。接着，他又去另一个房间捕鼠，这个房间较大，充满了杂物。那里有其他人，但他们没有找到那只老鼠。在这次捕鼠中，总共有两只老鼠——一只被找到了，另一只则没有被找到。

克莱因写道：

对于 M 夫人，他的联想是她有像鹿一样的眼睛，他常常把她比作鹿。然后，他又把她比作马。我解释说，M 夫人本身就是那匹马，他在马身上拉紧马鞍带，而整个情节代表了性交。梦中的她也希望发生这一切，整个气氛传达的是满足感，除了一个细节，即需要拉紧马鞍带。对于马来说，这有些不方便，似乎表明 B 先生认为性交的开始，即他在插入阴茎时，女方一定会感到疼痛或不愉快。此外，起伏的感觉和起伏的山丘也是指女性身体的起伏。

B 先生"变得不安和愤怒"。他对克莱因说：

他知道这件事最后会以一场布道或关于教父的故事结束。我说，在我解读他对母亲形象（M 夫人被视为伟大的母亲形象，B 先生与她的丈夫是好朋友，其他细节也支持她是母亲形象的观点）产生愉悦的性幻想时，他产生了有关于父亲的焦虑。B 先生承认，在梦中，完全没有关于她丈夫的内容——他没有出现，而且他们相遇时也没有特别的紧张感，只是友好的相遇。我解释说，预期中复仇的父亲所表现出的焦虑出现在了移情中，在这个过程中，我被看作教父（B 先生的父亲对教会有强烈的信仰，而且 B 先生小时候曾在教堂里晕倒过）。我解释说，B 先生独自负责的杀鼠行动中的老鼠代表了父亲的生殖器。

B 先生在愤怒的状态下离开了。克莱因还记录道：

在这节分析开始时，B 先生也提到了他的女儿，并说如果他不感到那么忧郁，那么她上学的事情就会呈现出不同的面貌，因为这对孩子来说也有好处。我指出，对悲伤和焦虑大量的分析已经带来了一种他可以承认的解脱。我还将此与以下事实联系起来：与死去母亲相关的焦虑的缓解，引发了与母亲替代物相关的性的感觉。死亡焦虑的缓解带来了生机。

💬 1937 年 2 月 22 日，星期一

克莱因指出，B 先生"再次非常愤怒且感到绝望，尤其与他的妻子有关，因为她无法改变"。克莱因回到他 2 月 20 日的梦，解释道：

> 他在［那个梦］中屈服于与 M 夫人相关的性幻想，并对父亲产生了仇恨，因此 B 先生必然转向对作为整体的父母的怨恨（他曾将我与治疗他妻子的医生紧密联系在一起，并指责我没有为他的孩子们做任何事）。

克莱因强烈表达了这样的观点：

> 对父母的抱怨比对母亲的爱欲以及对父亲的仇恨和焦虑更容易承受。

下面是 B 先生对星期六的梦进一步的联想：

> 他提到，第一只老鼠被杀的那个小房间让他想起了洗手间。第二个房间，那个找不到老鼠的地方，让他想起了乡间的马厩，那里用来存放各种家具、枕套等东西，而他觉得这些东西因潮湿、小鼠和大鼠的原因而腐烂，这一切都是他和妻子的错。

克莱因解释说，B 先生那只杀死老鼠的狗，代表了他自己"撕裂的倾向"。她将 B 先生对洗手间的联想，与近期的关于从背后袭击和肛门的材料联系起来，进一步解释道：

这只狗，作为他人格中发起撕裂的部分，攻击了女人和母亲的背部，目的是在那里摧毁父亲的阴茎，而父亲的阴茎由粪便象征。

克莱因继续说道：

那个更大的房间是身体的更深处的象征，里面充满了垃圾、污垢和许多人。这个地方充满了物品和危险的排泄物，由于他和妻子的过错，实际上是他和母亲的过错，那里的好东西被摧毁。这里再次出现的是老鼠、坏的排泄物、父亲的阴茎、许多人和之前他曾抱怨的那些异物，当时他突然觉得自己不是一个整体。

克莱因还指出，B 先生的母亲在由 M 夫人代表时是愉快且受人喜爱的，但"一旦她的内在遭受质疑并与性交联系起来，事情就变得可怕了"。B 先生有一个联想，他自己表示这个联想似乎证实了克莱因的解释：

大约十五分钟前他想到了一些可能不太重要的事情，但他觉得应该说出来。在我进行解释时，他想到了两个梦——甚至在我开始详细解释关于老鼠的梦之前——他就把这两个梦看作一个外部梦和一个内部梦。他同意这是一个不寻常的说法。他也同意他应该把这两个梦看作一个户外的梦和一个室内的梦……

在 B 先生说出这个想法后，他的语气发生了戏剧性的变化：

他突然说："有一天我会杀了你。"语气相当特别。 我问他怎么杀。他说："用拳头砸烂你的脑袋。"我问他对此的幻想，B 先生带着一种相当阴沉的笑声回答说："等我做完之后会告诉你的。""我会要求你死了之后再来分析它们。"B 先生描述说，他看到我是一具头颅被毁的尸体，他要求我分析他。我解释说，B 先生可能经常觉得我坐在那里像一具尸体，他通过有毒的言语、联想等方式摧毁了我，但 B 先生非常坚定地说："那不一样。现在，是用拳头。"说完这些话后，他完全没有看我一眼就离开了。

克莱因还记录了，在这次会谈里：

> B 先生提到他因为腹部疼痛去看了医生，医生发现他有黑色的大便，并且怀疑他有胃溃疡。他试图辩解说，这根本吓不倒他——他的粪便正在被分析，而且他有胃溃疡的可能性非常小。

🗨 1937 年 2 月 23 日，星期二

B 先生迟到了，在这次会谈中：

> 他提到，对粪便的分析结果到目前为止并没有证明任何东西，并且苦涩地说道："当然，在分析中是不会发现任何东西的。"他还提到，他被仇恨冲昏了头脑，这让他感到非常痛苦。他没有将这种情绪与我或之前会谈中对我感到的愤怒、对我的感受，或者对可能伤害或吓到我的焦虑联系起来。他的这种情绪反应让我想起以往他在失控后感到内疚的情况，因此很明显，他在说出如此不寻常的话后，应该会有某种内疚感或其他一些什么。B 先生说这是因为我的布道①，但实际上，我向他指出，他并没有［因此失去冷静］。［确切地说，是］在他提到或意识到［与这两个梦有关的］内外联系后，才有了这种反应。我认为，B 先生想要杀死我的愿望和强烈冲动是通过移情作用表现出来的，这种冲动是指向父亲的，因为父亲是母

---

① 布道（sermon）在这里象征了克莱因对 B 先生的解释或干预。——译者注

亲体内和他自己体内破坏性老鼠的象征。回顾这些材料，我解释说，实际的俄狄浦斯情境（我没有使用这个词）和对母亲的爱，暗含弑父的强烈冲动，是令他无法忍受的，并最终导致了他与母亲之间的关系处于爱与恨的边缘。

克莱因还解释说：

用拳头砸碎我的头部，部分原因是对我的身体的攻击，以便抓住这些老鼠，接着我便可以继续对他进行分析。

💬 1937 年 2 月 24 日，星期三

克莱因记录道：

进入我的房间时，B 先生说他从未注意到我房间里有一根这么长的热水管。他指的是窗户之间的暖气片。他曾注意到等候室里的那根，但没有注意到书房里的这根。他对与妻子的关系感到非常内疚。我解释了他的内疚，提到他几天前想要砸碎我的脑袋的愿望，他为此感到抱歉，尽管并未与我联系起来，而只是表示他害怕自己会因情绪冲动而失控。B 先生重申了与这一幻想相关的感受。他想象当他猛击我的脑袋时充满了复仇的情绪……然后 B 先生提到，他想到了《圣经》中的雅亿（Jael），她诱使一位在战场上被打败的国王进入她的屋子，并给他端来一碗牛奶和黄油，当国王睡着时，她将一根钉子钉进他的头，然后钉在地上。说这话时，B 先生紧握拳头，表现出强烈的焦虑迹象。我解释说，紧握的拳头表达了砸碎我脑袋的冲动，如他几天前曾表现的那样，现在我们可以看到，这个砸脑袋的行为与他害怕从背后被我攻击的焦虑有关。B 先生说他的头实际上很

疼，并且他感到对我产生了强烈的焦虑，他一直紧握着拳头。我解释说，那根长钉子与 B 先生之前从未注意到的那根长热水管是一样的，那根管子就是父亲的长阴茎，父亲最近在他的联想中扮演了重要角色。头痛和焦虑持续了一段时间，然后 B 先生说，他从未像现在这样强烈地感受到杀人的冲动；他也从未如此强烈地感到焦虑，即我作为一个危险人物将要攻击他而带给他的焦虑。

🗨 1937 年 2 月 26 日，星期五

克莱因指出，B 先生现在"非常平静"。天色开始变暗，她准备开灯。然而，B 先生却说：

不需要开灯，因为如果有人在场，黑暗中会很安宁。我指出，他所说的人是一个友好而有帮助的人物，显然不是像雅亿那样的女性。然后，我解释了这个可怕的母亲形象是如何通过投射形成的，即通过他在黑暗中的杀戮冲动——对我和他父亲的愤怒冲动——以及在那种情境下我们会无助并被他压倒而形成。我解释说，B 先生的母亲从来不是属于他一个人的，因为她总是与那根长钉、热水管相连，始终是一对夫妻的一部分。

🗨 1937 年 2 月 27 日，星期六

克莱因写道：

B 先生曾看到一张图片，图片中的鸟被认为是这一地区稀有的鸟类，后来发现它实际上是一只鸬鹚（shag）。在图片中，这只鸟看起来像被钉在十字架上一样。B 先生对此感到非常愤慨。他说鸬鹚是一种很令人讨厌的鸟，习性很坏，但这并不是它该被钉在十字架上的理由。他还提到，有

人说鸬鹚会啄羊的眼睛，而 B 先生非常确定这不是真的。我解释说，这里的鸬鹚代表了 B 先生自己，他在过去几天的攻击幻想之后感到血腥和恶心。此外，鸬鹚啄出的羊眼代表了父母的其他孩子。B 先生提到，他自己的一个孩子曾经在小时候说过，如果母亲更关注别人而不关注她，她就能把别人的眼睛挑出来。B 先生还提到，他曾在动物园看到狮子进食，注意到有道栅栏门本应是为了传递肉块而打开，但没有关上，因此存在实际的危险。他认为应该将栅栏门关上，毕竟这才是栅栏的作用。

克莱因解释道：

他再次感到自己充满了血腥欲望，就像那只狮子一样，他认为那些肉块就是他曾经从我、母亲和其他孩子身上撕下来的。他觉得我应该对他保持警惕，应该在我们之间设置栅栏以应对他的幻想，因为这些幻想实际上是一种攻击的愿望。接着，B 先生提到他曾看到一张海豹的照片——是毛皮海豹（fur seal），他想到这些海豹当然会被大量猎杀，用来做皮草外套，他还提到要保护鸟类，以防妇女们用它们的羽毛做帽子。但他接着愤慨地说，为什么人们要吃牛——那些温顺无害的牛，以及其他各种牲畜呢？然后他愤怒地说，如果狮子进来了，他完全可以径直走出门去，把被狮子捕获的那部分残躯留在身后。[1]他在这次会谈里曾多次说过自己感到很糟糕，现在他又说，他可以把尸体留在沙发上让我来分析，而活着的部分则走出去。当然，尸体不会反驳我而是接受我说的一切。

---

[1]　在这段的前半部分，克莱因解释了狮子代表 B 先生的攻击愿望，而被狮子捕获的残躯，实际上是 B 先生无意识中攻击了母亲的证据。残躯＝尸体。他在无意识中，并不想处理这么强烈的情感。因此他径直走出门去，将其留在身后，即他与自己的攻击性和攻击的后果都保持了距离。因此克莱因在后面的解释中说，他想让克莱因来处理尸体，实际是想让克莱因理清他内心的这些客体。——译者注

克莱因解释道：

这不仅仅是一个笑话，而且非常严肃。他想走出去，把死去的母亲留在沙发上，一方面是想摆脱尸体，另一方面是希望我通过分析她——死去的母亲——来处理这具尸体。我解释说，他实际上是想清他内心的这些客体。我提到了几天前他开的一个大玩笑，说当我死了以后他会分析我，我认为这实际上也是他在表达，当他觉得自己通过言辞和危险的攻击杀死了我时，他的内心希望能够让我复活。

B 先生转而谈到他最小的女儿：

他说女儿对他的态度是理智的，她似乎对他更有信心。我提出也许 B 先生对女儿的态度发生了变化，而他以前并不太喜欢她。然后他提到与孩子们谈论一些生物学事实，最终回到了我之前的理解，认为他对女儿的态度可能已经改变。他说，只要一个人还活着就能改变，这实际上是有希望的。

接着，B 先生，

谈到了孟德尔遗传学说，这位捷克修道士的重要生物学发现一度被遗忘，后来又被重新发现，并且在生物学中非常重要。他谈到可以通过显微镜观察活性组织，也提到有一种观察活性组织的方法。他感到内疚，因为儿子曾经问过他，为什么会说雌螺丝和雄螺丝[①]，他没有给出正确的象征性解释。他打算写信给儿子或在下次见面时告诉他，自己当时没有给出正确

---

① 雌螺丝和雄螺丝是指螺母和螺丝，这里用来象征性地描述性别或者与性别角色相关的事物。——译者注

的答案。

克莱因认为"在所有这些关于生命和生育的联想中蕴含着更大的希望"。她指出：

> B 先生觉得应该给孩子提供正确的知识——他自己从未获得过的信息。显然，他深深压抑了［这些知识和好奇心］，尽管他后来对自然科学有浓厚的兴趣。然而，他在分析初期曾非常明确地告诉我，他对父母的性行为、分娩等从未有过任何兴趣——对此一无所知。此刻他明确承认了这种压抑，并表示显然只要涉及性的知识，他就无法接受。

💬 1937 年 3 月 1 日，星期一

克莱因写道：

> B 先生有些黑色的粪便，医生为此让他开始了特殊饮食。此前的材料中也提到过他有腹痛。他以开玩笑的语气描述医生决定让他饿着，纯粹是为了取乐，并且在和朋友共进午餐时，他以这种方式逗乐了大家。他说他不愿和我讨论这些事情，而是继续逗我笑，并且表示他知道如果他愿意的话，自己是能做到的。其间他还大肆取笑了某位问候他健康状况的合伙人，他觉得自己愚弄了这个人，至少在他的脑海中是这样。我解释说，实际上他非常想通过自己的话语和笑话取悦他的母亲，同时也想通过这些话语在母亲面前让父亲看起来可笑。B 先生同意他能通过笑话和交谈吸引母亲的注意，并且他非常享受这种过程，但他表示自己从不想在母亲面前取笑父亲。他并没有试图让父亲开心——他从未成功过。父亲根本没有欣赏过这一点。

接下来几天，B 先生感到"极度痛苦和绝望"。

这有一小部分来自他的分析过程，但实际上我将这种情绪与他内在的焦虑联系起来。他接受了 X 光检查，但结果尚未得知。粪便的分析结果是阴性，但仍无法解释为何粪便是黑色的。我将这些外部的焦虑与他内心的迫害感和危险的粪便联系起来。

在 B 先生得知 X 光检查结果的前一天，他做了一个"可怕的"梦：

他坐在一辆可悲的汽车里（所有的汽车都是可悲的——相比起鲜花、生长的事物以及大自然，所有的机械物品都是可悲的）。他正开着这辆车，在他家附近的道路上倒车，逆行并扰乱了交通。在这个过程中，他不小心撞倒了两个孩子并将其撞死。人们来告诉他，他做了这件事。事故发生地点离警察局很近，而警察局又靠近他的家。他的妻子不在现场，她朝医院的方向去了。他的车里有一个男人，这个人让 B 先生想起了他俱乐部里那位乐于助人但并不起眼的图书管理员（做梦的那天晚上，这人曾主动提议帮他保管一本书）。他感到自己应该对被撞死的孩子负责。至于那个男人在其中的角色，他也有些疑惑。接着，他不得不告诉妻子，他撞死了自己的孩子，这让他感到无法忍受。

在联想中，B 先生提到几天前他的妻子去照顾生病的儿子，而 B 先生认为那"非常烦人"。克莱因写道："他显然讨厌自己对孩子生病的焦虑。"回到梦中，B 先生指出"另一个男人不是无害的，而是让人感觉有害的"。克莱因的解释是：

他宁愿扮演一个无能却友善的父亲形象，而他自己却充满了黑色的粪便和体内的溃疡，以及毁灭——体现在撞倒孩子等上。我解释说，危险的事情是他必须承认他杀死了自己的孩子。他的妻子代表着他的母亲，那两个孩子则是他的哥哥和妹妹，他曾在背地里对他们做了某些事情。B 先生非常生气，说根本不是我认为的这样——我无法向他证明这些事，而这些只是我的想法。

💬 1937 年 3 月 8 日，星期一

克莱因记录道：

B 先生和妻子发生了愉快的性关系，妻子也更加享受。他似乎对一开始的过程变得更有耐心，在此之前这总是比较困难的，而如果他能克服这一点，妻子就能享受其中。另外，他自己也对这种关系有了一些态度上的改变。他还说自己种了很多柳树。与此同时，他收到了 X 光检查的结果，身体没有问题。我解释说，与前一天的梦和解释相比，他的感觉完全不同。他的性关系和生殖器变得更好、更富有创造力，这改变了他对性关系的态度，当然，妻子的不同态度也帮助了他。他似乎非常愿意接受这一点。在这里，"生"与"死"形成了对比，"生"的信念更加强烈。在离开时，B 先生要求重新安排他的分析时间，并非常坚决地说："我的确想继续做这个工作。"

💬 1937 年 3 月 9 日，星期二

B 先生带来一个梦：

他梦到自己告诉妻子："我已经告诉她了，这没什么大惊小怪的。我不后悔，我告诉她是对的。"他曾告诉母亲自己在做分析。他联想到，尽

177

管母亲可能不同意，但她会理解，如果这能给他带来安慰和帮助，那就是对的。母亲们（mothers）尽管有许多缺点，但也有很多优点和理解。像最近一样，他意识到自己对母亲的感激和爱有多深，以及他对分析的看法，现在他坦诚地承认了这一点。他认为自己不应再对所有人隐瞒，正如他一直所做的那样。接受分析以及分析的结果意味着童年、旧的感情等重新浮现出来，他与母亲的关系也会彻底被修正。这些内容有一部分是他联想到的，有一部分是我的解释。

然而，B 先生的语气发生了变化：

B 先生突然反对［我的］话，同时又感到他让我闭嘴是多么可怕。［他感到］这非常不感恩。但他向来讨厌交谈。他联想到自己在野外遭遇过的一次车祸，当时他的车着火了。他设法从车里逃了出来，然后一些印第安人过来帮忙。虽然语言不通，但他让他们完全明白了这辆车是他的，他们非常乐意提供帮助。为什么他们要这样做呢？他们平日只受到蔑视，被人吐口水，这次什么报酬都没有却依然亲切而乐于助人。他非常感谢他们，但他们可能没有理解。我解释说，印第安人象征着我——外来者，他意识到自己对我不好，甚至一直对我不好。我指出，印第安人无需言语也能提供帮助，而分析令他感到可怕正是因为它过度依赖语言。他总是担心我没有理解某些事情，我提醒他我们已洞察到的语言的危险性——扔向他头部的石块、毛毛虫、被吞噬的威胁、危险的爆炸、燃烧的排泄物；但同样，语言也是一种忏悔的方式，是向母亲说出真相的途径；成人世界的语言于他而言始终意味着［他觉得］自己会因最初犯下的所有过错而受到指责。

💬 1937 年 3 月 10 日，星期三

B 先生带着激愤和绝望走进诊疗室。

　　他提到自己给董事长写了一封非常不友好的信且没收到回复，后来他承认这也加剧了他的焦虑。我解释这与他最近几天的深刻承认和合作有关系，这激起了他与父亲有关的熟悉的焦虑——对父亲的喜爱以及由此产生的所有冲突和焦虑。接着，他用一种可怕的声音与我交谈，我从未听过他有如此低沉的声音，同时又充满了尖锐和苦涩，他警告我注意我的解释。我解释说，这种声音代表了令人恐惧的父亲形象，父亲的深沉声音让 B 先生感到害怕，他扭转（reverse）了这种局面，仿佛自己变成了那个令人恐惧的父亲。随后，他突然恢复正常的声音，说自己感到阴茎内部疼痛。接着，他提到了地下酒窖，并说他一直害怕黑暗、封闭的地方，尤其是他父母家里的酒窖。他又联想到了一个完全不同的场景——当他和家人一起在苏格兰时，他正在河边钓鱼或做其他事情，突然间他看到母亲离开了他，他感到极度的绝望和焦虑。此时，他的父亲和哥哥在打猎。B 先生注意到，这与封闭的地方完全相反。我解释说，打猎的父亲似乎代表了一种关联，即他与母亲独处的情境意味着危险的父亲要对他进行射杀。阴茎内部的疼痛与阉割有关，而焦虑则源自对被父亲射杀、阉割以及被母亲抛弃的恐惧。黑暗的地方也象征着女性的生殖器，他害怕在母亲的身体内部遇到这个危险的父亲。在移情情境中，B 先生与我保持良好关系的情况引发了他对阉割性的父亲的焦虑，他觉得这个父亲会干涉他。

　　B 先生说他做了很多梦，但"强调这些是他的梦，[他]不想告诉[克莱因]，甚至不想跟自己讲，因为它们可能会破灭，就像敲开蛋壳看内部一样"。

不过，他还是报告了其中一个梦：

> 他站在一座山上。天刚亮，[黎明时分]，他意识到这个地方……非常
> 危险。他看到之前来过的人在岩石上留下的脚印，心里感到一丝安慰。山
> 坡上有一座房子，当他意识到在这片[黎明时分]的山中待着是如此危险
> 时，他试图从窗户进入。[他]感觉自己是在用错误的方式进入，像个窃
> 贼一样。

> [他]非常沉默，[不给]任何联想。[我]解释……错误的入口是肛
> 门，也是他与妹妹的活动，以及他哥哥与他的活动。（在我给出这个解释
> 之前，B 先生曾提到他见到了几个月未见的哥哥，梦中他对哥哥有一些感
> 觉。）早上吃饭时，他突然想到，就他妹妹的心理发展而言，他对她一直
> 很专横；他不允许她有任何心理独立性，他为此感到很抱歉。我把错误的
> 进入等解释为哥哥对他做的事和他对妹妹做的事；强迫……他在身体上强
> 迫她。在移情情境中，他对我的行为感到彻底反感……反感我的分析，反
> 感我关于分析的信念，反感他想要进行分析的倾向，他常常感到内疚等。
> 我在这里代表妹妹；同时，他对我进行了肛门攻击；他彻底否认这些是可
> 怕的……我也提到梦——破碎的蛋象征阉割，整个场景[在山上]与清晨
> 的经历相关，也与他幻想母亲属于他自己相关。前人的脚印是父亲的阴茎
> 留下的友好痕迹，表明母亲的内部并不坏。

克莱因记录了最近她不得不取消 B 先生的会谈，这是之前从未发生过的
事情。在这种情况下：

> 他提到他原以为……一定是有人发生了什么灾难……他以为我肯定是
> 去处理什么重要的事情——比如某个病人病得很重，诸如此类的事。然后

B 先生问我发生了什么事，当我说我不舒服时，他似乎有些惊讶，并表示他没想到会这样。他表示很抱歉。显然，整个会谈都受到这句话的影响，因为他几乎没有表现出任何攻击性。[B 先生] 将要和父亲一起度过周末，并说他的妻子不会和他一起去。这将是他第一次单独和父亲待在家里。之前他的母亲总是在的，或者有护士或其他人陪伴。他承认，想到这一点，他感到非常不安。

💬 1937 年 3 月 23 日，星期二

B 先生以此开始了会谈：

他猛烈地指责女性。他的妻子被邀请去某个地方，他听到她在电话中说她很想去，但她希望在小女儿的手拆掉石膏时，她能够在场。女儿的手骨折了……B 先生对此感到愤怒并咆哮着指责妻子太焦虑——认为 [自己必须] 亲临现场不可。女性总是错误地对待她们的孩子，小题大做并过分关注他们，而实际上她们的爱意味着吸干孩子的血。他还对我进行了激烈的指责，因为他的儿子没有接受分析。

接着他报告了在父亲家那晚做的一个噩梦：

有两只手环绕在他的腰间（他生动地演示了这一动作），紧紧地抱着他；但他还是个婴儿，他非常明确地感觉到了这一点。这是一个可怕的噩梦。

B 先生"停留在拒绝对此做出任何联想的状态里"。一阵沉默之后，他说：

他想到了公牛（bull）和芦苇植物（bulrush plant）。实际上，不应该

叫作芦苇，因为它看起来就像公牛的阴茎。小时候，他曾对一句话感到好笑，说春天很危险，因为树篱拔地而起，而公牛在狂奔。我把他对女性的愤怒解释为我们已熟知的一种愿望，即逃避对父亲的焦虑。小女儿的手［骨折］一事，他将它轻描淡写……表达了他对妹妹遭遇的事情的焦虑；同样，母亲的焦虑和关怀激起了他自己的焦虑，而愤怒则掩盖了焦虑。

克莱因重申道：

> 事实上，对女性的愤怒是逃避对父亲的焦虑的方式。［当 B 先生］独自在父亲家里时，公牛——父亲的阴茎——向他冲来。［他的梦］代表了一种侵犯，实际上，比 B 先生大三岁的哥哥，代表着一个成年人的角色，而在 B 先生还是小婴儿时，哥哥扮演了父亲的角色并侵犯了他。（［此前］关于哥哥梦游的材料，以及他对哥哥可能攻击他的阴茎的真实焦虑；他对哈姆雷特［的联想］："这是一个兄弟的手"等）……B 先生［曾］说，解释若不起作用又有何用……如果他感到窒息，即使我做出解释也没有帮助。我……将这种窒息的感觉与早期的侵犯联系起来。

💬 1937 年 3 月 24 日，星期三

B 先生带来了另一个梦：

> 他与另一个人走在钢丝上，这个人是一个非常好的人，让他想起了……他的一名员工。

联想到这个梦，B 先生说：

> 那名员工的名字，让他想起了早晨看到的牙膏。当他到达父亲家的时

候，发现牙膏已经打开了，并让管家去找盖子。因为牙膏是打开的，所以弄得很乱。但管家没能找到盖子。他的联想表明，这个员工在他眼里像一个仆人，应该按照 B 先生的指示做事。

💬 1937 年 3 月 25 日，星期四

这是复活节短假前的最后一次会谈。B 先生抱怨妻子的喉咙不舒服。接着，他告诉克莱因另一个梦：

> 他要开车把一些土送给医生。那是围绕着学校，或者他以前的家，或者类似的地方的土。看起来这是一项完全不可能完成的任务。然后，他先向左转，绕了个弯，途中遇到了一些陌生的男孩。他似乎也是一个男孩。其中一个男孩带他爬上一座非常高的塔。那里有一个铁制的架子，他正抓着那个架子，当他看到楼梯在弯曲时，他拒绝继续上去，于是没有继续爬。他最终没有把土送到医生那里。

B 先生说：

> 与前一晚相比，他在这个梦中感到的焦虑少了一些，因为他觉得自己能够拒绝在变得危险的地方［继续］前进。［我的解释是］当他与父亲独处时（B 先生说，这是他有生以来第一次），同性恋的欲望以一种非常令人恐惧的方式涌现出来……尽管是一个仆人做了他想做的事，而不是令人恐惧的父亲。我认为，第二天晚上的梦没有那么可怕，这是因为我在前一天解释了他关于同性恋焦虑的部分。他与那些男孩相遇，在弯曲的楼梯上扶住铁架，［我］将其解释为他与哥哥的性活动。性欲从父亲身上［被］转移到了哥哥身上，这样一来，显然就不那么有害了。之后他通过将哥哥

置于低人一等的位置并加以掩盖，否认了对哥哥的焦虑。我认为第二晚的梦意味着，他无法把土送到医生那里，而土代表了家、学校等，并象征着母亲，因为他走了弯路——向左走（这个方向以前通常意味着做错了事）。他通过同性恋破坏了与母亲的关系……医生的出现，是因为他没有在正确的时刻停下来，因为他摄入了阴茎，这让他生病了。土代表他自己，他感到自己应该去看医生，但土也代表了他被埋葬的母亲，父亲带她去看医生，为她治病……他指责自己，因为他体内有坏的阴茎，他不能帮助他内在的母亲。

💬 1937 年 3 月 31 日，星期三

克莱因提到，在短暂的分析休息期间，B 先生的妻子持续遭受喉咙痛的困扰。

　　B 先生一开始表现出极度的绝望，想要停止治疗，无法开口说话，他感到恨我。随后他联想到狮子。他提到自己曾读过一则东非的故事，讲的是在乌干达尚未像现在这样文明的时期，有一只狮子进入一列敞开门的火车，抓走了一名乘客，并带着乘客跳出车外，只留下那名乘客的脚。B 先生表示，在此之前他从未意识到狮子如此危险。我将他的联想解释为，他对狮子的钦佩让他曾经将狮子与自己联系在一起，但这其实是一种否认……因为他一直知道狮子是危险的，这也与他和哥哥、父亲的关系类似……当他说他恨我并联想到狮子时，我代表了父亲和哥哥，他们才是他认为真正危险的存在，像狮子一样。

克莱因关于 B 先生治疗的记录此后变得不那么规律，尽管 4 月 10 日的材料显然是对 3 月 31 日记录的延续。遗憾的是，1937 年的唯一一份日记是空

白的，因此无法核实克莱因在这一年什么时候还见过 B 先生。而在其他年份，她的日记则要详尽和完整得多。

💬 1937 年 4 月 10 日，星期六

B 先生现在抱怨自己嗓子不舒服，说自己"感觉很不舒服，但又说不清为什么"。他说吞咽时没有痛感，也没有其他任何疼痛。他再次提到：

> 他对女性又一次充满极大的憎恨，说她们当然让男人痛苦不堪，她们不想要男人，并且总是横加干涉……我解释说，他的焦虑是因为他吞下了狮子的阴茎，这种焦虑通过喉咙的不适表现出来，现在他感觉非常不舒服，却无法描述或解释为什么。他曾经对母亲的感受是，在早上看到她时，她也像吞下了狮子一样……他承认，每当他看到母亲躺在床上时，都会感到不舒服，就像他早上看到妻子躺在床上时那种不愉快的感觉一样；他无法处理对父亲的焦虑和憎恨，只能通过强调母亲的坏来掩盖自己对父亲的焦虑和仇恨，以及父亲对他的吸引。

💬 1937 年 4 月 26 日，星期一

B 先生提醒克莱因，"他总是以某种方式讲述……那些他知道很重要的材料"，以及"有关喉咙的材料与童年时期的同性恋活动有关"。

> 然后他开始说有关护城河的事情，说他曾清理过护城河，用斧头砍树、常规清理它……他说，如果你看到水中［指需要清理的护城河］伸出一根小嫩枝，想把它拉出来，但却拉不动，那是因为下面有一根树枝，而树枝下还有一棵 12 米高的树。你当然无法把它拉出来。

克莱因做了解释：

我将这些与同性恋的材料、对喉咙的焦虑以及之前一个关于护城河的梦联系起来。在那个梦中，B 先生看到一个亲戚——一名男性，接着是他的妻子，然后是他自己的孩子，所有人都死了，但当他们被从水中捞出来时又复活了……B 先生曾因自己是一个令人不满的病人而感到内疚，因为他没有在该联想的时候进行联想。然后他说他在阳光下看到了一只蝙蝠飞过水面。那只蝙蝠的品种非常罕见。我提醒他，他感到自己非常令人不满并且害怕我，这种感受与这只蝙蝠有关，因为在一个梦里（我可以详细讲解梦的内容），他再也忍受不了蝙蝠指责的声音，最终不得不将它压碎在某个容器里……我向他展示……这只蝙蝠在他的内在。B 先生并不记得这个梦，但他觉得我的解释应该是正确的。他并没有否认。

💭 1937 年 4 月 27 日，星期二

B 先生再次以一种特别的方式告诉我，就在他准时到达时（没有像往常一样先说自己感到绝望等）……当他坐在车里并且靠近我家时，他突然意识到多年前他做的一个梦只不过是个梦，而不是真的。在这个梦里，他没有预习拉丁语或数学，一直这样拖延下去……没人知道，只有他自己知道，他认为最终会很糟糕。当他意识到这是一个梦时，他感到一种无法言喻的解脱，而他之前从未意识到这一点。

接着，B 先生讲了一个"可怕的噩梦"：

一位已经去世多年的医生（他是 B 先生的朋友，一个极其温和、无私的人，实际上他因为人类服务而死于败血症。这位朋友有一只萎缩的

186

手）出现在他面前。在梦中，B 先生看到他完全如他生前的样子，还看到那只萎缩的手，只是他看起来非常苍白。B 先生伸出手抓住了这个朋友的手，告诉他自己很高兴他来了。然后，B 先生的同伴 X 先生（B 先生描述他为一个世故自私的人）出现了，并没有看到那位死去的朋友，B 先生知道他会介入他们之间的关系，如果接触被打断，朋友就会消失。他不知道该怎么阻止 X 先生的介入，觉得下一刻接触就会被打破。

他又谈到他突然意识到自己只是做了一个梦，梦中他没有预习拉丁语或数学，并因此感受到一种巨大的解脱，B 先生说：

> "如果这是你的工作带来的，那么它确实给了我一次像我（B 先生）曾经在 X 先生那里得到的解脱"（[X] 曾是一个明确的父亲角色，B 先生曾经向他忏悔过一些令自己感到内疚的事情，并因此在很多年里得到了解脱）。但他接着补充道，实际上他从未像这次一样，感受到如此强烈的解脱……我指出，这种［解脱］似乎是［在分析过程中］一点一点出现的，并提醒他大约两周前他回忆起的一件事，那件事与他妻子的喉咙痛有关，当时他对此感到绝望并且觉得她没有得到妥善的照顾。他曾反复提及妻子仿佛是个婴儿。她表现得像婴儿一样。她对他们去度假酒店时遇到的人毫不在意；他还担心他们回到伦敦后……那个被回忆起的事件是他自己坐在婴儿房里吃饭，而他的妹妹在哭，妈妈和保姆都没有照顾她（因为起居制度的原因）；他感到非常痛苦，因为他只能坐着吃自己的饭而有个婴儿无人照顾。

另一个令人不安的记忆浮现在 B 先生的脑海中：

> 有人告诉他，在肯特（Kent）开车时看到街上有一堆东西，走近一

看，发现那是一个垂死的女人。[这个人]把她送往医院，但她死在了去医院的途中。

克莱因解释道：

他曾预感到自己的妹妹会死去，并且感觉到她体内正发生着可怕的事情，而没有人会照顾和帮助她。当 B 先生在分析过程中提及这段回忆时，他坐直了身体，痛苦地哭了起来。我提醒他这一点，在过去的几个月里，每当他哭泣时，解脱感都是一点一点逐渐出现的。

B 先生同意了这个解释，但他"希望我不要把它和我的工作联系起来"。随后他回到自己的噩梦，继续说道：

当 B 先生从噩梦中醒来时，他坐在床边，开始解读这个梦。他觉得自己将一个善良的形象[他的医生朋友]放入梦中，代替了一个极其可怕的形象，并问我是否同意。我当然同意，并指出，最近关于善良父亲的工作其实掩盖了他对坏父亲的焦虑。而且，这个形象代表了他已故的母亲，而那只枯萎的手象征着女性生殖器，他一定在第一次看到妹妹的生殖器时有过类似的感觉——她受伤并且被阉割了。然而，在我给出这个解释之前，B 先生曾说过……他真的很害怕医生……他对害怕的东西总是记不住它的名称，而他总是认为它与阉割有关——那就是割礼①。他将自己对医生的焦虑归结为这种焦虑。接着，B 先生说起妻子因为儿子脚趾上的一个鸡眼而焦虑不已，而事实上处理那个问题非常简单，他告诉了她；但她看起来非常担忧和害怕，这一切都不对，女人总是会害怕，并且她们对男性生殖

_____
① 应指某些宗教仪式中，男婴或男孩需接受切割生殖器的包皮。——译者注

器有一种不好的态度。他总是这样抱怨女性，包括我。我解释说，他现在正在做他在梦中说过的事情。他无意识地谈到了女性对生殖器的态度，当他提到儿子脚趾上的鸡眼时，实际上是在说接受割礼的阴茎。他感到母亲的态度和担忧确认了他曾经被阉割，但他［强调了］那个不那么可怕的形象——母亲，而不是阉割的父亲……我提醒 B 先生，那些在街上看到他、令他害怕的人是男性。他最强大的迫害者是个男人而不是女人。他开始否认我的解释，但突然间他说："我认为你完全是对的。"

💬 1937 年 4 月 28 日，星期三

B 先生提到克莱因在上次会谈中对噩梦的解释。他认为"有很多遗漏的部分，应该被进一步解释"。他想到梦中的已故医生朋友时回忆到：

> 有一个名字（与这个医生）①相似的男人，这个人说自己有很多犹太血统，另外还有一个著名人物，他为英格兰的一座古堡做了很多工作，而且他也曾支持犹太人。接着，他又提到了一些类似的联想。B 先生说今天似乎是个犹太日。在此之前，他曾两次说出一个德语单词，但没有承认自己其实知道德语是我的母语。谈到犹太人时，他说他肯定把我与犹太人联系在一起了，并认为我是一个犹太女人。我解释说，犹太人和这个死去的医生是有关联的，现在看起来，这位为人类死去的无私医生就是我。我提醒他，他曾多次提到自己的话语是有毒的，他心存内疚……以及他觉得自己是一个不合格的病人，等等。B 先生承认，他常常认为我一定很讨厌他。我解释说，他对于我的死亡焦虑，并且在梦中紧握我的手，是为了确保我

---

① 此处单括号的内容为译者所加。——译者注

们之间的联系不被切断。因此，他对假期的焦虑不仅仅在于担心自己会受到伤害，也在于担心我会遭遇不测——担心我会死去，他会失去我。

在回到 B 先生前一天对女性的抱怨时，克莱因告诉他：

他将责任归咎于女性是再次逃避对那个危险的、阉割性的男人的焦虑，而他实际上总是从指责女性开始，用一个不那么可怕的形象代替一个更加可怕的形象，正如他在梦中所说的那样。B 先生同意了这个解释，并表示女性并不是那么糟糕，也不是那么危险，但她们是无用的。他记得小时候的某天晚上，他从噩梦中醒来，感觉有一只狗在咬他的生殖器，便呼喊求助，但母亲并没有过来安慰他。我解释说，他觉得母亲也是无能的，因为她自己也被那个危险且邪恶的阴茎支配和伤害了。

克莱因指出，B 先生似乎明白他的梦实际上是指：

对我和他妻子的死亡焦虑，尤其是对我的死亡焦虑。他还提到当深爱他的 X 夫人① 逝世时，他感到多么痛苦。他总是觉得如果自己可以做些不同的事情来帮助她，也许她就不会自杀了。我解释说，他从未完全从关于这次死亡的痛苦和悲伤中恢复过来，尽管他感到非常内疚和不安……然后，我第一次听他说，他曾与 X 夫人谈论过与她发生关系，他明白自己会和她上床，而她却说她永远不会这么做，因为她对丈夫的誓言束缚着她。当然，这只是因为她的丈夫是他的朋友。

---

① 此处为原文中的注释 2，见本章末尾。——译者注

🗩 1937 年 4 月 29 日，星期四

B 先生迟到了，他告诉克莱因自己感到沮丧，并且说他的家人已经搬进了他们的新家。接着，他报告了一个梦：

> 他从一个酒店搬到另一个酒店……然后又搬回来，梦里有一种移动的感觉。他的外套丢了，他正在努力寻找，因此他与妻子分开了。然后他在酒店里，走进一个房间，里面有一个女人躺在床上。她似乎不介意他进房间，但她在意自己脸上有些面霜，正在枕头后面擦脸。起初，她在房间的另一边（他指向我的另一张沙发的位置），然后她又出现在房间的这边（指向诊疗室），即他正躺着的沙发所在的位置。他明确地说那是我的诊疗室——虽然看起来不同，但他觉得她躺着的沙发就是我的沙发。他进房间时穿着得体，"就像我现在这样"，他说，但随后他突然穿上了睡衣的上衣，准备和她上床。他打算慢慢来，就坐在她的床边，用自己的大腿碰触她的大腿。然后，他突然遗精了，他跑出房间，进了一个类似浴室的地方清洗自己，随后又回到房间。那个女人应该还在房间里，虽然他没看到她……因为在此期间，他喜欢的一个表妹，一个非常可爱、说话声音很大、很爽朗的女人和许多其他女性也在这个房间里。

B 先生对梦的联想是：

> B 先生说，当那个女人站在房间的另一端，靠近另一张沙发时，她的头发……不是浅色的，但当她来到诊疗室这一端时，她的头发变成了显眼的金色。这让 B 先生想起了一个最近结婚的朋友，她是个相当不错的女人，很友善。我提醒 B 先生，曾有一段时间他一直躺在我诊疗室的另一张沙发上，因为他害怕房间中看不见的角落，而那时我坐在他身后，然后

我们又移到了现在实际工作的诊疗室。我还暗示，那头显眼的金发似乎代表着某种相反的意义，而这个金发且年轻的女人似乎代表着我，B 先生对此并没有否认。我指出，在我们分析了他对我的死亡焦虑之后，他能够将一个性梦与我联系起来。最开始的分析中，他做了许多性梦，梦中我曾出现，但当我们开始深入分析他对……具有破坏性和危险性的性交的焦虑时，这种梦停止了。

克莱因的记录到此戛然而止。接下来的记录，也就是下一章的开头，来自1938 年 1 月。

✳ 注释
- -

1. 关于 B 先生未能保护母亲免受父亲伤害的内疚，读者应该记得在早期的"公牛梦"中，B 先生"拯救自己"并将母亲抛下，让她面对自己的命运。这种内疚感最初严重阻碍了他的哀悼过程。

2. 后来，克莱因将自杀的、曾爱过 B 先生的 X 夫人称为 D 夫人（第 218 页）。

第六章

责备、抑郁与旧画面

本章呈现的临床记录主要来自 1938 年 1 月至 3 月。因此，第五章最后的记录（1937 年 4 月）与本章的首次记录之间有 9 个月的空白期。我不清楚造成空白期的原因。克莱因 1938 年的日记实际上显示，直到该年 6 月中旬，她还在继续为 B 先生治疗，但我尚未找到 4 月至 6 月的任何临床记录。她的日记从那时起一直空白，直到 1939 年 9 月。不过，我们能够了解到克莱因在 1939 年 5 月至 7 月治疗了 B 先生，因为这几个月的临床记录保留了下来，这些记录也呈现在本章中。

第二次世界大战于 1939 年 9 月 1 日全面爆发。当月，克莱因暂时搬到剑桥，并继续接诊一些能够去那里见她的病人。她的日记显示，B 先生每周参加一次两小时的治疗，直到 1940 年 6 月底，克莱因搬到皮特洛赫里为止。据我所知，此后他们的治疗工作出现了相当长的一段空白期，关于这一点，我将在下一章中进一步讨论。

如本章标题所示，在接下来的材料中，读者将再次看到 B 先生从对克莱因爱和亲切的情感中退缩，转而进入抑郁和熟悉的指责中。圣诞假期结束后，他一回来就强烈地表达了一种"深深的疲惫感"。克莱因感到，在移情中他正在重温非常早期的经历，具体来说，是一段令人极为痛苦且不满的早期喂养情境。B 先生又一次不得不经历长时间的等待，而克莱因也因此再次成为他最早期经验中那个剥夺性的母亲。随后，他觉得她根本无法理解或共情那个在母亲怀中受挫的婴儿。这种早期情感的重现，还体现在 B 先生长时间无法开口说话，觉得自己无话可说，并感到完全无助。

梦继续揭示出 B 先生对克莱因的复杂情感。例如，她既是粗俗的、阉割性的母亲，强行将乳房 - 解释（breast-interpretations）塞给 B 先生，也是一位能够深切共情他作为婴儿和幼儿时所遭受痛苦的分析师。与此同时，B 先生经常感到他的两位阉割性的父母似乎联合起来对付他，而他的父亲常常被推到背景中，与 B 先生对父亲的焦虑和恐惧一起被忽略。相反，B 先生的母亲则常常被认为要为他所有的被剥夺感和痛苦感受负责，因此被他憎恨。这也解释了为何负性移情频繁发生。事实上，当她分析 B 先生很难与她保持更好、更有建设性的关系时，B 先生与克莱因"和平相处的困难"就更加明显了。良好的、合作的感情被他认为是如此危险的近似于性的情感，因此必须强烈防范，以免引发某种灾难。

尽管如此，也有越来越多的证据表明，B 先生正成功地在自己内在建立起一个良好的母亲形象，与此同时，他对治疗的抵触也有所减轻。当更多的爱与性的情感和幻想可以被允许时，抑郁感也减轻了。B 先生不再想指责他的母亲——他正在哀悼她并对她更加充满爱意——于是将自己的憎恨转向了克莱因。尽管如此，对克莱因所提供的帮助，他的感激之情显然更加强烈。

1939 年 9 月，克莱因记录了 B 先生被征召入伍的情况。尽管他对战争的焦虑在我们所拥有的分析记录中并没有被深入探讨，但关于生存的原始焦虑以及对内在坏的恐惧占了上风，这无疑与战争有关。这些焦虑或许可以在 B 先生日益增加的困扰和对妻子健康状况的担忧中得到最清晰的体现。妻子的健康问题一直是他忧虑的重要来源，尽管妻子的具体病因尚不明确。然而，围绕此事的担忧无疑在这一时期加剧，B 先生认为妻子可能需要进行手术，但即便如此，他依然担心妻子可能永远无法痊愈。

克莱因这样解释，B 先生意识到父亲濒临死亡，这种意识被转化为一种嘴里发苦的感觉。她认为，这揭示了他内心有一个死去或即将死去的父亲，而这种状态由 B 先生对父亲的憎恨攻击所致。对父亲的嫉妒和憎恨在 B 先生内心产生了毁灭性的影响，"因此，对死亡的恐惧控制了他的整个生活"。克莱因进一步解释说，这种恐惧的一种特殊表现形式是，早期希望父亲死亡的愿望使得 B 先生无法享受生活中的成功，也无法在许多可能的领域中发展。

最终，在分析的一个重要时刻，B 先生指责克莱因总是淡化他所描述的父母之间不幸福的关系对他的影响。他指责克莱因总是强调他对这些经历的特定反应，而不是这些经历对他更广泛的影响。克莱因最终非常直接地对 B 先生说，她当然理解他的经历、他的反应以及他对父母的冲动三者之间的相互关联，但在分析中，重点要更多地放在冲动上。她还补充道："无论如何，其他人有过更糟糕的经历。"她举了一个例子，比如 B 先生从未遭受过贫穷的可怕经历。她告诉他："分析无法改变［你］母亲所做的一切，但可以通过厘清早期的情感来产生影响。"① 因此她常常强调后者。这样回应似乎并不是克莱因屈服于挫折，也不是对 B 先生惯常的指责性攻击的报复，而更像她试图帮助 B 先生进一步理解某些问题的一种尝试。克莱因确实承认她对 B 先生的共情促使她做出回应，因为他小时候很少得到答案，反而常常感到茫然和孤独。因此，在这一点上，可以感受到 B 先生迫切希望理解他的历史所造成的影响以及自己对此的反应，而克莱因也希望帮助他去理解。这是一次非常引人入胜的交流，展现了克莱因非常了解她的病人和他的需求。

💬 1938 年 1 月

在记录具体的会话材料之前，克莱因对 B 先生的困难及其分析过程提出了一些有趣的整体性观点，这些观点将为读者提供有益的提示。她写道：

> 在这个阶段的分析中，早期的喂养情境反复出现，而这些联想总是伴随着强烈的情感。B 先生甚至强烈地感到，他的困难无法得到改善，因为这些困难根植于早期的挫折，而早期挫折是无法被消除的。他多次提到母

---

① 在第一章中，作者克丽丝汀也引用过这句话，但两句话的表述稍有不同，应为作者在引用克莱因的记录时稍有改动。——译者注

亲的喂养方法不好，不能用正确的方式帮助婴儿。我们已经理解了他对牛奶的喜爱——这使他在酒店的一场非常正式的聚会上喝了一杯牛奶，而似乎牛奶对他来说总是一种极大的慰藉。他总说自己经历过一段糟糕的喂养时期，并认为自己没有得到足够的食物。与这种挫折相关的施虐倾向在一定程度上已被分析。在移情情境中，他一次又一次地指出了这种挫折。他希望躺下并由我全天 24 小时照顾的愿望，也与婴儿的喂养情境有联系，诸如此类。

💬 **1938 年 1 月 3 日，星期一**

克莱因写道：

> 像往常一样，B 先生抱怨着自己的抑郁。他渴望死亡，觉得生活令人无法忍受。假期对他来说太可怕了，但即使没有假期，分析又有什么用呢？反正也帮不了他。他抱怨精疲力竭，感觉像瘫痪了一样。他详细列举了所有他无法完成却又应该完成的事情。

B 先生在分析开始时报告了一个梦：

> 一位年轻迷人的女士，S 夫人，邀请他跟她一起走，但他无法答应，因为他必须去见克莱因夫人。

> 由于他特别强调了这位年轻女士的吸引力，我指出，这似乎暗示着我对他也具有吸引力。这可能表明他对我存在一些被压抑的性幻想，而这对他来说非常难以承认。他随后表示，他非常倾向于同意这一解释，并承认自己可能常常害怕被分析这一点。他提醒我，在分析的最初阶段，他曾害怕我对他有性吸引力。

克莱因指出，在分析过程中，每当她解释 B 先生对她的情欲感受时，"这往往会引发一场危机"。她继续写道：

> 当他抱怨自己极度疲惫时（常常与早上起床的困难相关），我提出这可能与假期中的挫折感有关。我认为这种感觉似乎像一种惰性，并思考我们如何将这种惰性与经常讨论的喂养困难联系起来。B 先生表示，这不仅仅是惰性。（他说：）① "这更像半死不活的状态，你知道我常常感觉自己仿佛已经死了。" 然而，当我说他可能在婴儿时期吃奶时就有这种感觉时，他反应强烈，并告诉我，他一直觉得如果我触及这一点，那就是找到了问题的关键。[接着，他]责备我没有充分探讨这个话题，并表示他可以一直不停地谈论这件事。我的解释（当时没有直接给出，因为他无法被打断，而是在稍后提出）是，这当然是一种责备，认为我在早期情境中没有给予他足够的满足，也就是说，我是那个在哺乳时让他感到挫败的母亲。

克莱因的解释唤醒了 B 先生的记忆。他突然说道：

> 这与他的成长史有关，他由母亲喂养了一个月，之后当他的保姆接替育婴师时，发现他快饿死了，或者已经处于饥饿状态，于是改用奶瓶来喂养他。这位保姆是他生命中一个正面形象的人物。她在他家里待了很多年——当她因为要当他妹妹的保姆而离开他时，他已经是个大男孩了。B 先生总是满怀爱意地谈起她，尽管在责备中她被比作可怕的女人：阉割男孩、做错事。但总体而言，她仍有着一个正面的形象。

克莱因指出，一旦 B 先生讲述完这段经历，他便愿意让她进行解释并将

---

① 此处单括号中的内容为译者所加。——译者注

一些事实联系起来。她说道：

> 由于从乳房中得到的乳汁太少，这让他充满了愤怒和沮丧，并使他带着失望同时又怀着渴望远离了乳房。B 先生提到，他一直很瘦，现在仍然很瘦，而且他在饮食上很节制——并不贪婪。他本应该非常贪婪的。

克莱因在此指出"婴儿的困难可能被母亲以一种笨拙的方式对待，而这一事实又加剧了婴儿的困难"。

> B 先生立刻将这一点与自己那种相当僵硬和笨拙的姿势联系起来。他说，他的一个肩膀略高一些——有些僵硬，他完全可以想象母亲当年是如何笨拙地将他抱向乳房的。他在这里引用了妻子的客观评价，她曾提到 B 先生的母亲抱孙子时像抱马一样笨拙，尽管她非常疼爱他们。因此，他可以想象她当年是如何对待自己的孩子的。B 先生曾多次告诉我，他的母亲不擅长抱孩子。他在妹妹身上也看到了这一点——母亲抱着婴儿期的妹妹时似乎总是不自在。他对我描述的那个画面感受非常强烈：婴儿因为没有被抱好而难以够到乳房，得到的乳汁太少，既渴望乳房，又对它感到不满，最终可能导致一种惰性。

💭 **1938 年 1 月 4 日，星期二**

前一天的工作似乎对 B 先生产生了极大的影响。

> 他说自己胸口有一种从未有过的疼痛，这似乎与昨天讨论的内容有关，并强调他以前从未有过这种感受。他对我们讨论的内容思考了很多，感受非常强烈。他能想象母亲在喂养孩子时遇到的各种困难。甚至他的妻子——一位出色的母亲（这一点他之前从未如此明确地告诉我），她非常

喜欢喂养孩子——尽管她做得很好且乳汁充足，仍会在哺乳时总是感到乳房疼痛。他还谈到了优秀的母亲和那些像比目鱼一样的母亲，并详细讲述了比目鱼的事情。

克莱因在她的记录中提到了几天后她对比目鱼的解释。

这种鱼的两只眼睛位置不对，而眼睛这种尴尬的位置意味着婴儿不能顺利地从一侧乳房换到另一侧乳房，似乎再次象征着整个喂养过程的笨拙和不协调。

克莱因指出，"我在昨天能够如此理解和共情他，对 B 先生来说意义重大"。

然而，在他内心深处有一种根深蒂固的信念，认为我支持不给孩子足够的乳汁——让他们感到挫败，诸如此类。（这种指责在分析过程中出现了无数次，而每当有迹象表明我并非这样的女性时，他似乎总是感到非常惊讶。）昨天，他感觉到我真正理解了婴儿被乳房挫败时的痛苦。

💭 1938 年 1 月 5 日，星期三

B 先生解释说：

R 夫人和她的丈夫与他们共进晚餐，B 先生与她交谈得非常愉快。她是一位非常友善且诚实的女性。随后，他梦到了她，但梦中只是他在和她交谈。他变得更加犹豫不决。他似乎对最近讨论的内容非常投入，同时告诉我，他希望我不要责备他的母亲，谈论这些让他感到痛苦。这与他在过去分析中不断指责母亲的行为形成了鲜明对比。事实上，近几个月来，他对母亲的悲伤、哀悼以及爱意都大大增加了。他不情愿地承认，这位 R 夫

人可能代表了母亲或我，并为这一结论提供了各种理由。

随后，B 先生又带来了两个梦：

第一个梦是关于 C 先生的，他是伦敦金融城一家顶级公司的成员之一，他曾赞赏过 B 先生向他提出的一个建议，尽管那个建议相当业余，只是 B 先生一时想到的，而 C 先生本应比他懂得更多。这个人对 B 先生的公司非常有用（在一些财务细节方面）。这个人的父亲最初来自怀特查佩尔，是一位靠自己努力取得了成功的犹太人。

在第二个梦中：

B 先生参加了某个聚会，一位朋友告诉他，他没有系领带。他感到极度困惑和尴尬，于是离开了聚会，走进一家非常简陋的商店。店里的一个女人立刻冲向他，拿着一条领带——一条血迹斑斑、陈旧褪色、破破烂烂的二手领带——想要他接受。这个女人令人非常不悦。店里还有另一个女人，以及一个站在背景中的男人。

在这一次会谈中，他表示对我非常怀疑，不相信我能真正共情他婴儿时期的痛苦，认为其中一定有某种诡计，而这种诡计很快就会显现出来。他不愿意对"诡计"这一说法进行任何联想。我对这个梦进行了解释，那个取得了很高地位、受到 B 先生高度赞赏的犹太人，其实是我——在他的梦中，我总是以犹太人的形象出现。这与我重视他提供的关于喂养情境的材料有关，这是他向专家提供的业余建议。我提到了 B 先生在分析情境中的屈辱感，他无法被我引导，反而必须教导我等。与此同时，他常常会说："毕竟你应该比我懂得更多。"如果他在分析中提到的某些内容被证明是有用的，他总是非常感动和感激。

B 先生回到关于领带的梦，并做了说明：

> 那个冲向他的女人就是我，还有我的解释。他认为我很可怕且难以抑制，听我说话让他感到无法忍受，他甚至无法理解我怎么会知道他需要领带！我等待了很长时间，然后在一次停顿中提出，我的话语之所以如此可怕且笨拙地呈现，因为它就像曾经喂养他的乳房。我们之前已经有很多材料表明，我的话语像有毒的或坏的食物，但现在我补充说，乳房也是以如此笨拙的方式呈现，可能被强行塞进他的嘴里，阻碍了他的呼吸或出现了类似的情况，因此让他感到如此难以忍受。我进一步解释，［第一个梦中那个对 B 先生公司有帮助的 C 先生］代表了一种男女混合的形象，即两位好的父母。而在第二个梦中，有一个可怕且粗俗的女人冲向他，背景中还有一个男人——这再次代表了父母的结合，但这次是坏的、具有阉割性质的父母。

克莱因写道：

> 在 B 先生的分析过程中，他多次提到自己的割礼，认为这件事对他产生了永久性的影响。他知道自己在看牙医时的极度恐惧以及其他类似的恐惧，都与阉割焦虑有关。然而，他始终无法记住"割礼"这个词，每次都需要我提醒他。他知道自己是在几个月大的时候（可能是三到四个月）就接受了割礼。我提醒他我们在这方面的所有工作，并将这一事实与梦中那个女人（以及背景中的男人）用那条他称为"血淋淋的"领带攻击他的情景联系起来。在这次会谈中，"血淋淋的"这个词出现了四五次——作为一种与他的割礼相关的控诉。那个没有喂养他的母亲，同时也是行割礼或攻击他的母亲，已经与父亲混为一体。尽管是父亲让他接受了割礼，

但父亲却被置于背景之中。

克莱因写道，她对 B 先生谈及"他的喂养困难与他和父母双方的关系之间的联系，以及割礼对他作为一个痛苦、恐惧和不快乐的婴儿所产生的影响"。随后，B 先生再次回忆起二手领带。克莱因记录道：

> 这一点让他感到极度愤怒。他说，他从母亲那里得到的一切都是二手的。在谈话过程中，他对我充满了强烈的憎恨，猛烈地抨击我的声音、我的话语、我对他的突然干预等。很明显，他对我的言语感到厌恶。他提到"这里涉及性的问题"，当我问他指的是什么时，他说："割礼当然是与性相关的，不是吗？"然后他再次重复说，他知道我的共情中一定有陷阱。我提出，这可能在于我不能仅仅停留在乳房情境上，而必须将其与 B 先生的进一步发展联系起来。他的梦已经展示了嫉妒——那个"二手"的评论、对父母双方的憎恨和怀疑，以及他很快把从母亲那里得到的一切都变得糟糕，而对父亲的焦虑和恐惧却被推到了背景中——这是一种我们熟知的机制。似乎对他来说，如果能停留在乳房情境中会更容易一些，尽管我完全承认乳房情境的重要性，但显然它不能解释一切。B 先生大发雷霆，说我觉得他是个白痴，说我认为他想把所有事情都局限在一个情境中，而他心里很清楚事实并非如此。他在会谈结束前几分钟离开了。

💬 1938 年 1 月 6 日，星期四

"在对克莱因的憎恨和愤怒爆发之间"，B 先生表现出"深深的抑郁"和无助感。克莱因写道：

> 他反复说，就像前几天一样，他找不到词语。他无法说话。他一直保

持沉默。直到我指出，我们正在分析的这些早期感受伴随着一种无法言语的状态，而他现在在对我的感受中重新激活并恢复了这种早期情境。此外，他不想指责他所爱并为之哀悼的母亲，这种冲突部分通过将憎恨转向我而得到解决，从而保护了母亲。B 先生似乎深受触动，并说这当然是真的，他在这里重新激活了那些他曾经感受过的东西，而当时他是无法言语的。

或许在克莱因解释了这种将憎恨从母亲身上转移到她身上的现象之后，B 先生表现出了一种更温暖、更感激的态度。克莱因写道：

> B 先生曾［在之前的一次会谈中］提到，现在这个时间对他来说有点不方便——对他来说有点晚了。这让他很晚回去，因为他并不住在家里。他建议可以提前 15 分钟或 10 分钟结束，认为只要在［有限的时间内］完成了有效的工作，少几分钟并没有什么影响，也不会造成任何损害。我解释说，如果母乳喂养是令人满意的，孩子可能会觉得他可以少要一些，或者他不需要那么贪婪和占有欲那么强，而他希望减少与我在一起的时间，也是在给我一份礼物，试图不让我感到疲惫。他告诉我，星期二回家后他喝了一杯牛奶，后来才将这件事与我们的工作联系起来。

克莱因记录道，沿着类似的思路，B 先生还说：

> 将会有一个孩子们的晚间聚会，厨师可能会有点担心如何同时为孩子们和成年人准备餐点。B 先生建议，孩子们只需要喝汤，再配一些面包、黄油和果酱，这样厨师就不必准备两套完整的餐食了。毕竟这没什么大不了的。孩子们第二天还会有充足的食物，即使他们少吃一顿，也不需要那么担心，因为他们无论如何都不会缺吃的。这段对话发生在他和妻子之

间，他认为妻子在为如何安排这个晚上的聚会而发愁。

📝 1938 年 1 月 7 日，星期五

尽管前一天的工作取得了一些进展，B 先生"再次带着猜疑、憎恨和绝望开始了分析"。克莱因指出，这引发了"极大的焦虑"。虽然用克莱因的话来说，他在会谈结束时"已经缓和了许多"，但当他感觉到克莱因暗示她可以通过分析来帮助他时，他再次变得愤怒。

> B 先生原本计划在星期六来，但他找了一些借口表示无法前来。然而，他对此感到非常犹豫和内疚。他说："不管怎样，你能为我保留这个时间吗？我可以自由决定要不要来。这个时间仍然属于我。这样合理吗？"我回答说，由于我们不得不安排一个星期六的时间，我已经向他明确表示，星期六的时间是可选的，如果他不能来，也不会收取费用。B 先生说他完全不想听到这个，尽管他对此非常清楚。他表示希望我为他保留这个时间——以便保留他可以使用它的可能性，这意味着他实际上已经使用了它。他要求我为此收费。我们还约定，由于这是一个较早的时间，他在离开现在的住所之前，会提前打电话通知我——这样我就不会被打扰。这显然是一份礼物，也可能是他在最近几天表达了憎恨、不满和厌恶等非常不愉快的情绪后，表达感激的一种方式。

克莱因探讨了 B 先生对她的摇摆不定的情感。她解释说："这种因憎恨和挫败而远离乳房的态度只是一个方面，因为毫无疑问，他同时与母亲建立了一种非常牢固的纽带，将她视为一个好母亲。"这两个方面随后都被转移到了克莱因身上。

接着，B 先生以极其友好的方式与我告别，但他星期六并没有来。我认为他心里很清楚自己不会来。他多次提到星期二是一个特殊的时间点，我们的关系从那时起开始受到干扰。在此之前，他一直觉得我一定非常善解人意，能够理解所有这一切。我提到了保姆，当她用奶瓶顺利喂养他时，她取代了好母亲的位置，但并没有消除他的怀疑。他认为这是一段关系从好变坏的关键点。

在这次会谈中，克莱因记录道：

她还回到了有关"比目鱼"的联想并进行了解释。B 先生对此感到非常震惊，并表示他从未明白为什么会出现比目鱼的联想。他非常生动地描绘了自己试图找到乳房的场景，但乳房被以一种无法触及的方式固定着，以及在他饥饿时他从一侧乳房被转移到另一侧乳房的困扰。

💭 1938 年 1 月 10 日，星期一

克莱因记录道，B 先生对儿子的情况有些担忧，尽管没有提供具体细节。然而，B 先生确实"谈到了亚伯拉罕（Abraham）将儿子献给上帝的故事"，以及"孩子们为父母所做的牺牲"。克莱因提到：

割礼以及与父亲相关的憎恨在这一背景下被联系起来。最近在一个梦中，站在前景的是一个女人，她拿着那条二手的、血淋淋的领带。但现在他可以清楚地看到，真正与割礼——或者更准确地说与阉割——相关的是他对父亲的憎恨。在长时间的停顿后，他说："周末糟透了。"我提出，他的安排，即他星期六可能会来，并让我为他保留这个时间，是故意的。他很可能很清楚自己无法来，但希望对我友好并给我一份礼物。他同意这一

点。接着，我联系了上周的一些事——他提到可以放弃 15 分钟的分析时间——认为只要在有限的时间内真正做好工作，少几分钟并不重要。同样的情况也适用于婴儿的喂养。然后是星期五关于孩子们餐食的评论，不需要准备太多，因为他们无论如何都有充足的食物。此外，他在星期五离开时表现得非常友好，并试图保留那个时间，尽管他并没有来，这同时也是在给我一份礼物。我指出，这些细节显示出一种与之前对笨拙且令人挫败的母亲的严厉抱怨不同的态度。这似乎表明，在这里他想要他的母亲，或者也想要他的保姆，并希望在感到自己索取过多、母亲已经筋疲力尽时给予回报，并试图修复关系。

克莱因指出，B 先生更深切的情感显示出"他与母亲关系的另一面，这可能源于比他充满指责和憎恨的时期稍晚一些的阶段"。B 先生对此感到非常愤怒。

他说，我把他推入了一个令他无法摆脱的混乱境地，他不知道该怎么办。他不打算听我的，也不想听到我的声音……

克莱因写道：

在长时间的停顿后，B 先生再次平静地开口说话。他对妻子感到担忧，觉得她在受苦，而他却无法帮助她。他为她的焦虑感到烦恼。接着，他开始抱怨她有多么糟糕。有一次为孩子们和成年人举办晚间聚会，很多人要来，他想要客人名单，但她却没有准备好。他反复问她，最后从另一个共同举办聚会的人那里得到了名单。

克莱因写道，在 B 先生停顿时，她表示想做一个解释，而"他同意听一听"。

我指出，小妹妹的出现唤醒了他所有的早期情感。当她哭泣时，他感到担忧，认为她正在经历他曾经历过的挫折和痛苦。接着，我解释说，他对妻子没有给他客人名单的愤怒，实际上指向母亲没有告诉他妹妹即将出生的事实。他清楚地记得与这一事实相关的所有不满和憎恨。我提出，不同的发展阶段都与这种旧有的不满联系在一起。我们可以看到，他抱怨母亲没有告诉他［妹妹即将出生］的这一部分——所有这些都是一种旧有痛苦和困扰的再现，而随着生活的继续，越来越多的抱怨和经历被叠加到这种旧有的经验之上。

克莱因写道："随后 B 先生对我的说话方式大发雷霆。"她承认自己"可能太过急于［干预］"，因为她非常急切地想做出这个解释。她记录道：

他抱怨说，他无法理解我在说什么，这让他感到非常不安，这让他无法清净，等等。然后他安静下来。他希望自己有一个平静的母亲，她无需言语，只给他喂香甜的乳汁，好好喂养他。他必须按照自己期待的方式被喂养，而现在他说话的语气仿佛无论如何都会对我生气，并责备我，因为我的说话方式不符合他想要的喂养方式。

B 先生说：

在最近几周，他对钟表的憎恨变得如此强烈。他一直讨厌钟表，但最近这种憎恨变得更加强烈。他认为母亲根本不应该有一块表。母亲应该躺在床上，让婴儿随时可以吮吸乳房，不应该有保姆、医生或任何规则，这样一切都会好起来。他确信母亲有充足的乳汁，并反复强调这一点，显然是为了否认母亲实际上乳汁很少的事实。然后他告诉我，我必须知道，即使他对我发怒，他也希望一天 24 小时都和我在一起，正如他在之前的分析中多次提到的那样。他强调，即使在他对我非常愤怒的时候，他也希望这样；即使在他想离开的时候，他也希望一天 24 小时都和我在一起。但这是不可能的。

💬 1938 年 1 月 11 日，星期二

B 先生"感到如此痛苦，［他］不知道该怎么办"。

　　他梦到嘴里有股异味，醒来后发现……实际上他嘴里确实有股异味，可能是因为他整晚都戴着假牙。整个世界都如此令人不快。我解释说，嘴里的异味似乎与坏乳头给他坏奶水的感觉有关。B 先生在长时间的停顿后说，他没有把想到的事情告诉我，因为他不知道该如何选择。他提到一位朋友的父亲去世了，这位父亲比他自己的父亲稍年长一些。然后他同意，正如之前多次讨论的那样，他父亲的去世在他心中占据了重要位置。他说周围的一切都发霉了，令人痛苦，并引用了赞美诗中的一句话："死亡，腐朽无处不在。"我解释说，嘴里的异味也与内在的腐烂和衰败有关，他将垂死的父亲内化到自己的内在，这让他感到一切都如此可怕。B 先生再次思忖到，他无法选择要告诉我哪些想法，以及他无法回信，这是他长期以来的束缚。他谈到交通堵塞，意思是想法和联想的输出被阻塞了。他说交通就像水流——由点点滴滴的水组成。也许他可以想象苏格兰的一条河流，也许他可以顺流而下，用这种方式捕捉鲑鱼。我解释说，堵塞的水流、交通代表他体内的尿液和粪便，他害怕将它们排出。他无法以正确的方式将它们排出，因为另一股水流——乳汁——也无法以正确的方式进

入。这两股水流都受到了干扰——摄入和排出。

克莱因告诉 B 先生，令他感到如此困扰的糟糕味道，"是他口中的坏客体"。她再次提到他的父亲，说道：

> 对父亲的憎恨和嫉妒很快也使他变成了一个垂死的客体，而对死亡的恐惧控制了他的整个生活。在长时间的停顿后，B 先生表示，他真的觉得母亲因为喂养他的方式而受到责备是一件很可恶的事。我提醒他注意，他之前对母亲有如此多的抱怨，而现在他对这些早期经历的感受如此强烈，是因为除了憎恨和早期挫折之外，爱的感觉也增加了，他对母亲的哀悼也更多了。

对此，B 先生告诉克莱因：

> 他现在将暂时担任公司的代理董事长，因为董事长不在。这曾经是他非常渴望的事情，但现在却并没有给他带来任何快乐。我提到 B 先生之前与哈姆雷特有关的联想，他对父亲的憎恨和死亡愿望，使他无法从成功中获得任何享受。

💬 1938 年 1 月 12 日，星期三

B 先生再次陷入绝望。他告诉克莱因，"没有人能忍受他"。他与一名员工和一位商业伙伴之间出现了问题。B 先生补充说，他"无法与人相处"。克莱因写道：

> 在这次会谈中，B 先生反复提到他因感到无价值而痛苦不堪。他觉得分析毫无用处，我把他推入了混乱——我该如何帮助他摆脱困境？说到这

里，他怒不可遏，跺着脚，随后又安静下来。他和妻子忘记出席一个家族婚礼，对此他感到非常抱歉。这个家族分支尤其受人尊敬和钦佩。童年时，B 先生与这些表亲关系非常好。这都是他的错，因为当他们见到他时，他们喜欢他，但如果他觉得自己像一条虫子，当然没有人会关注他。他的妻子比他还要害羞，行为方式也类似。他充满感情地谈到这些失去的机会——家族分支——部分是因为他确实觉得自己错过了很多。他们给他留下了深刻的印象，他认为他们很了不起（尽管他批评其中一些人非常无趣）。他哭了。其间，他请求我的帮助——说如果我认为该说话，不必保持沉默。他继续说："说点什么，或者保持沉默，给我一些食物或喝的，无论哪种方式，只要能帮到我。"

克莱因将 B 先生因与这些亲戚关系疏远而感受到的痛苦，与以下内容联系起来。

（这联系到）① 年龄小的孩子无法与哥哥进入同一个班级，或者更广泛地说，联系到与父母的关系。他们见到他时似乎也很高兴，但他被送到了婴儿房并被留在那里。我提醒 B 先生他童年时的雄心壮志，他想在智力上赶上他的哥哥，并最终超越了哥哥。他感到内疚和悲伤，重复了早期的情境，当时他和他的妹妹（现在是他的妻子，他经常为她的害羞感到抱歉）无法与成年人平等相处。

克莱因记录道，她之前要和 B 先生更改一次会谈的时间。B 先生现在提到了这件事，并且，

---

① 此处单括号中的内容为译者所加——译者注。

以非常友好的方式询问，如果他来得更早一些，是否会更加方便。我解释说，这也是因为他感到无法拥有我的陪伴（他曾表达过希望一天 24 小时都和我在一起）；我在他心中有时显得高贵，而在其他时候又显得非常卑微、贫穷等。他现在的友好态度是重复他童年时试图赢得周围人的爱的尝试。

💭 **1938 年 1 月 13 日，星期四**

B 先生再次陷入绝望：

他抱怨说，他无法为任何人做任何事情，无论是家庭、父亲还是妹妹。他强烈地表示，他的母亲从未真正支持过他。当他需要帮助或理解时，他从未得到过（尽管也有一些相反的记忆）。然后他问我是否有话要说。我指出，现在我很清楚，在受挫的婴儿材料之后，紧接着就是诱惑和粗俗的母亲的材料［即那个拿着血淋淋的领带冲向他的女人］。我提出，在 B 先生的早期经历中（割礼已经被明确表达），可能包括他曾被诱惑的经历，就像他一直觉得自己被一位姨妈诱惑一样（用以掩盖的记忆[①]是她拉他的头发）。我提到了两者之间的对比，即他对无助、压抑和神经质的母亲［的感觉］与他对她诱惑他的强烈恐惧之间的对比，这种恐惧贯穿了他的整个分析。我提出，他受挫的口腔欲望很快被生殖器欲望和整个俄狄浦斯情境所取代。在这种情况下，在清洁等过程中对生殖器或多或少带有诱惑性的处理，会创造出那个诱惑的女人。

---

① B 先生未能在意识层面知晓"他的姨妈可能诱惑了他"，他能够记住的是她拉扯他的头发。这段记忆的功能是掩盖意识到被诱惑而产生的焦虑情感。——译者注

停顿之后：

B 先生提到……他的妻子去见了 X 先生和 X 夫人。X 夫人对她的丈夫有些攻击性，尽管并非出于敌意。B 先生说，X 先生在前一段婚姻中有孩子，而 X 夫人没有自己的孩子，这会让 X 夫人感到不满。他曾想过但没有告诉妻子，即 X 夫人可能仍然是处女。当我问他是否认为 X 先生可能阳痿时，B 先生对这个词感到愤怒，他详细评论了这个词以及所有词语的无用性，既然 X 先生之前有两个孩子，我这么说是什么意思？但最终得出的结论是，如果 X 夫人碰巧是处女，那一定是他未能采取行动的结果。他认为 X 先生一定无法在性方面满足她。在此之前，他曾说过，妻子不想要更多孩子，这让他非常难过。

克莱因解释说：

孩子的好奇心与无知，使得他对父母的性交既渴望又害怕那是危险的，而这种性交总是在他看不见的时候发生。接着，他可能会觉得父亲被阉割了，于是母亲成了性冷淡，或者母亲因为父亲阳痿而得不到性满足。男孩的修复倾向①会紧紧抓住这种感觉，认为他应该与母亲发生性关系，给予她性满足和婴儿。我提醒他那个关于治愈性性交的梦。这些倾向和感受会延续到后来的生活中［并转移］到他的妻子或其他替代者身上，如果一切顺利，可能会大大增加性满足和幸福感。

克莱因写道，B 先生"强烈地爆发"了。他非常愤怒，并指责她：

---

① 克莱因认为，在婴儿的早期幻想中，男孩有使用阴茎修复母亲的倾向。——译者注

他认为我似乎相信事情最终会顺利发展。善良和爱是存在的，人们可以利用它们。他坚持认为我以前从未对他这样说过，我总是忽视父母之间不幸福的关系以及这种关系对他的影响。我虽然考虑到了这一点，但从未说过他是这些经历和影响的产物。对于我的任何回答，B 先生都重复说："我不需要为自己辩解。"我解释说，他感到自己在攻击我，因此期待我为自己辩解。我再次强调了经历和他自身冲动这两个相互关联的方面，并指出无法给出各自的比例：当然，我一直强调这两个方面。B 先生暗示，在那种情况下，他不得不成为现在的样子。我回答说，这是事实，尽管我完全承认他所面临的困难，但有些比他有着更糟糕的经历的人并没有产生同样的结果。B 先生对我的这番话感到非常震惊（因为我从不将他与其他病人进行比较）。他说他意识到了这一点，但似乎在问这可能是什么。我提到，除了其他因素外，贫困的可怕影响是他从未经历过的。B 先生说，如果他再听下去就会崩溃，但他友好地离开了，并说"强调你认为正确的东西"。

我之前说过，我不能总是同时引入所有的方面，而从治疗的角度来看，研究他的反应、感受和冲动（与他的经历相关联）是重点。分析无法改变他母亲所做的一切，但可以通过厘清他的早期感受来产生影响，这就是为什么我有时会更强调后者。B 先生非常友好——相当理智并完全理解。

克莱因与 B 先生之间关于先天和后天相对影响的交流相当不寻常。克莱因本人显然认为这值得做一些说明。她对可能促使她进行这种讨论的原因做了一些评论：

> 这是我记忆中在 B 先生的分析里唯一一次这样的讨论，实际上并不

是在解释的层面，但却有效，不过我想知道后续影响会是什么。当我提到 X 先生、阳痿与早期好奇心和顾虑之间的联系时，B 先生非常确信地说，他当然从未相信过父亲能给母亲带来性快感，而母亲也能享受它；这是他以前从未承认过的。关于这个不寻常的说明，我认为我是被整体情境引导的，在这个情境中，病人是一个无知的孩子，无法理解成年人的性行为、行为动机等，同时他又迫切渴望得到合理的说明。如果这个说明产生了良好的效果，我认为在移情情境中，我一定是在极其关键的时刻扮演了真正能够说明并表现出理解且不责备他的母亲角色。

💬 1938 年 1 月 14 日，星期五

B 先生罕见地提前十分钟到来。他评论说他"对昨天会谈结束前的对话非常感兴趣"，并回到这个话题：

> 他明确表示，尽管他的成长史并不是最糟糕的，因为他的父母实际上是好人，从未打过他们，为他们做了很多事并照顾他们，但他发现他是他所经历的一切的结果等。他通过我说的一些话发现，我一定已经对他的假设做出了让步，因为我没有像昨天那样强调与他相关的积极发展的可能性。最后他说，他发现我说明的一切都非常合理，他自己也无法用其他方式表达。他的主要观点是，即使每个孩子都生活在非常幸福的环境中，仍然会感受到那些激起焦虑的冲动等。但毫无疑问，如果他在更幸福、更愉快的环境中长大，他会完全不同。然后我也提到他知道他的四个孩子都不同，并以不同的方式对环境做出反应，他对此表示同意。我解释了为什么这次对话对他产生了这种效果，将其与他早年希望理解成年人行为模式的愿望联系起来。然后他讲述了渴望听到成年人迷人的谈话并真正理解它们

的强烈愿望。在这方面，他还提到他对观察周围的人充满了兴趣。

B 先生继续谈论近期工作的影响。他说：

> 昨天离开时，他觉得自己想继续聊，还有很多话要说。但后来开车去乡下时，他感到非常不舒服，并想给我打电话告诉我这件事。他也再次对我感到愤怒。晚上他感觉好多了，去亲戚家参加了一个聚会，由于他的妻子不想去，他就独自去了，没有生气或感到不安，并且玩得非常开心。他对内心感受到的巨大愉悦的描述，包含着这样一种感受，即他感到自己一定发生了某种明确的变化，使他能够享受其中，尽管知道他的妻子由于焦虑或害羞而不愿参与。（他甚至对妻子表达了这一点，说当他完全被分析后，他会在任何场合都感到自在，这让他的妻子调侃他说，他可能想象自己在白金汉宫。）他一直以平静的方式说话，并表示"这当然是一种安慰，我已经明确承认了这种变化"。我问："对谁来说是一种安慰？"他回答说可能是对我们两个人。

B 先生继续说道：

> 如果他真的能在某些方面与妻子分开，尽管他仍然想照顾她并爱她，并且如果他能够以不那么神经质的眼光看待孩子们，他会发现一切都不同了。他说话时显得颇有希望，并未表现出焦虑，并表示过去几周"心理上的种种"给他带来了安慰和解脱。他提到他遇到了几位多年未见的女友，她们现在都有了白发。他与她们相处得很自在，并且喜欢她们。我解释了移情情境以及他希望与我轻松相处的愿望。在会谈接近结束时，B 先生询问时间，并说这次会谈非常漫长，表现出想离开的愿望，但他无法给出理由。离开前，他说这是一次不寻常的会谈，一次平静的会谈，并且［对］

他能够说出他所告诉我的话感到有些惊讶。他说，为什么过去他就不能告诉我这些呢？为什么会有这种反应呢？

克莱因写道：

> 结合本周的所有材料，我强调他感到自己非常糟糕，因此无法忍受一个成年人真正接纳他。他也害怕如果他［认为］自己变好了，我会相信他，［把他视为］好孩子，而这意味着被治愈。他描述了在聚会上他与一位表亲讨论哪些亲戚在场或不在场时是多么令他着迷，以及看到人们见面对他来说是多么有趣。我解释了他在婴儿房里的情境，他饶有兴趣地观察母亲，母亲与保姆之间的关系，以及员工之间的关系，这与孩子和仆人的情境有关，仆人在某些方面是优越的，而在其他方面则是低等的。他同意这一点，并说他曾经对所有这些事情都非常感兴趣，包括每个部门的员工、园丁和管家。

克莱因记录道，B先生"反复强调"他正在"毫不迟疑地"自由联想。他还再次提到"整个会谈的氛围都很平静"，这确实是不寻常的。他询问这次会谈会引起怎样的反应。克莱因写道，她认为他已经考虑到了她之前的建议，即在他感到快乐或满足之后，似乎会有一次糟糕的会谈出现。随后，他对克莱因产生了一些好奇：

> 他想着隔壁的钢琴声。他好奇房间是如何隔音的，并记得我之前曾做过隔音处理，还向他提到过。他好奇我是否认识隔壁的人，或者他们是否从电话簿中知道我的信息，我在电话簿中被列为精神分析师，以及我与其他人之间的关系！如果他站在我的立场，他会把诊疗室设在一个单独的地方——一个与私人场所分开的专业场所。他不知道为什么会这样，但说他

的联想可能是因为他必须把事情分开。当他的父亲问他在金融城做什么时，他总是很生气。

克莱因解释了他对她的这种强烈兴趣，说道：

> 这可以追溯到他早期对观察成年人的兴趣、探索、好奇心等。此外，我还解释说，他认为我的私人生活应该与我的专业工作分开，这是在抵抗他对我私人生活的强烈好奇心。此外，关于墙壁隔音的问题，与他好奇父母在卧室里做什么有关。

💬 1938 年 1 月 15 日，星期六

B 先生表现得友好，克莱因评论道："一开始他并没有抱怨，"然而，"他的情绪与前一天完全不同。那种平静消失了，尽管他没有抱怨或责备。"他报告了两个梦。第一个梦是：

> 他梦见了 D 夫人，她曾是他的好朋友，后来自杀身亡。B 先生将她的自杀与她曾经爱过他联系起来。（这件事在他的生活中影响深远，他时常带着极大的遗憾和愧疚回想此事，认为如果他早知道，或许能更好地帮助她。）现在 D 夫人出现在梦中，并表现出对他的极大忠诚。这让他感到非常尴尬。

在第二个梦中：

> 他和另一个男人在爬山，可能是在苏格兰。B 先生解释说，他喜欢爬山，但当环境过于险峻时，他并非真的喜欢，因为他会感到孤独。梦中的另一个男人消失了。B 先生自己正沿着一条穿过岩石的小路前行，［并且

有）滑落的危险。此外，大块的石头可能会掉下来砸到他。如果石头掉下来，他联想到的是被石头压住双腿，仰面躺着，石头砸在他身上。他还将石头与墓碑联系起来。另一个联想是一个壁炉的某个部分，那部分曾经被烧毁，后来被修复了。一位专家说，这块被烧毁的部分是铁的，尽管它看起来像石头。

我解释说，爬山象征着分析和性交；他脚下的路崩塌，他自己被埋葬或受伤，象征着阉割和死亡。B 先生则给出另一个联想——记忆中，他和母亲在某个湖边。他在玩耍，而母亲却走开了，他陷入了孤独和绝望。我将这种被母亲抛弃、她会死去以及他被阉割和死亡的危险，与在分析中平静地进行、与我保持和平以及被治愈联系起来。

B 先生强烈反对这个解释，尤其是其中提到的阉割。克莱因提出，B 先生将她体验为在他身后的某种存在：

有时像用压路机攻击他，有时像用长钉刺穿他的女人雅亿。离开房间时，他评论门把手（实际上把手确实有问题）说："这个把手似乎越来越不行了。"

克莱因记录道：

几天前在讨论阳痿时他表现出强烈的阻抗。他随后在第二天质问我，是否因为他多年没有孩子而说他阳痿，并由此产生了各种因妻子缺乏反应，而导致他性能力恶化的悲观联想。

💬 1938 年 1 月 17 日，星期一

克莱因写道："又是责备、抑郁和旧画面。"

B 先生睡着了，他梦到一个阿拉伯小女孩。她的脸很漂亮，但皮肤看起来很丑，当他仔细看时，情况变得更糟。他为她做了一些好事，比如帮她系上头巾。我提醒他之前那个关于"王后的孩子"的梦[①]，那个孩子坐在他的腿上，脸却变成了一个女人的生殖器。B 先生提到他不喜欢他妻子的生殖器，不是在性交时，而是在其他时候。我将女孩的脸解释为妹妹的生殖器，而那个年轻女孩就是他的妹妹，他所做的好事，比如系上头巾，象征着某种性行为。B 先生很生气，但突然想起了昨晚的梦：他看到他年轻的嫂子穿着睡衣向他走来，睡衣敞开着，他看到了一簇毛发，即她的生殖器等。他似乎明白这证实了我的解释。在同一时间，他对 X 先生表达了极大的愤怒。我解释说，这种阉割恐惧与他对妹妹所做的事以及在幻想中对母亲所做的事有关，并指出所有这些恐惧都阻碍了他与我建立平静的关系，就像过去他与母亲一样。

💬 1938 年 1 月 19 日，星期三

B 先生态度很友好，并且"没有抱怨抑郁"。在报告梦之前，他分享了一些想法，"这些想法更清晰地展现了阉割恐惧"，这是克莱因在过去几天里强调的内容。他提到一句引文：

"强中生弱。"［随后提到了《圣经》和一只狮子。］他接着说："弱中生戾。"我解释说，是戾气导致了软弱，并且与那只阉割他的狮子有关，进而联系到他记忆中让他变得虚弱的［割礼］。当我将这些材料与之前的材料联系起来时，B 先生表示同意；他也同意我几天前所解释的阉割

---

① 见本书 119 页内容。——译者注

恐惧。

B 先生随后向克莱因讲述了一个他在几天前做的梦，这个梦是在"异常平静和愉快的分析那天"之后那晚做的，(他说) ①："赫布里底群岛变得更近了。"在联想中，他提到赫布里底群岛，

> 离他夏天去过的地方并不远，但因为需要渡海，他的妻子当然不愿意去那里。结婚前他去过那里——那是一个美丽的地方，浪漫，有奇妙的鸟类和有趣的生物。他带着渴望谈论那个地方。他的母亲也不愿意和他一起去。停顿片刻后，B 先生说有些人会把它误读为"新娘"（he-brides）。他似乎暗示他的母亲就是他的新娘。既然母亲无法前往，赫布里底群岛便在心理层面离他更近了。②

克莱因记录道，在离开前，B 先生向她提及了一个皮肤问题——尽管以前可能讨论过，但这一内容从未在记录中被提及：

> 他说，自己患有多年的牛皮癣，虽然在分析期间已经消失，但最近又复发了。B 先生表示，这可能与上次分析的内容有关。我解释说，他显然是指与阉割恐惧的联系，而 B 先生并未否认这一点。我补充道，这种皮肤病似乎表明了他对阴茎及其可能出问题的担忧。

---

① 此处单括号中的内容为译者所加。——译者注

② 相较于早期对母亲愤怒，现在 B 先生更能忍受矛盾情感，即使母亲拒绝前往，他依然可以用象征的方式来补偿这个愿望，从而维持内在与母亲的联结。因此，群岛可以作为母亲的象征物离他更近。——译者注

💬 1938 年 1 月 20 日，星期四

B 先生"再次表现得非常友好和平静"。他报告了一个梦：

> 一位专家向他展示了一只死去歌鸫①（song-thrush）的尸体。B 先生特别强调，这种鸟是擅长鸣唱的。他观察这只鸫，并解释了为什么它不可能是欧洲大陆的鸫或来自赫布里底群岛的鸫，而是一只英国鸫。他还说明了两者之间的区别。他感到非常自在，并且认为自己对这种鸫的了解不亚于专家。专家让他想到一个极其无聊的人，虽然这个人对自己的专业领域非常了解，但在其他方面却毫无趣味。从 B 先生描述他与专家交谈的方式来看，他似乎觉得自己与这个人平起平坐，甚至更胜一筹。B 先生回忆起他的妹夫曾说过，一只鸫撞上了他的挡风玻璃并被撞死了，而令 B 先生感到遗憾的是，妹夫没有把这只死鸟带给他，以便他能够剥制②并保存它。

在梦的另一部分中：

> B 先生从嘴里拔出了那只鸫的羽毛，实际上是尾羽。他说："我一定是吃了它。"否则羽毛不会进到他的嘴里。他不知道是什么时候吃的，可能是在专家做出说明之后，他也不确定。我说，欧洲大陆的鸫代表我，而赫布里底群岛的鸫代表他母亲。B 先生完全同意，他自己也知道这一点。我还解释说，他对欧洲大陆鸫和赫布里底鸫的了解一样多，实际上是在告诉父亲，他不仅对母亲的了解比父亲多或至少一样多，而且实际上占有了她——这里的了解意味着占有，这也适用于他与我的关系；并且，B 先

---

① "歌鸫"是一种擅长鸣唱的鸟类，名称中的"歌"字体现了它的特点。——译者注

② "剥制"是一种常见的鸟类标本保存方式，也称为"标本制作"或"剥制标本"。——译者注

生对精神分析以及对我的了解，可能比许多自以为比他优越的专家还要深入。

🗨 1938 年 1 月 21 日，星期五

B 先生报告说，昨天离开分析后，他在车站赶火车时滑了一跤，摔得人仰马翻。

他说，这一摔让他感到疼痛且心有余悸，但暗示这可能与昨天的内容有心理上的关联。我提醒他之前那个关于石头砸在他身上的梦——当时他躺卧的姿势表明他是仰面朝天的。B 先生对此似乎有所怀疑，他认为我可能误解了：他实际是趴着的，而石头是砸在他的背上。

克莱因回到了前一天关于歌鸫的梦。

我聚焦于梦中他从嘴里拔出鸟的羽毛，尤其是尾羽的部分。我提醒他，他曾说过自己一定是吃了这只鸟，因为他从嘴里拔出了羽毛，并补充说，这是一个非常令人不快的联想……

克莱因解释道："之所以这是一个令人不快的联想，是因为他预期我会给出一个令人不愉快的解释。"

而 B 先生回应道："嗯，这确实是一个令人不快的联想，因为嘴里有羽毛是非常不舒服的——它们就像灰尘一样。"克莱因接着说道：

灰尘是否与"尘归尘，土归土"有关，而鸟则被撕成了碎片。B 先生同意这一联想。当我问他，他认为我会如何解释这一联想时，他说，他以为我会把尾羽解释为他吞下的阴茎。他不愿承认这是他自己想到的解释，

但表示这也可能是乳房。我说，这只他非常喜爱的美丽的鸟，正如他自己所说，确实代表了母亲和她的乳房，而我提出这与"好的阴茎"混合在一起，并提醒他，许多联想表明，在他的心中父母是作为坏人混合在一起的，而在这里，他们则是作为愉悦的人混合在一起的。

随后，克莱因引用了 B 先生的"进食倾向"——她之前曾这样形容——并将这些倾向与他对哀悼的抑制联系起来：

> 我解释说，在这种情况下，母亲经由被他吃掉而成为他的占有物，这可以追溯到最早的哺乳情境。B 先生描述他如何对歌鸫了如指掌，以及如何向专家解释这一切，似乎表明他不仅拥有关于歌鸫的知识和理解，还占有了歌鸫本身。我提出，通过吃掉歌鸫，他也实现了占有母亲并将她安全地留在内在的愿望，这样他就再也不会失去她了。当然，这种占有的感觉被可能已经摧毁了［内在的母亲］的恐惧所抵消。她的靠近意味着他可以重新审视与她的关系，因为曾经抑制他哀悼的痛苦、绝望和内疚已经减轻；他能够在哀悼她的同时，重新建立对她的记忆和与她的关系，从而使他真正拥有她。

克莱因写道，与最近几天不同，今天 B 先生耐心地倾听了她"详尽"的解释。他回应说：

> 他可以告诉我更多关于歌鸫的事情，他对此很感兴趣，接着，他充满感情且满足地谈论了各种类型的鸫，然后又提到赫布里底群岛的拼写方式。那里使用的凯尔特语是一种非常强大的语言，已经延续了几个世纪，而丹麦语却已经消亡，甚至未能存续 100 年。B 先生谈到了统治这个国家的国王，特别提到了丹麦国王。在他心中，语言与女性的联系比与男性的

更紧密。在家庭中，习语是由女性传播的。当然，他说，孩子最初是从母亲那里学会说话的。他同意，这种强大且持久、不会消亡的语言等同于国家，而强大的母亲实际上是他内心的财产，他现在感到这种拥有将永远持续。然后他告诉我，他昨天想到了内赫布里底群岛和外赫布里底群岛。他同意，这似乎证实了内在母亲和外在母亲的存在。

离开前，B 先生说："如果可以的话，我想说，你刚才的手势让我想起了那只歌鸫。"

💬 **1938 年 1 月 22 日，星期六**

克莱因指出，B 先生"最近承认了一些积极的变化，而且没再收回这些话"。他还多次恳求她"治愈他"。然而，关于他的牛皮癣，他说：

> 他对此并不在意。他自己将牛皮癣与阉割恐惧联系起来，并做出理解，或者更确切地说，是提醒我注意它们之间的联系。之后，他开玩笑地说："好吧，至少把我的牛皮癣治好吧。"

克莱因写道：

> 这一事实非同寻常，因为它表明他对负性治疗反应的根本性转变。治愈的念头成为一种直接的愿望，而不再有后续的抗拒反应。

B 先生继续非常自由且详细地谈论"他心中各种真实的事情"。随后，他向克莱因描述道：

> 他如何重新整理整个藏书房。他让人把门上的油漆去掉，露出了下面漂亮的旧木头。墙壁上层层叠叠的墙纸被剥掉，直到露出大约 100 年前的

最后一层涂料。他翻遍了所有的书，将它们分类、编目等，并说他比妻子更仔细地对待她拥有的旧书——当然还有他自己的书。他说，现在所有的涂料都被去掉了，窗框和书架是不同的木材，但他并不介意——这些木材很好，应该展示它们的本来面貌。在描述这些时，他想到这个过程与分析是多么相似：深入事物的本质，看清它们的本来面目。B 先生理解这一过程与他的内心和思想有多么相关。

克莱因提醒 B 先生关于赫布里底群岛的梦，

以及不同词语的结合，父母——好的父母的结合。B 先生说，他从未对建筑类事物有过特别的兴趣，尽管对古老事物（[如]考古学）的热爱一直存在。B 先生同意这种变化的[重要性]；他应该对重新布置房间等事情感兴趣，并补充说，他想要一个属于自己的房间，在那里，如果他愿意独处，没有人会打扰他。他将这一点与最近提到的变化联系起来，即他更能从与妻子和所有人的关系中抽离出来。

💬 1938 年 1 月 24 日，星期一

尽管克莱因之前提到"负性治疗反应的根本性转变"，但在周末过后，B 先生再次抱怨他无法忍受治疗。他告诉克莱因：

他的妻子要离开两周，他希望这对她的健康有益，但她离开前的种种行为和困难让他感到痛苦。他的联想变得更加困难。他多次入睡，就像他经常做的那样，醒来时通常会带来一些梦，这些梦总是很好的分析材料。然后他说："不是那些话吓到了鸟。"并向我完整地背诵了一首打油

诗（limerick）①，开头是"从前有个布洛涅（Boulogne）人"。这首诗包含了一个双关语（发音与"布洛涅"押韵）。B先生谈到英国人对外语的错误发音。在此之前，他在联想中使用了这样的表达——"我正在用舌头表达那个想法"。接着，他提到双关语和"舌头"这个词，并说他感觉这与性［有关］。我将"没有吓到鸟"与关于歌鸫的材料联系起来，歌鸫［代表他的］母亲、妻子、我以及妹妹；鸟其实不是被话语吓到，而是被舌头吓到；"双关语"则代表了父母在性交中的状态。B先生今天无法自由联想，源于他担心他的话语、舌头、阴茎会伤害我。过去几天我们平静和友好的关系立刻引发了他对性欲望的恐惧，这种欲望可能是最危险的。试想他与妹妹发生过某些经历，而她在其中总是很焦虑（经常在分析材料中出现，但他从未确认过），这可能会强化他有坏阴茎的概念。B先生沮丧地说，如果这是真的，那就太可怕了；如果这不是真的，也同样可怕。

尽管没有第二天的记录，但克莱因指出，在那天，B先生"再次变得易于沟通，并且更加平静"。

💬 1938年1月27日，星期四

B先生因为出去打猎而迟到了。

他回忆起与祖父居住的房子相关的愉快记忆，那里曾是他打猎的地方，还回忆起他那位非常善良的姨妈。记忆中，她恳求B先生放生一只被他抓住并关在笼子里的蝙蝠。她实际上是一位曾姨母（great-aunt），非常善良，尽管他将她形容为"干瘪的老处女"。他说，他当时非常尴尬，

---

① "limerick"是一种幽默的五行诗，通常具有特定的韵律和节奏。——译者注

因为她像对待平辈一样对待他，又非常亲切，不过那只蝙蝠自己解决了问题——它从笼子里逃走了。

关于打猎，克莱因指出：

> B 先生总有与打猎相关的冲突。尽管现在这些冲突并不十分明显，但它们会时不时地出现。年轻时，他第一次和父亲出去打猎，当看到死去的鸟时，他突然哭了起来。不过尽管内心有冲突，他仍然喜欢打猎。B 先生评论说，对打猎或狩猎进行良心上的反对并不合理，因为人们确实会吃这些猎物和鸟，所以如果有人杀了它们，人们不能反对。像之前一样，我将这些想法和疑虑与关于歌鸫的材料联系起来。因为鸟，正如我们在其他材料中经常看到的那样，确实代表婴儿、孩子、母亲、妻子和我，我们可以理解这种冲突的原因。问题在于，为什么他仍然打猎？他同意我的观点，即如果他对攻击或吃掉这些鸟所代表的女人们有深层的冲突，他可能不得不通过射杀鸟来表明他并没有真正伤害她们，而且他并不真正介意打猎等。当然，B 先生的承认是非常勉强的，但他无法回避这样一个事实：在关于鸟的所有材料之后，这些疑虑和冲突已经浮现出来，而这正是鸟所代表的。

💬 1938 年 1 月 28 日，星期五

昨天，B 先生向克莱因报告说，他猎杀了两只兔子。然后在梦中，

> 他猎杀了第三只兔子。他在一艘驱逐舰上。那只兔子在一根管子里，他描述这根管子为鱼雷发射管。另一个人和他在一起。B 先生用棍子戳了戳管子内部。然后兔子出来了，它看起来很可怕，B 先生这样描述，它被

剥了一些皮，被碾碎了，仰面躺着，像一支准备发射自己的鱼雷。这当然是兔子不可能做到的事情。B先生在梦中为这只兔子感到非常难过。装兔子的物体，B先生起初称其为小装置——但中间有一次称它为鱼雷发射管。他非常不确定它到底是什么样子，并认为它肯定不仅仅是一个简单的管子，因为那样抓兔子就太容易了，而是一个更复杂的东西。当我称它为管子时，他一度感到生气，尽管他自己也曾称它为"管子"。

在对兔子进行联想时，B先生说：

> 这让他想到了阴茎。他在会谈开始时说，他感到非常抑郁。在联想和解释的过程中，他反复提到这一点。我解释说，这个梦是在分析他对猎杀鸟类的疑虑和冲突之后出现的，而我将这些与歌鸫的材料联系起来。B先生似乎意识到，歌鸫和兔子之间并没有太大区别，而我的建议是准确的：这里的兔子不仅代表阴茎，还代表婴儿和完整的人；对于像B先生、他母亲和他妹妹这样的成年人来说，兔子也代表着他们。我解释说，他的抑郁再次加剧，与他无法在如此强烈的破坏欲望下保持母亲存活的感觉有关，这种破坏欲望体现为他的猎杀愿望。这些被猎杀的和受伤的客体，和他现在要作为内在财产保存和保护的母亲，是同一个母亲。

💬 1938年1月29日，星期六

克莱因记录道，B先生迟到了很久，尽管他说没有特别的原因。他报告说：

> 他起床非常困难。之后，他说他显然花了很长时间才来到我这里。他非常抑郁。他觉得我并不完全理解捕兔和打猎之间的区别。接下来他做了

说明。他喜欢和狗一起捕兔。这是一项相当粗犷的活动。粗犷的农民会做这件事，这当然不是打猎，也不能与打猎相提并论。这也是完全不同的事情，因为它更多地与地下有关——在兔子的洞里找到它，把它从那里挖出来——这些都比打猎更具性意味。似乎对兔子的渴望是其中的一种乐趣。B 先生还说，他通常的做法是在兔子为自己准备的舒适地方找到它，然后把它从那里赶出来。捕鼠也与此类似。

B 先生继续谈论捕兔和捕鼠，他说：

> 他的捕兔本能一直非常强烈；昨天描述梦时，他一开始就说他知道驱逐舰上有一只兔子在这个小装置或物体里，而他的捕兔本能立刻被唤醒了。他补充说，这与女性的生殖器有关。我问他为什么认为这比其他事情更具性意味。他指出地面、洞穴以及所有的东西都让他联想到女性。此时我解释说，他提到的吸引力之一是把兔子从他进入的这个适宜的地方赶出来。然后我还提醒他，他对梦的一个联想是兔子像阴茎。B 先生对我感到生气，因为他感到我似乎认为这是一个简单的管子，而从材料中可以清楚地看出，他完全不确定这个物体的内部是什么样子。我解释说，这似乎是他小时候对母亲的生殖器，或者更确切地说，对她的身体内部和生殖器的无知。我将所有这些联系起来，提出兔子是母亲体内的父亲的生殖器。

克莱因指出，B 先生的狗也代表着捕兔，他对这只狗非常依恋，它一直是他打猎时的伙伴。她接着对 B 先生解释：

> 他想要挖出父亲，伤害和毁坏他的皮肤，同时还想阉割他，并在（母

亲的）①内在空间里某个适宜的地方把他找出来；同时，他设法让这位迫害性的父亲始终成为一个模糊的背景人物。与此相关，我引用了过去几周的材料——在山上与 B 先生在一起然后消失的那个男人；捕兔梦中的那个男人也是一个模糊的人物；当那个女人拿着血淋淋的领带走向他时，背景中的那个男人。那个男人也代表父亲，而与这种模糊性有关的一点是，他必须将他所有的迫害恐惧投射到母亲体内的阴茎上，同时试图以友好的方式看待他真实的父亲和真实的男人。然而，他并没有完全成功。我提醒他，他经常害怕有人从后面接近他，这种恐惧在来见我的过程中变得非常强烈，他害怕有人会在我家门口的台阶上跟着他，当我问他这个人可能是谁时，答案总是一个男人。B 先生同意这一点，但缓慢地说，他已经很久没有这种恐惧了。

克莱因继续解释捕兔的材料，将其与 B 先生对女性身体的兴趣以及早期的自慰幻想联系起来。她告诉 B 先生：

> 他希望我如此明确地了解捕兔的细节，这也表达了一种反转，即他对女性生殖器的无知以及他希望从我这里了解更多。我还提醒他，他记得自己大约八岁时的自慰幻想，在这些幻想中，他探索女性身体的内部，总是想到他的姨妈。这总令他感到愉快，他在她身体的内部爬到顶部。当我问他如何进入，通过哪个开口时，他说这从未被考虑过——它只是足够大，可以进入，而开口并不起任何作用。我现在将这一点与以下事实联系起来：对女性生殖器包含父亲阴茎的恐惧以及对肛门包含危险粪便的恐惧，导致 B 先生将这些联想从他的自慰幻想中排除。B 先生同意，在他的幻想

---

① 此处单括号中的内容为译者所加。——译者注

中消除任何进入身体的入口是压抑的迹象。我提出，这种压抑已经扩展到父母的整体性行为，以及他自己对母亲的生殖器欲望。

💬 1938 年 2 月 10 日，星期四

B 先生报告了一个他称为"非常重要的梦"，他觉得这个梦"会展示他所有的困难"。克莱因写道：

> 他谈到这个梦时，像往常一样带着温柔、爱意和钦佩，视其为最珍贵的东西。他犹豫是否要告诉我，担心我会破坏它、伤害它。在讲述梦之前，他提供了一个联想：他的妻子曾给他看一个古董碗，问他能否为它制作一个把手。B 先生说他可以，并提醒她，他曾经为它制作过一个把手，而且做得非常精确，几乎看不出是后加的。这个把手一定是又坏了，而她已经完全忘记了这件事，也就是说，她忘记了他的帮助和他的成果。他抱怨妻子常常有破坏性——地毯被撕破，水槽被损坏等。然后，带着更多的谨慎和犹豫，他讲述了那个梦：
>
> 他对一个男人——一个友好的男人、一个模糊而朦胧的人物——说，他认为应该有个英国人住在希腊，以便让希腊人理解英国，同时也让他自己更好地理解希腊人。这是为了将英国和希腊联系在一起。那个男人说，他会把他介绍给意大利国王，并希望他与意大利国王讨论这个计划。于是事情就这样发生了。国王请他坐在自己旁边，友好且全神贯注地倾听着他的计划。在与国王交谈时，一位女士到来，带来了国王收到的信件。国王问 B 先生是否愿意看看他的信件，B 先生照做了。其中一封信上有一种旗帜，让 B 先生想起了葡萄牙的国旗，他曾为孩子们画过这种旗帜，因为孩子们正在为学校的作业绘制各种旗帜。第二封信让他想起了一封他写给

议会的信，内容与在他家门前为警察建造的一些小屋有关，这些小屋破坏了景观，他提出了一个极好的反对理由。他觉得自己会成功解决这件事。只是有一点小问题，尽管他提出的理由是合理的，但［他并不完全正确］，而其他人无法认识这一点，因为他们不理解。第三封信没有引发任何联想，但我提醒他，两天前我将他写给 X 先生的信以及 X 先生的回信还给了他，这些信是他之前给我看的。当我把信还给他时，B 先生似乎并不高兴，并说了一句类似于"我宁愿不知道这封信"的话。

克莱因指出，B 先生"带着紧张和焦虑"倾听她的评论，尽管在这次会谈中她几乎没有对梦进行分析。虽然他预期克莱因会破坏这个梦，但在离开之前，B 先生说："好吧，你确实没有对这个梦造成什么伤害，尽管我必须说，我不喜欢你最后的解释。"（关于克莱因将他的信还给他的解释）

💬 1938 年 2 月 11 日，星期六

克莱因写道，B 先生来得非常晚，而且表现得极其具有攻击性。

> 他要求知道我是否会帮助他。他说："你应该马上说出来。如果你愿意，那就应该立刻开始行动。"我提醒他，［上一次会谈中的］那个梦还远未被完全分析。他说："分析吧。"我根据之前的材料提出了一些看法。希腊，通过古典文化，与他的母亲有着密切的联系，并常常代表她。［将英国和希腊联系在一起］意味着父母之间的和解。B 先生曾说过希腊文化在意大利的深远影响，以及希腊人如何殖民意大利。因此，意大利国王对他的希腊计划感兴趣并不奇怪。然而，他仍然认为，与意大利国王讨论希腊计划是一种反常的情况。

克莱因提醒 B 先生，他曾说这个梦"如果能被我们分析，就会揭示他所有的困难"。然而，他还补充说过，这是不可能的，因为他"害怕我触碰它"。

在联想中，关于意大利国王，B 先生最初说："他是墨索里尼（Mussolini）这个可怕家伙的傀儡。"然后，他又说国王让他想起了一个他讨厌的医生，因为那个医生给他妻子提供了糟糕的建议。我指出一个明显的事实，梦中充满了极为平和的氛围。在这次会谈中，B 先生两次使用了"该死的"这个词—— 一次是说我的"该死的解释"——"继续你那该死的解释吧"；另一次是说"该死的废话"。我提到了［古董碗］把手断裂的事——将其与我对梦的解释，即阉割恐惧，联系起来——珍贵的梦象征着他的阴茎、他的创造物和婴儿等。在某个地方，有一个可怕的家伙墨索里尼，他会出现在友好的国王背后，而国王实际上让他想起了一个他非常憎恨的人。B 先生对这些解释感到愤怒并完全反对。他说："阉割，弗洛伊德的教条——你最喜欢的话题，陈词滥调。"

克莱因认为：

B 先生对我的恐惧源于他将我与可怕的墨索里尼—— 一种令人恐惧的父亲幻想、让他在夜晚感到焦虑的父亲形象等——等同起来。而真实的父亲，虽然被他认为是一个友好且充满兴趣的人，在许多方面也确实友善——但实际上从未与 B 先生有太多接触，B 先生也从未从真实父亲那里得到多少赞赏。B 先生离开时极度痛苦、抑郁且充满敌意，但同一天晚上，他发来几行文字，只抱怨他感到我试图让他接受这种关于阉割的解释，这让他非常痛苦。

💬 "1938 年 3 月 19 日（星期六）至 3 月 25 日（星期五）之间"

B 先生告诉克莱因一个梦：

> 他的舌头下有个无法移动的物体。它们是许多个黑色的斑点，无法被移除。B 先生非常强烈地强调这一点。

他首先联想到的是：

> "我的妻子、我的孩子和我自己，"稍作停顿后，他说，"还有对你的不信任。"他想到贴在文件上的那一小片圆形红纸[①]——人们必须把手指按在上面发誓、立下誓言。最终，说出的誓言——那些话语并非真正必要——依然意味着同样的东西。接着，他又回到黑色的东西，他说这是鼻子里的鼻屎，并告诉我（他以前提过，但这次讲得更清楚）——他过去常常频繁地挖鼻子，还会吃从鼻子里抠出的鼻屎；甚至在他还在公立学校读书时，他就已经频繁地挖鼻子了。他小时候因此事和吃鼻屎的习惯而屡遭斥责，这成了他巨大的焦虑来源，因为他根本无法改掉这个习惯。

克莱因解释说，B 先生生活中重要的人，他的妻子和孩子，实际上存在于他的口中，即 B 先生吞噬了他们。她说：

> 他们被等同于鼻子里的鼻屎，而正是这些鼻屎曾让他深感焦虑。此时，我提出，鼻子里的鼻屎或许也与粪便有关。听到这里，B 先生变得非常愤怒。他拒绝再听任何相关的讨论，爆发出一阵强烈的怒火，对我说了一些极为难听的话，随后便离开了。

---

① 可能是指婚礼的宣誓仪式。——译者注

周末过后，B 先生报告了两个梦。克莱因写道："对这些梦的分析及我们接下来的讨论持续了数日。"第一个梦如下：

> B 先生沿着一条街道行走，走进了一家古董店。他进入店内，四处打量，看到一个非常漂亮的碗，是农民常用的那种。他还注意到碗上有瑕疵，这让他觉得很好——他认为陶器就该这样制作。这个标记表明碗是手工制作的，而釉面覆盖在标记之上，无论如何，这个碗对他来说代表了一件好东西。他还看到一些精美的瓷器，但都是碎片。他说，即使这些瓷器碎成许多片也没关系，因为他喜欢——而且他经常这样做——将这些小碎片重新拼合，使其成为一个整体。但这些瓷器碎片，正如他所说，尽管曾经精美或完好，实际上已毫无用处。他继续沿着街道走，突然一个女人袭击了他。她抓住他的裤子，把他的阴茎拽了出来。关于这个女人的细节不多，她年纪较轻，大约 30 岁，而 B 先生对此没有其他联想。对 B 先生来说，这种感受很可怕，他感觉这完全像一场噩梦。

在第二个梦里：

> B 先生说，他谋杀了一个人，但这就像自杀，因为他觉得这个人实际上是他自己的一部分。这个人向他走来，手里挥舞着一块燃烧的炭火，B 先生将他击倒并揍死了他。他无法进一步解释为什么他会觉得这个人是自己的一部分，但这就是他的感受。

克莱因指出，在告诉她这个梦之前，

> B 先生表现得友好且安静。他说他对自己无法与我和谐相处感到非常糟糕，并表示"让我们抹去星期六的梦［关于无法移动的物体／嘴里的鼻

屎]，不要再想它了"。在我进行解释之前，我说我们当然不能简单地抹去星期六的梦，因为其中包含的材料确实会再次出现。当然，B 先生对此解释说，他并不是个白痴，他知道自己无法抹去它，他说这只是他表达的方式……

克莱因解释道：

在最近的梦中，那个迫害他并攻击他的人，其实是他自身的一部分。我将此与星期六的梦联系起来，当时我曾提出，那些人不仅存在于他的口中［如舌头下无法移动的物体］，更存在于他的内在，并且无法被移除。这正是最关键的一点——B 先生补充说，他确实无法摆脱它们。此刻我指出，很明显，这个"成为他自身一部分的人"，正是通过被吞噬的方式——如同其他客体一样——融入了他。同时，我将此关联到之前激怒 B 先生的解释——即我曾将鼻屎等同于粪便。而此刻，B 先生已能接受这一解释。我继续解释说，内在的黑斑、重要的人及迫害者，均被等同为试图排出的粪便。此时，B 先生提到，自他有记忆以来长期存在的便秘问题，在分析过程中已有所改善，如今这类困扰已消失。

克莱因写道，B 先生此前未向她提及这一改善，是其治疗过程中的"典型特征"。她再次提到古董店，并指出这也象征着分析过程本身。她写道：

B 先生在那家古董店中发现了一个完好的碗，尽管表面有瑕疵，还发现另一件破碎却无法修复的物品。这些碎片象征被摧毁的我，克莱因夫人——即被摧毁的"好母亲"。B 先生感到自己曾攻击过这位"好母亲"，尤其是在星期六因极度愤怒而对我表达了一些内容并因此产生了强烈的内疚后。我进一步指出，尽管他心怀愤怒，但通过星期六对黑点的分析工作，部分焦虑已得到缓解；同时，他也开始将分析本身视为某种更好的存在——即那座古董店。我还强调，正如我们常观察到却鲜被 B 先生承认的那样，通过分析发现无意识——如直面自身的无意识或类似事物——会带来巨大愉悦。而他不愿表露这种愉悦，恰恰因为它与对我产生的积极或友好情感紧密相连。B 先生再次提起那个袭击他的女人。他说，接下来的联想自然指向我本人，这与之前"粗俗女子挥舞二手领带扑向他"的梦相关，而该联想既关联阉割焦虑，也呼应了我的解释。他坦言，我的解释确实像将阴茎拽出般，将无意识内容拽入意识层面。对此，我解释说，这些解释被他体验为一种真实、剧烈且具象化的攻击。

克莱因 1938 年的记录至此结束，此后出现了漫长的空白期，直至 1939 年 5 月才重新开始记录。

💬 1939 年 5 月 23 日，星期二

B 先生报告了一个梦，这个梦发生在他显然决定不再继续接受分析的那天晚上，"原因是与妻子相关的一个极其复杂的外在情况"。虽然具体情况尚不明确，但后来克莱因提到 B 先生的妻子病情严重。克莱因写道：

> B 先生梦到他与一个男人躺在床上，并将自己的阴茎插入对方的身体。那是一个女性的生殖器，但在进一步联想梦时，他认定那一定是肛门。然后，两个年长的女人走进了房间。他将其中一个女人与一个很久以前见过的远房亲戚联系起来，但他并未认出她。他说他不记得她的名字，但记得她这个人。由于她们进入房间，这种性活动被打断了。梦中没有特别的焦虑，也没有与这种活动相关的特殊情感或快感，似乎相当平淡无奇。这些女人并没有被感觉特别有敌意。

对这个梦，B 先生首先联想到的是：

他当时正打算与 F 先生断绝关系，F 先生在整个情境中扮演着重要角色，同时，他也希望终止与我的分析治疗。这个梦促使我不仅解释了他与 F 先生的复杂纠葛，还追溯到了他与父亲的关系。在我两天后致电的推动下，他决定重返治疗。他坦言，之所以他能做这个梦，是源于他认定将不再与我见面。然而另一方面，这个梦显然也承载着他试图通过无意识完成某种心理整合的意图。

在另一个梦中：

他梦见自己与一位年轻迷人的女飞行员一起飞行。他们正临近水面或掠过水面飞，既有可能撞上一艘船，又有可能与一块儿像岩石一样的物体相撞，他描述那个物体呈圆形，类似井盖。险象环生。他觉察到了危险，但女飞行员却浑然未觉，甚至在他们已经飞越险境后，他仍试图提醒她注意那些被避开的东西。但他却轻抚她的胸口以示安慰，因为他想着，即使难逃一死，至少可以快乐地终结。B 先生强调，尽管毫无疑问她才是掌舵者，但却对他所见的危机毫无意识；仿佛它注定无法避免，而他们只是碰巧躲过了一劫。

B 先生分享了一些联想，想到船让他想起了：

一个重要的父辈人物的名字，以及他父亲的职业。船上有一些钉子凸出来。我只将他的注意力引到令我印象深刻的井盖上。B 先生提到，他的哥哥成年后曾跌入井中，身体两侧受伤严重。他与飞行员的关系显然是非常友好和温柔的。他并没有责怪她没有看到危险，反而自发地说，显然飞行员是我年轻时的一个象征。B 先生自己将（井的）①深度解读为无意识，将整个情境解读为分析过程。他意识到这整个情境也意味着与飞行员的性经历。这个梦与他几天前明确表达的对我的不信任形成了鲜明的对比。由于当时现实情况的巨大困难，他的绝望和抑郁情绪大大增加。第二天，我做出了两个解释，而他都非常不喜欢。我首先做了关于危险的性行为的解释，他自己在说到这个情境时承认它与性有关：父亲在阴道中，在女性身体里……我把它与关于那个男人的梦联系起来——他将自己的阴茎插［入］那个男人，并有个女性生殖器在那里；我提出在那个梦中男性和女性是混合的元素，而在这个梦中——情况恰好相反——是男人在女人里面，我将此与他哥哥跌入井中所经历的危险联系起来。第二个解释是个移情解释：他认为我没有意识到自己会陷入爱上他的危险，而这是他始终意识到的，或者他认为当他喜欢一个女人，或者女人喜欢他时，这种危险总是存在的。

💬 1939 年 7 月

克莱因写道：

在与其他女性有关的性欲方面，B 先生有了很大的改善，同时他的抑郁情绪也大大减轻。由于妻子病重，他与妻子的关系一直非常紧张，必须做出一些重要的决定。他被征召入伍的焦虑使整个情况再次变得非常困难。在这种情境下，他的性恐惧和欲望似乎被极大地激发了。6 月底，他做了以下这个梦：他的一个表亲——在他心中常常代替他哥哥的角色——

---

① 单括号中的内容为译者所加。——译者注

刚刚吃完一顿饭，B 先生吃了表亲剩下的东西。他立刻说这一定与性有关——这是他的解释。表亲留下的、B 先生吃下的东西，具有像大脑或类似物质的特性，然后他想到了一种蔬菜：洋葱。

克莱因指出，B 先生提到与性有关的事情意味着：

> 他可能曾与哥哥进行过口交，尽管他并未承认发生过类似的事情。这个解释引发了他积攒的仇恨、恐惧等情绪，我解释说，他现在觉得那些自己一直想要隐瞒母亲的东西，被她发现了。关于哥哥的生殖器，他内心有许多实际的恐惧——他记得自己在夜里曾害怕哥哥朝他走来，并将这种恐惧与自己的生殖器受到某种攻击联系在一起。这种恐惧感十分强烈，因为他对自己内在生殖器的恐惧与外在的可怕情境——战争的危险——相互关联，同时，对妻子病情的绝望也加剧了这种恐惧，因为在他看来，妻子病情的变化暗示着她可能无法康复。这意味着，他对妻子内在以及自己内在的坏客体感到恐惧。我试图将这些因素联系在一起，但由于 B 先生的焦虑非常强烈，这一点极其难以传达给他。

在上述梦出现的两天后，B 先生做了以下的梦：

> 他通过秘密信息与一个在水下的人进行交流。那个人是隐形的，B 先生看不见他。发送给那个人的重复信息则写在"厕纸"上。

克莱因指出，"总的来说，联想非常困难"，而且 B 先生实际上极不情愿地报告了这个梦。然而，有一件事相当明确。B 先生说：

> 那不是海水，而是淡水。淡水对他来说似乎好得多，因为池塘或湖泊的水当然也不会太深。显然，B 先生对水下事物的状态有着深深的担忧。

当谈到淡水和更好的条件时，他强调说："当我想到这一点时，发现并没多大帮助，因为池塘或湖泊也可能很深。"他认识到，淡水的概念是减轻他对［与他交流的那个人］命运之焦虑的一种方式。当我问及那个在水中游泳的人的姿势——他是躺着（lying）还是站着？B 先生愤怒地说："他没有撒谎（lying），他很诚实。"我将这一点与两天前的梦联系起来，当时我无法继续解释，因为 B 先生对洋葱可能代表阴茎的解释非常愤怒——他说他的阴茎从来不是那种形状，并指责我不诚实。我提到这一点，说现在这个诚实的人也可能代表我；并解释说，那个人在水下，虽然不被看见，但正与 B 先生交流。这是他的内在客体，现在由我代表。

克莱因进一步提出，B 先生对海水的恐惧与他对自己内在客体的恐惧相对应，即他囚禁在内心的内在客体也处于危险之中，因为"尿液的危险特质"正是海水的象征。她写道："对此，我们之前已经有很多材料。"在这一点上，克莱因的记录变得有些难以理解。然而，很明显她的解释带来了一种身心效应，这一点她也注意到了。B 先生说：

> 他头痛得非常厉害，无法忍受。他经常提到头痛的心理原因，称它们为"心因性头痛"。此刻我提醒他，他曾告诉我一位他的同学的理论，即粪便上升到头部会导致头痛。当我在解释时，他变得非常沮丧，但他告诉我，大约 13 岁时，他对化学和物理非常感兴趣，他总是将这些与科学创造联系起来，比如创造阳光——他认为这些阳光是没有生命的，但却让他感到非常诡异和可怕。接着，他谈到了鬼魂，以及他对鬼魂的巨大恐惧——当他晚上独自在婴儿房时，他总是害怕鬼魂。显然，他现在仍然非理性地对鬼魂感到非常恐惧。

克莱因将 B 先生对鬼魂的恐惧，与那个在水下与他交流的人联系在一起，并指出那个人是他的内在客体。她提到，在分析过程中，B 先生曾多次表达自己感觉内在充满了不同的人，这些人也是他的内在客体，而他对它们感到害怕。她继续记录道：

> 以上是星期六的内容。到星期一，他的情绪状态完全不同了。他能够在一个需要合理调整与某个男人的关系的问题上，达成某种和解。他似乎能够做到这一点，没有表现出敌意，而是基于理性的考虑。但几天后，关于"父亲不够有帮助"的焦虑再次浮现，并导致他对我和他的妻子大发脾气，就好像他必须证明我也是错误的：因为如果父亲不够有帮助，那么我也不可能有帮助。尽管他的妻子病重，并且实际上受到了他的暴躁情绪的影响，他仍然对她大发雷霆，并在我的房间里以同样的方式继续发作。他在房间里怒气冲冲地走来走去，他看向书架，挑出一位作家的书说："他也在这里。"我解释说，他的愤怒并不是直接针对我，而是针对那位他不喜欢的作家。同时，我指出，他在对待妻子的方式上也是一样的——当他必须向她证明自己没能变好时，他的行为确实让她更难受。

克莱因承认，B 先生并没有直接说他的愤怒会让妻子的病情恶化，但她指出，"这可以从他自己的联想，以及他对与妻子争吵的内疚感中推断出来"。她接着写道：

> 我解释说，当他处于暴怒中并觉得妻子应该做点什么来帮助她自己时，他的行为模式与小时候类似——那时，他觉得自己必须在父母躺在床上时向他们说明一些事情，[必须]让他们坐起来、认真听他说话。他从未真正解释过自己到底希望他们听的是什么，但我的解释是，那时的他在

清晨看到母亲躺在床上时，感到他无法真正直视她，因为他极度厌恶她床铺的样子；同样，他也觉得自己无法直视坐在床上的妻子。此时，我在此基础上进一步解释，他曾觉得父母是在互相伤害。母亲纳入并包含了父亲那危险的阴茎，而他则希望他们能倾听自己。

克莱因告诉 B 先生，"他对妻子大发雷霆，这些怒气是他无法控制的，事后他也感到非常抱歉，而这也是为了让她坐起来认真倾听"。她谈到他的感受，即他的妻子内在包含着一个"可怕的生物"，一个危险的客体，就像他的母亲一样，也像他自己一样。她告诉他，"他对妻子发火是为了把这个可怕的生物从她体内赶出来，把这个内在的危险客体从她体内赶出来，或者摧毁它"。克莱因继续说道：

我解释说，B 先生不断地想要警告妻子，让她意识到自己所容纳的东西；在某种意义上，他不允许她对康复抱有希望，因为他极度害怕希望会落空。妻子没有察觉到她内在的危险，就像他的母亲当年没有察觉一样——那时，他希望母亲坐起来听他说话。在向 B 先生进行这些解释后，我认为，他的愤怒和暴躁情绪与儿童的情绪爆发极为相似——在这种心理状态下，他无法运用理性，也无法感知现实。他在朝我大喊大叫、发怒时，并没有看到我真实的样子。相反，他处于一种妄想状态，实际上他是在对一个看不见的客体说话，而他觉得这个客体就在我体内。这个客体是混合在一起的父母，他们正在发生性关系，而同样的情况也适用于他的内在世界。他在愤怒地对抗"我体内的男人"，同时也在愤怒地对抗"自己体内的男人"。但与此同时，他其实也在同情那个被他内化的客体——他的父亲，一个溺水的父亲、一个受伤的父亲、同时也是一个危险的父亲。而当他对我和他妻子大发雷霆时，他实际上是在对那个"危险的父亲"发泄怒火。

克莱因在 1939 年 7 月的记录到此结束。鉴于英德关系紧张以及战争爆发的可能性，她的记录中没有提及是否计划继续与 B 先生见面。然而我们知道，克莱因于 1939 年 9 月离开伦敦，搬到了剑桥。她的日记显示，在她于剑桥居住期间，B 先生每周都会前往那里见她一次，但关于这些会谈的记录已不复存在。下一章包含了一些可能是克莱因用于教学的记录，其中一些没有注明日期，以及她在 1940 年、1943 年、1948 年和 1949 年撰写的临床记录。

第七章

不再陷入深渊

本章中呈现的大部分材料应该是克莱因为教学准备的，因为她将其按照不同的主题组织，用以阐述各个理论观点。材料包括 1940 年和 1943 年的几次会谈记录。还有一些 1948 年的会谈记录，最后是 1949 年的一个梦。也有可能这些较晚的材料实际上来源于更早的时期，克莱因仅仅是将它们作为 1948 年和 1949 年教学的参考。如我在引言中所述，不幸的是，克莱因的日记止笔于1946 年，因此无法将 1946 年之后的临床记录与日记条目进行三方验证，也无从知晓她在何时最终停止了对 B 先生的治疗。

在最后这一章所呈现的材料中，有大量对肛门性欲（anality）的分析，克莱因将这些内容与可能发生在 B 先生与其兄妹之间的性活动联系起来。当然，我们无法确定这些活动是真实发生过，还是仅存在于无意识幻想层面。克莱因似乎怀疑是前者，尽管如前所述，B 先生对任何这类暗示常常表现出愤怒。然而，他对自己摧毁了妹妹的内疚感——他将妹妹视为"令人愉悦的化身"——确实浮现出来，并似乎压倒了他。此外，战争焦虑也占据重要位置，B 先生对自己无法保护家庭免受外界威胁的痛苦感受尤为突出。尽管这些现实令人恐惧，但总体而言，可以看出 B 先生更能直面自己的困境：他的内疚感、偏执倾向和指责倾向。他仍然容易指责克莱因，并在一定程度上感到抑郁，但与治疗初期相比，他的绝望感已大大减少，爱的能力显著增强。他还表现出对母亲的深切渴望。随着克莱因持续的分析，他对性交的恐惧和抑制也有所减轻。例如，在接下来的内容中，读者将看到，克莱因解释了 B 先生对于在母亲（或其象征）体内遭遇父亲那坏的、危险的阴茎的恐惧，这种恐惧严重限制了他的爱、温情和性感受。一个具体的例子是，他为妻子长了息肉而焦虑，这似乎无意识地象征着她体内有危险的阴茎，他担心妻子无法承受这种危险。

克莱因将分析称为"非传统的食物"，经过多年的分析，B 先生逐渐意识到：他希望他的客体只对他感兴趣，而他自己却很少真正关注客体本身的价值或需求。B 先生感到，这揭示了他巨大的贪婪，这种贪婪他之前一直否认，同时，强烈的无价值感和抑郁情绪也随之浮现。可以预见的是，对此 B 先生激烈地指责克莱因，认为她只关注他的负面特质。此外，有进一步证据表明，B 先生与男性的关系——曾因他对父亲的嫉妒和毒害性攻击而严重受损——在外在表现上有了显著改善。他现在更能勇敢地面对上级，也不畏惧传达指令。B 先生的父亲仍然在世，但随着父亲生命终点的临近，B 先生持续感到焦虑，担心无法在内在保持父亲的存活。最后，一个重要的梦似乎证明了 B 先生更强烈的信念：他的内在父母现在以一个更好的，甚至具有治愈性的方式结合在一起，实际上可能早已结合，尽管他长期以来对此充满焦虑。令人鼓舞的是，B 先生对自己的建设性和修复能力的感知——这种能力在整个分析过程中时有闪现——现在也更加明显。

这里提供的第一份材料没有标注日期，但在档案文件 B.68 中排在首位。这份材料与早期的肛欲期材料相似，并再次提及 B 先生与其兄妹之间可能存在过的性活动。克莱因的记录标题为：

《这段材料清楚地呈现了被内化的客体以及其与肛欲期活动的联系》

克莱因呈现了 B 先生报告的一个梦：

他正开车载着一个小女孩，他认为那是他最喜欢的女儿，然后他选了一条左边的路。当他经过一栋房子时，一个老妇人从里面走了出来。他驶入一片非常泥泞的区域，但后来看到了一场展览，展出的是精美的画作、珠宝等。

克莱因对这个梦的解读与之前的许多材料一致：

我认为它具有肛欲期的特征，泥泞（具有肛欲期的象征意义）；同时，梦中他对那个小女孩所做的事——他开车载着小女孩（也具有某种隐喻性）。这个小女孩是他的女儿——但在过去（她也曾象征）[①]他的妹妹。看到他经过的老妇人则代表了分析师，因为分析师在这一方向上的解释总是引发最强烈的情感风暴。

克莱因写道："B 先生对这一解释感到极度厌烦，并拒绝提供更多的材料，关于这个梦的进一步分析也因此终止。"不久之后，他报告了一个噩梦：

有一个无色、呆滞、形态模糊的混乱物体，他感觉它压在自己身上。

在联想中，B 先生评论道：

他的羽绒被很沉，醒来时，他觉得这是母亲在阻止他进行性交。他告诉我一连串的形容词，这些词让他想起《牛津英语词典》中对"骆驼"的定义。他联想到某个人收集骆驼粪便的事情。B 先生抱怨说，羽绒被太热了，他想把它扔掉，还抱怨他的妻子不理解他。后来，［他抱怨］我不理解这个梦。接着，他对我没有充分分析梦感到不满。他说我误解了他，因为我把"hump"（驼峰）误解为"hunch"（驼背），并将其与驼背联系起来。我还提到"hunch"这个词，意思是有预感要做某事，或者有预感某件事是真的。

克莱因指出：

骆驼，正如我所暗示的，也代表母亲，因此"驼背"（hunch）这一联

---

① 本段中的三个单括号内容为译者所加。——译者注

想似乎并不显得突兀。

在继续联想他的梦时，B 先生说：

> 骆驼的两个驼峰之间还有一个凹陷。我提醒他，两个驼峰象征着两只乳房，他同意了这个说法。在接下来的讨论中，他抱怨便秘，并提到自己以前便秘很严重且频繁，但在过去一年多已经明显减轻了。

克莱因解释道：

> B 先生强烈感受到母亲抑制了他的性活动，这种感受与他将我视为一个不理解他的、禁止性的形象联系在一起。与此同时，他对便秘和骆驼粪便的联想，以及他对那个无色、形态模糊、呆滞的混乱物体的描述，都指向他体内的粪便。这似乎证实了我多次的解释：这是一种内在的混乱，一个内在母亲的形象，阻止了他的性活动。B 先生不愿再对"骆驼"进行更多联想，尤其是对四足动物的联想。我指出，这种四足动物，四条腿和两个驼峰，也指向了在性交中混杂的父母形象。

克莱因指出，在这些材料之后，出现了"明显的肛欲期材料"，以一个梦的形式呈现：

> B 先生正从一个滑动楼梯上滑下来。在那里，有什么东西指向右边。在楼梯的底部，有个模糊不清的女人。B 先生接下来的联想是，他在提到"在底部"之后，感觉这个梦与肛门有关。

"大约一周后"，B 先生带来了另一个梦：

> 他在路上发生了一场事故。他感到这场事故是他的犹豫不决造成的，

因为他没有清楚地表明自己要去的方向。他撞上了一个骑自行车的人，可能是一名摩托车车手。他的车从后面撞上了骑车人。在梦中他并不确定，但他感觉那个人已经死了。他感到自己负有责任，于是跑去叫警察。他跑去的方向靠近他父亲和妹妹住的家。然而，他进入的房子并不像父亲家附近的房子，他也不认识那里的人，那些人也不认识他。那里曾经举办过一个热闹的派对。他没有找到警察。

克莱因记录道，B 先生"非常果断"地说：

这辆车代表男性。这让他想起了幼儿园里的邮政车，与非常愉快的记忆相关。他谈到了运输（transport），接着又谈到了狂喜（transports of delight），提到一个他年轻时见过的女孩，她是"令人愉悦的化身"。那个被撞的骑车人，让他联想到一个好小伙，像他自己一样。他觉得那个人就是自己。其间，他还联想到了一位比他年长的表亲，而且地位比他高，这位表亲曾向他请教过一些问题，某种意义上，他把自己置于 B 先生的指挥之下。

克莱因在她的解释中，

回溯了大量的材料，这些材料涉及 B 先生的哥哥曾对他实施过与性有关的行为，以及 B 先生意识层面的恐惧，即他的哥哥可能会从床上过来，对他的身体前部做一些事情。我将从背后发生的事故与他自身的犹豫不决联系起来，认为这可能象征着哥哥对他进行的肛门攻击。B 先生一直非常在意自己身后的人——这类材料通常涉及衰败与死亡的主题。接着是另外一部分材料，我认为他对妹妹做出了类似的攻击（在看到令人愉悦的化身——那个美丽的女孩之后——我问他对妹妹的感觉，他说，小时候他带着妹妹的照片上学，认为她非常精致）。他对妹妹做了他哥哥曾对他做过的事，并以这种方式摧毁了那个美丽的画面，这与他在看着妹妹的照片时感到的绝对孤独感有关，他感到她如此美丽。那种感觉就是他摧毁了那令人愉悦的化身。B先生曾提到，"狂喜"这个表达似乎指向性满足。同时，在梦中他曾朝着父亲和妹妹的家跑，期待能在某处找到警察。与妹妹发生这样的行为后，他的早期恐惧是被可怕的父亲发现——他对父亲的恐惧最近在与不同的人打交道时变得愈加明显。B先生提醒我，整个事情发生在克利夫顿山。

克莱因写道，在她的解释之后，

> B先生感到极大的释然，对解释的怨恨大大减少，并表现出强烈的合作意愿。他自己也提醒我，我在某些肛欲期材料上的解释还不够充分，并意识到，要处理这些材料，不可避免地会激起痛苦和不快的情感。与此同时，他对男性的态度再次发生了变化，对权威人物的焦虑减少了，更能直面他们，并且能够发号施令，等等。

下面的材料标注的日期是1940年4月，似乎也被选作教学用途，因为它的标题是：

《性能力与抑郁心位之间联系的另一个例子——技术》

💬 1940年4月12日，星期五

> B先生对一次性方面的失败感到非常沮丧，并有一种无法找到方向的感觉。他勉强承认勃起存在问题，显然还发生了早泄。他指责分析，并陷

入深深的抑郁之中。他否认这些问题与战争有任何关系，但对妻子健康状况的恶化感到极度绝望。他的第一个联想听起来像一个决定，要让妻子动手术。这完全出于他自己的想法，因为没有任何理由这样做。他认为这可能会让她觉得自己病得很重，从而增强她想要康复的愿望。他还联想到要为她进行脑部手术。随后，在治疗过程中，伴随着强烈的指责和抑郁情绪，他提到了这次性失败的事实。在此期间，他多次提到 X 医生，他总是指责 X 医生未能好好照顾他的妻子。

B 先生还提到一个梦：

在梦中，他丢失了对他的牙齿至关重要的工具。他通过向我展示这个工具来说明它的意义。他有一颗早就应该拔掉的牙齿，现在只剩下一个空壳，但他无法接受将其拔除。他向我说明，为了维持这颗牙齿的功能，他在每餐之前都会往里面塞棉花，并使用一种工具——一根带有某些粉红色部分的小针（但粉红色的部分已经不见了），之后再用这根带小刷子的针清理牙齿。这个工具是这样来的：有一次他在看牙医时，牙医一定是把这根针掉在了他的外套上，针就粘在那里了。B 先生后来发现了它，但没有归还给牙医，而是自己保留下来，现在用它来自行处理牙齿问题。他对这根针的珍视程度，体现在他总是随身携带并用它来维护那颗牙齿。

克莱因解释说：

B 先生对 X 医生的态度充满矛盾，他总是希望能够回去找 X 医生治疗妻子，尽管他觉得 X 医生不会这样做。他对自己未能照顾好妻子感到绝望，同时又对这种失败感到极度愤怒，这种情感［激发了］他（完全不合理地）想让妻子做手术的愿望，实际上他是在将自己与妻子内心的恐惧认同起来。这种想法就像要从妻子身上取出那个危险的阴茎，与此同时，她必须由医生（父亲）来治疗和修复。

在此关联中，克莱因指出，这是 B 先生第一次提到"他的父亲对母亲来说并非一个好丈夫"。克莱因将他的渴望解释为：

> 他想在父亲去世之前让父母重新结合，以保存死去的母亲和垂死的父亲，［这也说明了他为什么］无法放弃对 X 医生的情感。与此同时，他对母亲作为一个坏的外在客体感到恐惧，而更甚的是对她作为内在客体的恐惧。我建议，牙齿的空壳代表了他的母亲。关于半毁的城堡等材料，也代表母亲。同时，他最近突然意识到，他嘴巴的形状就像母亲的。这个他细心呵护并深感无法与之分离的牙齿空壳象征着母亲。他自己曾联想到工具的粉色部分是阴茎。我将其解释为父亲的好阴茎，它能够恢复母亲，并且是他希望母亲与之结合的客体。尽管他与牙医关系很好，但他对牙医的恐惧，仅仅是他无法让牙医拔掉牙齿的其中一个原因（还有大量关于阉割恐惧等的材料）。对他来说，这意味着失去内在的母亲，而母亲必须通过父亲的好阴茎来恢复，以便在他们之间以及他自己与他们之间创造和谐并保持这份和谐。

克莱因写道："B 先生变得平静下来，并且不反对这些解释。"不出意外地，他随后睡着了几分钟，醒来时说他做了个梦：

> 一个男人从掩体中探出头来，说道："这个掩体是个农场吗？"

在谈到对"掩体"的联想时，B 先生说：

> 他担心他的工人没有地下避难所。到目前为止，关于这个问题的讨论

都没有取得成果。在他的农场里，他对工头感到非常恼火，因为工头安排支付了过多的费用，以租用邻近小农场的部分田地，而且租用这块地的费用比农场本身的租金还要高。对此，他们又进行了几个月的讨论。那个把头伸出掩体的人，是某个希望 B 先生帮助他获得与战争相关的某个职位的人，这个职位 B 先生本可以胜任，但他认为自己不配。

克莱因将这个梦视为对她先前一些解释的确认。她说道：

> 掩体、牙齿、母亲的内部、她的生殖器，里面包含了一个敌对的男人。在性交中，他会在这个女人的内部遇到他。农场表明，母亲的内部……被高估了；没有必要对这个阴道或这个女性的内部赋予如此高的价值。我还将空壳解释为 B 先生自己的阴茎，其中包含了父亲的好阴茎或坏阴茎，为了保持自己的性能力，他必须把阴茎留在内部，但他又害怕自己体内的那个坏阴茎——他自己的阴茎。对他妻子进行手术意味着把她体内的那个坏男人取出来，同时，通过认同，也是将其从他自己的阴茎中取出。无论是从他自己还是从他妻子身上，失去好阴茎所带来的失落感和悲伤感，促成了他对性行为的矛盾情感，但这种情感不仅限于生殖器，而是扩展到了整个人。如果他解放自己（通过阉割或伤害父亲的阴茎），他会害怕失去好父母。

克莱因指出，"这些解释带来了极大的缓解"。

💭 "1940 年 5 月中旬"

这些材料应该也是为了教学用途而准备的，因为它的标题是：

> 《由真实情境引发的急性焦虑的反应》

克莱因写道：

B 先生感到沮丧，但并没有表现出愤怒或不合作的态度。前一天晚上他消化不良。当时他邀请了一位女性朋友共进晚餐，结果他们点的菜品中加入了蘑菇，而不是他原本点的简单菜肴。朋友提到她曾经和一些朋友聚餐，因吃了蘑菇而病得很重，几年以后，她再次和同样的朋友聚餐时，尽管没有吃蘑菇，却在盥洗间里突然感到非常不适，几乎要晕倒，重现了多年前的那次体验。B 先生还提出一个理论，认为粪便之所以让人感到不愉快，可能是因为从生理学的角度来看，它们是体内多余的东西，注定要被排出。在此期间，他还抱怨了妻子的状况。我根据之前的材料进行了解释，提到了他对有毒粪便的恐惧（并回想起他曾做过一个梦，梦见自己的排泄物让整个世界变成了不自然的绿色）。

接下来，B 先生报告了另一个梦：

他排了便，然后有人倒地死亡。

克莱因说道：

这种幻想可能有助于说明，当孩子感到疼痛和不适时，他实际上觉得自己排出了有毒的、爆炸性的粪便。

回到他报告的第一个梦：

B 先生谈到了与这位朋友发生性交的幻想，他认为这位朋友仍然缺乏经验。他有想要给她带来快乐的想法，并提到了她生活中［导致她］感到不满和不快乐的各种原因。同一天，他在一家古董店买了一块非常漂亮的大理石，他的联想表明，他实际上想把它展示给我看，甚至更想把它当作礼物送给我。我解释说，这位朋友象征着他的妹妹，这让他想起了许多关于肛门活动的材料，这些活动对妹妹来说是危险的，但正如我现在所指出的，也带来了快乐。有一点存疑的是，他的粪便究竟是坏的还是好的。他的愿望是将它们视为好的、富有成效的东西，就像那块大理石一样，但他对自己好的产物缺乏信任，因为一旦仇恨出现，它们就会变成爆炸性和有毒的东西。我提醒他最近在提到某个权威人物—— 一个男人——时他使用了"有毒的仇恨"这一表达。［这也与］他的母亲有关，并且与移情情境相关，我可以在这次会谈中向他展示这一点。他因嫉妒而用爆炸性的粪便、有毒的粪便攻击父亲，［从而导致了］与男性关系的紊乱。

B 先生提到，他在生活中与男性的关系有了很大改善，他举例说：

面对在过去本可能引发极大困扰的问题，他现在能够轻松克服。随后，他不情愿地联想到了当前的局势，包括最新的战争消息、危险、战争的前景、恐惧等。此时，我将所有这些与他的恐惧联系起来，即他恐惧为某个他所关心的人提供了糟糕的一餐或有毒的物质。至于分析——他对自己错误的联想感到恐惧，恐惧自己没有做好与我的分析工作，而在过去，他在与妻子、妹妹和母亲的关系中也有类似的恐惧。他无法保护她们所有人免受实际战争危险的侵害，并且他感到深深的内疚，认为自己实际上已经做错了所有事情。因此，真实的焦虑因内疚而大大加剧，以至于他不得不逃避这种真实的焦虑，只有在我们分析了一些早期焦虑之后，他才能提及它。有趣的是，他目前身处一个权威要职，竟然会因为近期听闻的消息——那些与真实危险相去甚远的讯息——激发出如此强烈的反应。我忘记提到的是，当他提到自己消化不良时，他还提到了前一晚做的梦。

这个梦如下：

　　某人因胃痛去世——此人（心理上）[①]的地位略低于他，但在其他方面，如社会地位等，却以某种方式显得更为优越。他的联想清楚地表明，此人是典型的哥哥形象，在某些关系中，也是父亲形象。同时，他代表了B先生自己。B先生非常明确地表示，他自己的胃痛和此人的胃痛显然是同一回事，并且在梦中他部分地由这个人所代表。我可以向他表明，他因胃痛而死亡意味着所有这些人的毁灭，即他内在的女性、内在的母亲，而他对此感到内疚，因为是他制造了这些危险的粪便。关于外在和内在的关联，他不情愿地给出了一个联想，即蘑菇本身与粪便有相似之处，并且他理解他的朋友所说的话，说她发现自己几乎在盥洗室晕倒，实际上是她坐在马桶上感到不适。我将她的粪便解释为有毒的食物，他想要通过肛门和口腔将这些食物放入他人体内，而他体内的有毒粪便正在内部摧毁他。关于伞兵的材料在这节分析之前已经出现过，与肛门入侵者有关，这些人狡猾而隐秘，只能通过类似的方法加以阻止，这进一步增加了对内部毁灭的整体焦虑。

在克莱因对B先生治疗的记录中，出现了一段显著的空白期。据我们所知，克莱因于1940年6月离开剑桥前往皮特洛赫里居住，但根据她的日记可以明显看出，即使在皮特洛赫里期间，她仍见过B先生几次（可能是B先生前往那里见她）。规律的治疗在克莱因于1941年9月返回伦敦后再次开始，并在那一年余下的时间里以及整个1942年持续进行。然而，克莱因关于B先生的临床记录直到1943年1月才重新开始。

[①]　此处单括号中的内容为译者所加。——译者注

克莱因在以下记录中提到，她在 B 先生战时偶尔休假期间与他见面。我们不知道他在战争期间担任什么职位，也不知道他被派驻到了哪里。这些记录没有任何前言（作为提示）[①]，因此我们也不清楚其他外部事件或情况，例如，B 先生妻子的健康状况。然而，从下面的第一条记录来看，B 先生似乎对自己的困难有了一些洞察，并且不再那么抑郁和绝望，尽管他偶尔会回到责备的状态。

💬 1943 年 1 月 5 日，星期二

克莱因写道：

> 在这次会谈中，B 先生对自己的内疚感、偏执倾向和指责他人的行为有了深刻的理解。[他] 意识到，自己似乎真的是所有这些邪恶的根源。他在分析中向我抱怨，抱怨他自己过去对母亲的指责方式；他自己的困难和内疚感非常清晰地显现出来。他说这些话时并没有抗拒，但很快他又陷入了一种指责我和他的母亲，以及所有人应对他的不足负有责任的态度。

克莱因继续写道，尽管如此，

> B 先生现在对理解自己的内疚感更加开放了（这是许多个月工作的结果，特别是关于他肛欲期恐惧的工作）。由于他能够更好地理解这些情感，他的内疚感减轻了，虽然他仍然感到抑郁，但不再处于那种深深的绝望和无助的状态中。正如我所说，这次会谈的特点是充满了理解、强烈的内疚感、对母亲的渴望、抑郁和贪婪，同时也带有一定的爱意。他还表达了对

---

① 此处单括号中的内容为译者所加。——译者注

我的感激之情，感谢我在他偶尔的假期安排与他见面，也感谢我在这一天特别地见他，并且还为下周安排的几次会谈表示感谢。

💬 1943 年 1 月 6 日，星期三

B 先生报告了一个梦。他有些勉强地承认，"在入睡前他放了屁"。他还提到，"他仍然能闻到他在朋友家用过的肥皂的气味，那是他在朋友家暂住时用过的一种带有香味的肥皂"。这个梦如下：

> 他看到一个地方，蜜蜂正在酿蜜，他闻到了蜂蜜的怡人香气。有人评论说，这是蜜蜂和蜂蜜十分怡人的气味。但另一种观点似乎是，或者可能是另一个人说——无法确定——这是狗的难闻气味。这让他联想到自己的家族，不是直系亲属，而是他父母的家族，他对他们没什么好话可说；他们在社会地位上不如他之前提到的人那么好。梦的第二部分与现在位于城镇郊区的一个地方有关，他说，那里既有乡村的缺点，也有城镇的缺点。

在梦中，那里，

> 有一堆破碎的东西，是卧室里的家具，它们脏乱不堪，摆放得杂乱无章，不是整齐地排列在一起，而是散落一地，到处都是厕所味儿的水。整个场景充满了厕所的氛围。那里有个男人，一个属于——用他的话来说——"无赖（mucker）军团"的人，B 先生评论说，并没有这样的军团，这让他联想到污秽（muck）。那个男人戴着一顶黑帽子，似乎已经准备好被枪决。周围一定还有其他人，但 B 先生没有看到他们。在这期间，B 先生提到他曾在某处的一艘船上。

克莱因鼓励 B 先生思考梦的内容。她写道：

我无法得到关于那两个人——或两种观点——的任何联想，即关于气味是令人愉悦的还是令人不快的。当我提醒他，他一开始提到自己的屁，并将其描述为非常令人不快的东西时，他说，嗯，这并不是我对它的唯一看法——它也可以被称为令人愉悦的。他告诉我，有经验的女性会使用一种从花朵中提取的香水来吸引男性。当他告诉我这些时（当时是会谈时间的末尾），他戴上了眼镜，并且将手帕盖在眼镜上，他经常这么做，以此蒙上眼睛。当他这样做时，他说："现在我是想看不见，还是想看见呢？"

克莱因指出，B 先生试图在治疗过程中阻止她进行解释。然而，在治疗结束时，她成功地说道：

这个梦既展示了令人愉悦的气味，也展示了令人不快的气味——但他如此强调蜂蜜的美妙和香气，是因为他想掩盖自己产生了难闻气味所带来的恐惧。我也同意，他可能也曾认为自己的气味是令人愉悦的，正如我们在许多时候看到的那样，过去一年中也出现了大量相关材料。我还提到他将手帕盖在眼镜上的动作，以及他自己的评论："我是想看不见，还是想看见呢？"我指出，他显然害怕让我分析这个梦，因为他也在担心，酿蜜的不是那些好蜜蜂，而是某种非常糟糕的东西。我忘了提到，他曾以一种友好和感激的语气谈论蜜蜂，称它们为"好蜜蜂"，它们为我们辛勤工作并酿造蜂蜜。我还解释说，梦中关于气味的部分显然是指他的屁。蜜蜂被等同于粪便，而整个梦都与他的童年有关。

💬 1943 年 1 月 8 日，星期五

B 先生一开始说道：

"我被击垮了，我完了。"他接着谈到了他与妻子不愉快的关系。她的状态非常糟糕，她刚刚得了流感，显然也非常抑郁。他详细描述了种种细节——她多么难以相处，以及他对她毫无用处。在他的叙述中，"被击垮"这个词出现了两次。这一点特别有趣，因为我几乎从未听他使用过这个词。他特别焦虑的是，他的妻子会无视医生的意见，尤其是她还错过了她的分析。他给她的分析师打了电话，听到分析师的说法后，他感到了一些安慰 ①……B 先生提到，医生说息肉［原文为 polypus］可能会消退，［但］总的来说，他似乎感到绝望。

B 先生报告说：

> 他出去打猎了。他谈到了猎杀的残忍，以及对鸟类造成的不必要的痛苦，尤其是当鸟没有立刻死亡的时候，就像昨天发生的情况那样。他告诉我，他发现了一只奄奄一息的鸟，并将其杀死。但当他回到家时，他发现那只鸟其实并没有死，自始至终都活着。他对此似乎感到非常恐惧。还有其他类似的早期记忆。B 先生回忆起他曾在分析中告诉过我的一个梦，梦中他杀了一只兔子，或者他以为自己杀了它，但实际上很久之后才发现那只兔子仍然活着，并且处于痛苦之中。当时的材料清楚地表明，那只兔子象征孩子——一个未出生的孩子或婴儿。我还提到了 B 先生最早的一次打猎记忆，当时他和父亲一起外出，结果突然哭了起来。

克莱因指出，"这次会谈的整体情绪，与前一次一样，主要是内疚感，并且不断指责自己所造成的伤害"。

---

① 此处为原文中的注释 1，见本章末尾。——译者注

　　随后，在一阵沉默之后，B 先生说，他经常感到——不仅是此刻，而是经常——好像他要砸烂我所有的家具，用脚踢穿我的抽屉柜（它正好放在沙发的对面），把一切都毁掉。当我暗示这一定意味着他对我的攻击时，他表示同意。"他被击垮了，他受伤了"这种表达再次出现。我指出，这里的内疚感是因为他觉得自己伤害了我、他的妻子以及母亲，而这与他对妻子受到伤害的恐惧密切相关，并且这一定与他的内疚感有关。

在会谈结束时，克莱因得知 B 先生的妻子想要做手术，尽管她的医生已经表示她的息肉可能会自行消退。克莱因写道：

　　起初，我以为 B 先生的妻子确实有出血的情况。他并非从妻子那里听到她打算做手术，而是听到了护士的一句话，而他自己也认为那个护士非常愚蠢，一定是误解了整个事情。但他认为妻子可能在考虑要进行这场不必要的手术，而这最终成了他恐惧的主要原因。在这次会谈的最后，我发现 B 先生无法告诉我实际引发他焦虑的事件或情况，他一直隐瞒到最后一刻。

然而，在这次会谈中，他们对 B 先生两天前的梦进行了进一步的分析：

　　B 先生试图从这些堆积起来的各种物体中挤过去，进入开阔的乡村，但他不知道自己是否成功了。我请他对梦的第二部分，即那些堆满令人不愉快的物件（如家具残片、污物等）的部分进行更多的联想。他重复了一部分之前的联想，但补充说还有一些难以启齿的东西。当我问他："你是指夜壶吗？"他说，是的，他指的就是这个。他告诉我，他试图穿过那些装满厕所水的水箱，进入开阔的乡村，但这会让他进入一个布满小洞的地方，显然还有被枪杀的危险。他认为自己从未真正进入开阔的乡村。在讲述过程中，他还提到了前一晚做的另一个梦。

梦的内容如下：

他听到头顶有鸟儿飞过，但它们没有靠近到足以让他射击的距离，因此他没有开枪。梦的一部分是，他从一个岛或船上掉回了泥浆中，或者差点掉回去——他不记得更多细节了。

我将这些令人不愉快的事物、杂物、卧室里的东西，解释为内在世界的呈现，它们与许多部分紧密相连，尤其是那些令人不快的蜜蜂、糟糕的粪便、肮脏的狗以及内在的人物。这些内在的人物，即那些在他内心深处的至亲，我们已经讨论过很多相关的材料了。我现在将这些与他对肮脏的狗的联想联系起来，这些联想紧随气味的问题，以及他自己放屁的问题。他非常清楚这些事物所带有的厕所氛围，比如粉色的厕所墙纸、难以启齿的物品、夜壶，所有这些都与卧室有关，而我提出这也与他父母的卧室有关，我进一步提出，这不仅是他自己身体的呈现，也是他母亲身体的呈现。

克莱因再次评论道，直到会谈的最后，B 先生才谈到他害怕妻子会接受手术。他还提到她持续出血，并且提到"他对妻子体内正在发生的事情感到恐惧"。

💬 **1943 年 1 月 9 日，星期六**

克莱因写道：

在这一天，我可以将梦的内容与他在分析结束时才提到的事实联系起来，同时，也对他后来讲述的梦的一部分进行了分析。B 先生梦见他的妻子在医生面前与他做爱，并且在此关联中，他两三次使用了"无耻"这个词。此外，在这部分梦中，他并未完全穿好衣服，并将她的背部转向了他。

克莱因问：

这是否让他感到不快。我指出，他讲述的方式似乎表明他并不喜欢这样。我提醒他注意一个事实，即他的抱怨总是围绕着他的妻子不喜欢他的性爱、回避性爱或制造困难。他说，妻子在这些方面有了更多的发展，这有可能是他的问题。我指出，在这种性行为中，一定有某些东西似乎并不那么吸引他。他回答说，当然，如果她在陌生人面前这样做，他会感到羞耻。但在短暂的停顿后，他确实同意，实际上他并不那么热衷于她对性爱变得如此感兴趣。他向我指出，很久以前——几年前——他就告诉过她，即使娶了维纳斯（Venus），他也不会更快乐。像往常一样，他指责分析使他对性的兴趣减少了。

克莱因试图将这些不同梦中的材料，与 B 先生对妻子健康的担忧联系起来。她写道：

我指出，他对性交和阴茎的感受是可怕的；［这些感受通过］一个充满卧室物品、粪便、尿液的地方表现出来；在那里，他要么会被枪杀——因为那是他要爬进去的地方——要么他会射杀那个无赖或士兵，［这个士兵］会被母亲体内的父亲的阴茎所伤害；这种冲突意味着要么在母亲体内（他）①被摧毁，要么意味着（他）②摧毁母亲体内的父亲。这会加剧他对性

---

① 此处单括号中的内容为译者所加。——译者注
② 此处单括号中的内容为译者所加。——译者注

交的恐惧，并抑制他对性交的喜爱。他否认自己从性交中获得很多快感，但表示，如果他有理由害怕妻子的体内存在危险，并且充满了他认为危险的东西——息肉［原文为 polypus］——他的焦虑就会增加。于是，他早年对母亲身体的恐惧、对性交的恐惧会被强化和重新唤起，同时，他假设妻子体内的所有这些令人不愉快的东西也是他整个内在的一部分。他受到了伤害和打击，因为那正是在手术中他妻子的身体内部会发生的情况。像往常一样，我向他表明，他在内心承载着他的妻子，并分享她所感受到的每一个症状、每一丝痛苦或困扰。这正是他最初遮住眼镜时不愿看到的东西。

以下材料在文件 B.98 中重复出现了两次。首先，它以记录的形式出现在上一条记录之后，日期标注为 1943 年 1 月 9 日。其次，有一份类似记录的材料本身没有标注日期，但紧随其后的是这份材料的整理版本，日期标注为 1948 年 2 月 9 日。[①]这份材料的标题是：

《此材料用以说明无意识材料如何表达内化过程》

克莱因写道：

在像往常一样抱怨他令人沮丧的家庭状况后，B 先生提到我家附近公交车站有一家非常棒的野味商店。那里陈列着各种各样的野味——这是他的一大兴趣。他回忆说，当他七到九岁的时候，和家庭教师一起散步时，他感到极度无聊，甚至完全绝望。唯一让他感到愉快的事情是经过一家卖野味的商店。这是他童年时期以及之后的一大兴趣。B 先生想知道我是否

---

① 此处为原文中的注释 2，见本章末尾。

曾经注意过这家店，并表示他很想向我介绍各种野味。至少，当我上公交车时，我一定会看到它。

接着他报告了一个梦：

他看到了他的车。那辆车看起来和他自己的车完全不同，但他知道那就是他的车。车里坐着一些人——他不知道他们是怎么进去的。然后这个场景消失了。取而代之的是一堵石墙。墙上挂着各种各样的野味，这让他非常着迷。接着，一块像屋顶一样的波纹铁皮"装置"从上方覆盖了石墙，场景的下一个变化是，波纹铁皮和野味都不见了，但在梦中他明确地知道那些野味还在——它们在墙里面。

在一阵沉默之后，B 先生补充道：

他的那只好狗教会了他如何找到藏在石头之间或洞里的兔子。那些兔子可能觉得自己非常安全，但他的狗会告诉他它们的位置，然后他把兔子拽出来。这成了他发展出的一种运动方式。那堵墙很原始，但由好石头砌成——这让 B 先生想起了在苏格兰拜访亲戚的一次经历。与这座苏格兰城镇相关的一个联想是，我也曾在那里待过一段时间（他从我的一封信中得知）。接着，他又谈到了野味、他的兴趣，以及母亲的兴趣与他的如此相似对他多么重要，而他认为自己的妻子却不是这样。这是他一贯的抱怨来源。在一些其他的联想之后，我对这个梦做出了如下解释：他所爱的客体——那些野味、鸟，就像飞蛾一样（他的另一个兴趣）——都被他杀死了。我提到了一段他的记忆：当他第一次和父亲外出打猎时，他猎杀了一只黑松鸡，当时他哭了。

克莱因指出，B 先生带来了许多梦：

> 这些梦展示了野味和鸟如何象征人。举一个例子，他梦见自己在克利夫顿山追逐一只粉脚鹅——这只鹅特别好看而且很吸引人。他想知道，他会对这只鹅做什么。他可以把它关进笼子，或者吃掉它。这个梦表明，这两种行为本质上是一样的。通过吃掉它［在这个例子中，它代表了（由克利夫顿山的粉脚鹅所象征的）我］，他实际上会将它囚禁在他的内在世界中。

克莱因对 B 先生说道：

> 他通过吃掉他所爱的客体——首先是母亲——来摧毁他们。第一个梦中，那辆车已经变得无法辨认，但他知道那是他的车，这表达了在分析过程中以多种方式流露出的一种感受：他不知道自己是谁，因为他不再是自己，他充满了其他倾向和力量，这些力量让他一时这样做，一时又那样做——他是谁？是向右还是向左？——B 先生曾经说过："人好似装满了他人的袋子。"[1] 因此，这辆车既代表他自己，又不代表他自己，因为它不是他，而是充满了其他人，而他不知道这些人是如何进入他体内的。梦的第二部分展示了原因——因为他吃掉了他们。波纹铁皮与野味形成了对比，野味在某种程度上似乎是活生生的、有趣的，而波纹铁皮对他来说则象征着一切丑陋、可怕、死寂和机械的东西。我还指出，对吃掉并因此毁灭他所爱客体的恐惧进一步延伸了。这涉及他内在的情境［以及一个问题］：如果他继续利用它们、吃掉它们、占它们的便宜，他是否能够让这

---

[1]　在第三章中出现过同一句话，含义是"人是人性的容器"，而此处表达更为具象的幻想，因此与之前的翻译不同。——译者注

些内在的客体保持活力？

此时，克莱因回顾了之前的一段对话，B 先生似乎开始意识到，他希望他的客体能完全反映他自己，即他根本不关心他们的独立存在。最初的"抱怨"材料令人非常熟悉：

> B 先生一直在抱怨妻子对他缺乏兴趣，以及过去类似的情况，比如不被理解等。他还提到妻子有一些兴趣，而他显然完全无法认同这些兴趣。这似乎是他一贯的迫害性抱怨——她会发展出或拥有他无法共享的兴趣。

然而，当克莱因向他提出一个问题："那么，你对她告诉你的内容不感兴趣吗？"B 先生突然说道：

> 不，我只想让她成为我思想的镜子，我只想让她对我所做的事情感兴趣，她不应该成为其他任何东西。

克莱因写道：

> 经过漫长的分析，他才能够意识到这种态度，然后我可以向他指出，他对我也抱有同样的态度，直到最近，他才能够表达对我的关心，尽管很明显他也有这样的感受，但一切都集中在我必须为他存在、完全由他支配这一点上，在某种意义上，我被剥夺了作为一个独立个体的权利（这种说法有些夸张，但代表了他态度中的一个本质方面）。认识到这种他对妻子和孩子的态度如何影响了自己的家庭生活，他感到极度痛苦，并很快陷入了强烈的抑郁、无价值感，以及指责我和分析强调或揭示了他身上坏的一面。

克莱因将这些材料整合在一起，向 B 先生展示了"它们如何融入整个梦的结构"。她说：

> 这是他心爱的野味——但他对它做了什么？他吃掉了它。我指出，他早期对母亲、她的乳房以及她的爱的态度，始终停留在她是他的食物的层面。这种内疚加剧了他对他人的迫害性指责，认为别人亏待了他，没有给他足够的爱，或者挫败了他。

B 先生回到了他的梦中：

> 他想起了那只兔子。他认为，兔子也消失在了墙里。这是他的行为所致。为什么它会躲进去并感到安全呢？我说，这意味着他的客体在进入他体内时是信任他的，但他无法将它保存在那里。我提到了从母亲体内拉扯和撕裂出的东西，那些好的或令人渴望的食物、父亲的阴茎以及婴儿（我引用了之前与兔子相关的联想和梦，那时兔子代表家里的孩子数量，其中一只非常小，象征着他的小妹妹）。但同时，这也像在窥视内部——既是他母亲的内部，也是他自己的内部——以查看客体的状态如何。也就是说，这个梦表现了一种内在的情境。那个客体曾经信任他，并在他体内感到安全，但实际上并非如此，因为他觉得通过吃掉客体而将其带入体内的行为在内在情境中仍在继续。

B 先生报告了几周前的另一个梦：

> 鲑鱼在交配后变得肮脏不堪——这是它们常见的状态——正顺流而下。B 先生俯视着这些鲑鱼，并对它们的外观以及它们所处的位置感到沮丧。那是一个泥泞、肮脏的地方，完全不适合鲑鱼生存（像下水道）。

B 先生的联想和解释表明：

肮脏不堪的鲑鱼象征着衰老和腐朽的父亲，无法被保存下来，因为他进入了下水道——这是 B 先生自身的一部分。B 先生对钓鲑鱼的兴趣，以及将鲑鱼视为一种特别美味的食物，进一步揭示了这一象征意义。许多梦和材料都表明，他钓到的鲑鱼代表了父亲的好阴茎及父亲本身。这个梦的结论是，他对父亲死亡的恐惧与无法在内在保存父亲的恐惧有关，而在这个梦中，这种恐惧的原因是父亲与糟糕的粪便混在了一起。

因此，克莱因指出，对于被内化的客体而言，存在两种危险：

其一是内部的坏粪便，其二是持续的贪婪，这种贪婪剥削了内在客体。我将这一点与 B 先生最近的领悟联系起来，即他目前对所爱客体采取的就是这种态度，而过去他对分析和我也采取了同样的态度，即仅仅将我们当作内在的食物来使用，却否定了客体本身的个人情感和作为独立个体的存在意义。

B 先生对梦中的墙进行了一些联想：

这堵墙原本应该是一堵非常漂亮的石墙，让他想起了苏格兰，某种非常真实、美好且充满生机的东西，与糟糕的波纹铁皮形成了鲜明对比。墙上出现的野味不如［克利夫顿山附近］商店里的那么好，因为它们杂乱无章——零零散散的。在联想到这堵墙时，B 先生想到了皮拉摩斯和提斯柏（Pirimus and Thisbe）[1]的故事，他们之间隔着一堵墙。他们分别在墙的两边，而这堵墙由一个人代表，这个人站在他们中间——对于旁观者来说

---

[1]　皮拉摩斯和提斯柏是古罗马诗人奥维德在其著名诗作《变形记》中讲述的一个悲剧爱情故事的主人公。这个故事被认为是西方文学中最早的浪漫悲剧之一，后来对莎士比亚的《罗密欧与朱丽叶》等作品产生了深远的影响。——译者注

这很有趣——但从某种意义上说，这堵墙是一个非常悲剧性的东西，因为它确实将两个人分开了。因此，站在中间的那个人——如果他是一个孩子——可能会感到这是一场悲剧，而成年人则可能觉得这很可笑。我指出，在父母之间的孩子，就像那堵墙一样，将自己置于中间，分开他们并制造麻烦，会令人充满内疚感（尤其是在童年时期）。而希望在于，成年人不会对此过于认真。

💭 "第二天"

B 先生说，克莱因看起来很害怕他。

他再次抱怨了妻子的状况，但带着一种感觉，即他可能会越来越从那种不幸中抽离出来。关于他对妻子没有按照他的意愿行事以及她的健康状况的抱怨，比以往其他时候要少了很多苦涩。他做了一个梦，但他没有像往常那样记录下来，因为他真的不想这么做，但同时他知道他不会忘记这个梦。他仍然不愿意讲述这个梦，并对这种抑制感到疑惑。这是一个非常不愉快的梦，然而他觉得自己应该讲述它，于是他就这么做了。

这个梦的内容是：

他身处一个四周有围墙、顶上覆盖着铁皮的地方。这个地方给人的印象是被轰炸过、被摧毁了，它灰暗、沉闷、毫无生气——没有花，没有颜色，没有鸟，也没有飞蛾。那里正在进行挖掘工作，他站在与挖掘深度齐平的地面上，但比外面的地面要低。他看到了一些管道，这让他再次联想到铁制的机械物件。这些管道是黑色的，而他感到自己被扭曲了，处于一种非常不稳定的状态。那里还有其他人，但他们模糊不清、暗淡无光——

同样也是灰暗的颜色——他突然说道："你（指克莱因）就在他们中间。"他们并没有直接表现出敌意，也许他们对挖掘工作和他本人稍微有点兴趣。但突然间，他又补充道："我想杀了他们。"随后，在一阵沉默之后，他突然又说："整个事情就像分析一样，像在把人的内脏撕扯出来。"

克莱因解释说，这些管道象征着，

内脏，并指出黑色代表内脏和粪便。挖掘在许多情况下具有非常积极的意义——这是 B 先生对考古学的特殊兴趣所在。在梦中和联想中，挖掘常常象征分析的过程。因为这里的挖掘代表了分析深入他的内在世界和他的心灵深处，所以这个情境实际上反映了他的内在状态。那些人物形象之所以如此模糊、暗淡，是因为他们与车里的人是一样的——是他内在的人物。我作为其中的一员表明，这些人是他的重要人物——他的父母、哥哥、妹妹——但他们变得如此模糊、暗淡、灰暗，因为他们已经成了他自身的一部分，而这个地方是一个毫无生气、被摧毁、充满危险和恐怖的地方——这就是他的内在世界的象征。他感到自己被扭曲也表达了他内心状态的一部分，因为他常常不知道自己被推向哪里，谁在推动他，何为他的"自我"。

克莱因认为，这个梦是前一天"野味梦"的直接延续。她提醒 B 先生：

在讲述梦之前的联想中，当他提到妻子时说，如果她能够认识到自己生病的心理原因，如果她能够改变自己的观点，那将会带来天壤之别的变化。他补充说，同样的道理必然也适用于他自己和他的治疗。此时我指出，对前一天材料的认识可能已经被他感受为一种改变自己观点的尝试，并表达了这样一种感觉：如果他能够接受并努力处理这些痛苦的情感，那可能意味着他的治愈。随后，B 先生补充道，在梦的结尾，他感到了一丝希望。他感到自己并非完全陷入深渊，而是会浮出水面。

然而，克莱因反驳了这一想法，说道：

他提到自己处于挖掘的地面水平，但从他现在所说的内容来看，他实际上一定深处深渊。他感觉自己在地面水平是一种防御，以避免意识到自己深陷其中并完全被囚禁。我将这一点与他早先报告的早期自慰幻想联系起来。在他的幻想中，他想象自己进入姨妈的身体内部进行旅行。这是一次非常有趣的探索和冒险——只令人愉悦。然而，分析显示，他完全否认了她的身体有入口或出口的事实，这一点在他的幻想中并未出现，而这个幻想的可怕之处在于，他认为自己强行进入了她的身体，结果被困住并暴露在危险之中。此后，我们有许多材料证实了他攻击母亲的身体，并通过这种方式危及了自己和她的事实。

克莱因将这一点与 B 先生对妻子生病的持续担忧，以及她生病时他的内疚感联系起来。她还指出：

在前一天的梦中，有一个元素指向了这种攻击。那就是他从洞里把兔子拽出来，并且在他那只好狗的帮助下找到它，而这一行为在更早的时候曾象征着他从母亲身体里取出婴儿。在这个意义上，洞就是他母亲的身体。挂着野味的石墙等也一定象征着母亲的身体。而今天梦中的情况不仅代表了他自己内心携带的这些敌对形象，也代表了他伤害过的母亲的身体，他无法再次从中逃脱。但最终，他知道他可以逃脱，这证实了他的感觉，即分析会帮助他摆脱困境。

克莱因继续要求他对梦的各个部分进行联想：

我询问了铁在当前梦中再次出现的意义，特别是与管道等相关的部分。此外，梦中的一切都呈直角，对他来说这总是意味着机械的、令人不快的、死气沉沉的事物，以及有一次也代表了两条腿和它们之间的东西。B 先生很难对"装置"进行联想，所谓"装置"是他称之为覆盖在墙上的波纹铁皮。他突然说这让他想起了割礼，他为此指责父母，尤其当他还是婴儿时为他实施割礼的医生。装置在这里是一种工具。他说，这在他的脑海中也带有某种性意味。我提出，那覆盖下来、损坏了墙的装置，似乎也象征着他父亲的生殖器——B 先生记得自己小时候曾多次看到过它。我再次提出了关于原初场景的假设，特别是与他在父亲那靠近卧室的更衣室睡觉时所做的噩梦相关联：他曾梦见一只狗咬掉了他的生殖器。他呼救，但母亲并没有表现出足够的同情。B 先生回答说，我对波纹铁皮象征父亲生殖器的解释让他感到非常惊讶。然后他解释说，他并不是真的认为这是不真实的，而是觉得这可能是真的，但看起来太牵强；牵强并不意味着不真实。我指出，这种牵强感源于记忆的模糊性以及他在目睹性交场景时所感受到的震惊，但这也包括这样一个事实：这个生殖器是坏的、具有破坏性的，弄脏并毁坏了母亲的内部，并阻止了他看见或进入母亲的身体。

第二天，B 先生回到了克莱因对铁皮屋顶落下的解释：

对此他并不完全满意。他认为它还有另一层含义。他提醒我，他曾对此有过一个联想，但没有被深入探讨，即一个没有墙的地方的屋顶——就像存放自行车的车棚那样。此外，那堵墙其实并不吸引人。他当时的感觉是，那堵墙没有任何人工的成分，而是用上好的苏格兰石块砌成的。它并不是房子的一部分，也没有温暖之类的东西在其中，而更像介于两个事物之间、分隔两个事物的东西。同时，想到猎物时，他突然意识到自己特别想到了松鸡（grouse）。他感到自己一生都在抱怨（grousing）。那么，是否像那些消失在墙中的猎物一样，松鸡也隐藏在他的内心深处？他进一步展开这种感受，提到从他能记事起，他就一直有 grouse［指抱怨］，还有一些进一步的联想指向了他最早的抱怨：他觉得自己没有得到足够的奶水和母亲的关爱。与此同时，他也因为这些抱怨而拒绝接受某些东西。接着，他又回到自行车的话题，并说他有一种强烈的感觉，认为这与性有关。

这段关于自行车的记忆，让克莱因想起了 B 先生之前做的一个梦：

> 在梦中，他和哥哥开车时撞伤了一个男孩。他以为那个男孩死了，但后来注意到男孩骑着一辆自行车离开了，不过自行车已经被撞得粉碎、被损坏、摇摇晃晃的，或者出了某种问题。这个梦明确表明，他和哥哥都在性活动中伤害了自己的生殖器。

以下材料的日期明确标注为 1948 年，这似乎证实了目前尚未找到在大约四年的时间里关于 B 先生的记录。当然，进一步在档案中搜索可能会发现属于 1943 年至 1948 年的其他会谈记录。事实上，斯皮柳斯（Spillius，2007）已经发表了一段摘自克莱因记录的内容，其中提到的一位患者，我认为是 B 先生，但未被明确命名，斯皮柳斯摘录的这段内容来自 1947 年，这表明可能还有更多材料有待发现。以下这份材料的标题是《对分裂机制的说明》（*An illustration of the schizoid mechanisms*），它出现在克莱因的重要论文《对某些精神分裂机制的论述》（*Notes on Some Schizoid Mechanisms*，1946）发表之后不久。而这篇论文是克莱因于 1946 年 12 月 4 日提交给英国精神分析学会的。这份材料非常有趣，暗示 B 先生可能在战争期间服过兵役，因为它描述了一段在战壕中的经历。

💭 1948 年 6 月 10 日，星期四

B 先生报告了一个梦：

他在康希尔（Cornhill），不是那个与他父亲以及他自己工作相关的真实的康希尔，而是另一个康希尔——与他早年的兴趣无关的地方——一个可以捕捉鲑鱼的地方（后来他又断定这也不是那个康希尔）。他说："那是一片树篱，草地和灌木丛中有一个乌鸫的巢。她①正坐在她的蛋或幼鸟上，而我正在砍倒所有的草和灌木，无意中将她暴露在视线和危险中。我充满了悔恨，想知道是否可以通过砍下一些附近的毛地黄（foxgloves）②并将它们竖立在她周围，来替代我所移除的保护。然后我拐进康希尔，遇到了一个快乐的年轻女孩，心想她可能会帮助我。我感到非常心烦意乱，无所依托。"

克莱因记录道："这些笔记是逐字记录的，因为病人像往常一样写下了这个梦，并把它交给了我。"在谈到这个梦时，B 先生提到：

他们家里有一只捕蝇鸟（flycatcher）在筑巢。他非常担心她③会被打扰而"抛弃"巢穴。当蛋孵化后，她不会抛弃幼鸟，但在孵化之前，她可

---

① 原文为 she，B 先生用女性称谓来描述梦里的乌鸫。——译者注

② 毛地黄，又称洋地黄或指顶花，是一种常见的观赏植物。——译者注

③ 原文为 she。——译者注

能会比较敏感。B 先生补充说，他曾经无意中吓到过她。

在谈到毛地黄时，B 先生表示：

> 这听起来像一种与性有关的东西。手套（glove）让他联想到女性生殖器，而手则象征男性。他感到试图提供这种保护性的遮蔽是毫无用处的，并觉得这件事毫无希望。B 先生像往常一样表达了他对妻子健康状况的担忧。在这次会谈中，他没有再提供更多的联想。他深深地感到沮丧和悲伤，梦中的情绪依然持续着。他似乎非常害怕我可能给出的任何解释。

克莱因提醒 B 先生之前的梦的材料，在那个梦里，他曾看到"一只松鸦攻击其他鸟类的巢穴"，并认为这代表了他自己。

> B 先生的第一个联想——甚至早于关于毛地黄的联想——是在摄政公园，一些铁杉属植物（hemlock）被流氓砍倒了。我指出，这与他母亲怀他妹妹时他的感受有关，他当时有攻击母亲和伤害她腹中婴儿的欲望，并且有许多之前的材料支持这一解释；他与妹妹的整个关系都受到早期嫉妒和内疚的影响。乌鸦在这里象征了他的母亲，而他觉得自己将她暴露在危险中，实际上他是在攻击她——摄政公园里流氓"无意中"砍倒植物的行为，是他抵御内疚感的一种防御方式。B 先生评论说，即使在梦里，他也不完全相信那是无意的。

克莱因进一步指出：

> 他妻子的病情激起了他与母亲相关的内疚感。我提到他因无法给妻子更多孩子而感到的极度悲伤。我还表示，这可能也与我有关系——他最近曾表达过对我的健康状况的担忧。那么，康希尔（Cornhill）是否也可能

暗指克利夫顿山（Clifton Hill）？B 先生说："我会考虑这个解释的。"但他并没有表示反对。最后，我提醒他，在梦中我经常被表征为处于危险中的鸟类。

💭 1948 年 6 月 11 日，星期五

B 先生的情绪发生了变化。他说他对这个梦了解很多，并打算告诉我。他刚刚重读了莎士比亚的《辛白林》（*Cymbeline*），这是一个非常特别的故事。他以前曾多次读过，但直到现在似乎才能理解其中的复杂情节。故事中有一位王后和一位国王，他们被迫分离。一个邪恶的兄弟在追捕王后。王后和国王的两个儿子在幼年时被带走，他们对王后和国王一无所知，而最后舞台上有两具所谓的尸体——王后和邪恶的兄弟，后者打扮得像国王。事实上，邪恶的兄弟已经死了，而王后苏醒过来，最终与国王团聚并与她的儿子们和解。这两具尸体特别吸引 B 先生，因为它们在某种程度上是不真实的——其中一具并不是真正的尸体，而另一具则是别人的尸体。

在联想中，B 先生想到了：

一个国外的博物馆，里面重建了一座中世纪的女修道院，还有一个修女坐在那里。当然，她只是人工制作的假人，但有一瞬间人们可能会疑惑——她是假的还是真实的？梦中的乌鸦看起来像假的，而且它是雄性。我指出，这似乎像莎士比亚的《辛白林》故事一样不真实且令人难以理解。似乎在性别上存在一种特别的混淆——乌鸦在孵蛋，但现在它似乎是雄性；乌鸦是活的，但现在它似乎是假的。

克莱因解释道：

> 雄性乌鸦和修女在这里代表了他的父母，他对他们的性关系感到不确
> 定——他们是活着还是死了，彼此混淆不清，谁是男性，谁是女性。他早
> 年在清晨看到母亲躺在床上时的恐惧，以及对她外貌的担忧：夜晚发生了
> 什么？与此相关，他砍伐保护性的草丛象征着他在夜间对父母性行为的攻
> 击。同时，草丛也代表阴毛，这会将父亲和母亲的生殖器暴露于危险之
> 中，或者使母亲因父亲的行为而陷入危险。在"毛地黄"的联想中，他试
> 图重新将两者结合在一起。他以一种保护的方式将两性器官重新结合，弥
> 补了之前（在幻想中）[①]砍伐和杀害父母及其孩子的行为。

克莱因指出：

> 这次会谈的情绪与上一次完全不同。显然，我给出的解释释放了 B 先
> 生的情绪，使他能够积极参与到对梦的分析中。

💬 1948 年 6 月 14 日，星期五

这是一次特别深刻的治疗，其中充满了高度象征性的内容，无疑可以被视
为多年分析的巅峰。B 先生报告了一个"非常愉快的梦"：

> 在梦中，他始终有一种非常愉悦的感觉，而且与平常不同的是，没有
> 任何相反的情绪出现。他在康沃尔（Cornwall），在一条河里发现了一个
> 小巧精致的水晶瓶，上面用金色刻着他父亲和母亲名字的首字母。他知道
> 这个瓶子一定已经在那里很多年了，并对它保存得如此完好感到惊讶。

---

① 此处单括号的内容为译者所加。——译者注

对于康沃尔这个地方，B 先生联想到：

> 一些愉快的童年记忆，尤其是他们可以吃海藻这件事，"边走边捡起来吃"。他们被允许随意食用这种非传统的食物，这一点在他的成长经历中显得与众不同。他的家庭在饮食方面非常谨慎，遵循维多利亚时代养育孩子的方式，母亲和保姆对食物及其他安排都非常小心，尤其注重卫生。然而，B 先生在谈到父母在这方面的宽容时，语气充满了温暖，特别提到了他们的慈爱。

这种温暖的情感似乎也延伸到了克莱因身上，因为她记录道：

> 在 B 先生讲述这个梦之前，他对分析表达了感激之情（这在他身上是非常罕见的）。我认为，这种非传统的食物象征着分析本身。他一直非常小心，不让别人知道他在接受分析，而分析显示他其实很关心他的父母，因为他考虑到他们可能不会同意他接受分析。现在，这种非传统的食物被赋予了新的意义，并唤起了母亲曾经允许的另一种非传统食物——首先是母乳喂养，在那时没有后来那些规则的约束——至少那是他的愿望；母亲和她的乳房给予他无限且不受干扰的满足。这种感觉后来在他被允许吃海藻时重新浮现。

B 先生随后说道："他觉得那个刻有父母名字首字母的瓶子，仿佛意味着他们终究还是幸福地结合在一起了。"克莱因指出，这一想法在 B 先生心中曾被深深地压抑，因为他"总是感受到父母的不幸，尤其是他们在性关系上的不幸"。克莱因进一步解释道：

> 在分析中，河流与海洋的深处常常象征着身体的内部，既是他自己的

身体，也是母亲的身体，同时也象征着分析本身——分析正是在深处发现事物的过程。现在，他通过分析——这种非传统食物——发现，父母在性关系上也有美好的一面，并且他们在他的内心深处、在他的思想中是结合在一起的，这实际上是一种让他们在他心中继续"活着"的方式。这里的河流不仅象征着他的潜意识，也象征着他身体的内部。这意味着他回归到与母亲最早期的美好关系—— 一种与我和分析相关的良好喂养情境被重新唤起。B 先生回应说，他带了一罐羊奶进城，并在进入我的房子时，想到要把它送给我。他还补充道："似乎到处都是牛奶。"我说，这牛奶是对他在分析中所获得的食物的回馈，也是他对早期食物的一种回报，而他希望能够将这些回馈给母亲。

B 先生评论道：

他感到相当惊讶，这个梦中竟然没有任何邪恶的内容，他几乎无法相信这一切会让他感觉如此美好。在同一次会谈中，他联想到许多关于家庭生活的事情，包括他与孩子的关系、与妻子的关系——所有这些联想都令人充满信心。他对妻子健康的担忧也大大减轻了。他还非常强烈地表达了对分析的信念。我指出，这种情绪的变化以及"瓶子之梦"和"乌鸦之梦"之间的完全对比是相互关联的。在某种程度上，他从与父母性生活及他们的关系有关的内疚感中得到了解脱，这使他更加确信，父母早期婚姻生活中有一些美好的方面，而他可以将这些美好保留在自己内心。当然，那个小瓶子不仅象征着乳房，也象征着父母的两性器官以一种幸福的方式结合在一起。B 先生表示同意，但他补充说，瓶子终究是一个非常脆弱的物品，可能会被打碎。这表明他对自己能否保护这些珍贵的客体免受自身的攻击而感到焦虑。

以下材料是我迄今为止在档案中找到的最新内容，距离之前的记录大约过去了 14 个月。这些记录似乎也被克莱因用于教学，因为它的标题是：

《对看似不太重要的材料的运用》

克莱因指出，这次会谈发生在暑假前几天。

💬 **1949 年 8 月 5 日，星期五**

B 先生报告了一个梦：

他梦见自己寄出了一张支票，有人提出了一个问题，质疑这张支票是否能够兑现。但他似乎认为，支票无法兑现的风险并不存在。

在对梦进行联想时，他回忆起：

过去有一个租户曾多次开出无法兑现的支票。但他对此并没有感到太困扰。他早已知道这个人不可靠，但自己的支票从未出现过无法兑现的情况。

他进一步的联想是：

他想起了周末在田间劳作的情景。他的镰刀坏了，想必是自己误用了它，因用力过猛镰刀被插入地面。当时他在除洋葱地里的杂草和蓟草，先处理最紧急的，其他的则留到以后再说。最紧急的是那些会结籽的杂草，因为它们会迅速传播种子，而其他杂草只是通过植株传播。在这之间，他联想到与妻子的关系。他们在一段时间的禁欲后发生了性关系——她之前身体不适，因此并不情愿。但他觉得她的身体问题只是心理作用，并没有真正的生理问题。然后他又回到了支票的梦。那个质疑支票是否会被兑现的人是谁？他认为那个人是我。在做梦的前一天，他确实寄给了我一张支票。他觉得这种尖锐的问题总是由我提出。B 先生喜欢双关语，并且在无意识中非常擅长使用它们。他说："捷克人可能会说他们没有受到英国人的善待，认为英国人在 1939 年抛弃了他们。但捷克人应该记住，正是由于英国，他们才在上一场战争后获得了 20 年的自由，这绝对是有意义的。"

克莱因解释道：

在这种情况下，英国人显然代表父母和权威，同时也代表了我，而他则是捷克人。他觉得他不应该对从父母和我这里所得到的东西感到过于不满，即使我将要离开他。这段自由时期可能指的是童年时期的事情以及在分析中取得的进展。然而，捷克人在糟糕的局势中被交给了希特勒（Hitler）——坏父亲——这一事实表明，他在假期前对我把他留给那些仍在迫害他的人感到极大的恐惧。与此相关的是，他不断对母亲、妻子和分析进行指责。他的迫害感已经大大减轻，但内疚和抑郁情绪却突显出来。

由于并不存在钱款未支付的危险，这显然指的是他无法履行的其他义务，而梦中看似由我提出的问题（实际上是由他自己提出的），是一个非常重要的问题。就在最近，他又一次表达了对自己的怀疑，包括他不是一个积极合作的病人，未能充分利用分析，甚至滥用了我。他承认这种非常熟悉的感觉与他的意识层面的情感是一致的。

克莱因评论道：

在他报告梦的前后，他提到那把破损的镰刀，虽然镰刀被折断了，但在某种意义上，也让土地受到了伤害。我提醒他关于伤害母亲乳房的材料……他处理田地的方式，［他的描述］与梦报告交织在一起，以及中间提到的与妻子的性交，都与此相关。他需要强调妻子的身体没有任何问题。但那些急需除掉的蓟草，因为它们通过种子传播，暗示他的种子是有害的，应该被消除。与此形成对比的是，他提到自己种植和培育了其他东西，以及对有更多孩子的强烈愿望，这种愿望因恐惧而增强。如果妻子生病了，那就证明他自己的种植是危险的和破坏性的，或者他没有以正确的方式除草。他将这一点转移到我身上（作为他未能使其存活的母亲），他没有给予她正确的东西，伤害了她，因此未能履行义务。所有这些当然都因假期前的分离恐惧而加剧。

克莱因对 B 先生的分析记录到此结束。

✳ 注释

1. 非常遗憾的是，克莱因的记录在这里有一段缺失，因此我们无法了解他为何对妻子的分析感到放心。

2. 这似乎支持了这样一种观点，即早期的临床材料被用于后期的教学中。

<h1 style="text-align:center">· 结 论 ·</h1>

在 1937 年的论文《爱、罪疚与修复》中，克莱因写道：

> 我们知道，如果我们在自己内心察觉到对所爱之人的恨意冲动，我们
> 会感到担忧或内疚。正如柯勒律治所言：……对我们爱的人发怒，犹如疯
> 狂在脑海中肆虐。（p. 309）

在分析过程中，B 先生向克莱因错误地引用了柯勒律治的这句诗，他告诉
她："如果我们与所爱之人争吵，那就像毒药侵蚀了大脑。"他说这句话时显然
心中想着自己的母亲，而正如克莱因所说，需要经过漫长的分析，他才能发展
出对包括母亲在内的客体更多充满爱的关注。

克莱因在 1937 年的论文结尾处写道：

> 如果我们于无意识深处能够在一定程度上消除对父母的怨恨，并原谅
> 他们让我们不得不承受的挫折，那么我们就能与自己和解，并能够真正地
> 去爱他人。（p. 343）

这似乎符合 B 先生在分析后期的状态。克莱因对他的诸多怨恨给予了"充
分的空间"，最终似乎确实使 B 先生心中的客体被"理顺"，并进而促成了这
些客体之间更具建设性和创造性的互动。尽管我们对 1949 年之后 B 先生的生
活一无所知，但可以想象，这种变化对他的生活产生了深远的影响。

B 先生来找克莱因做分析时，心中充满了恨意，尤其是对母亲的指责，这

些强烈的情感最初阻碍了他对母亲的哀悼。早期非常困难的喂养情境，随后是妹妹意外且创伤性的出生，以及兄妹之间一些令人担忧的性行为（或相关的幻想），所有这些都导致了他内心极大的冲突和深重的痛苦。关于 B 先生妹妹的出生，克莱因认为这是一次令人非常痛苦的经历，而 B 先生对此毫无准备，以至于"许多后来的抱怨和经历都被叠加到了这一旧有的经验上"。关于 B 先生可能被哥哥侵犯，以及他自己可能侵犯了年幼的妹妹，分析表明，这些经历的内在后果是毁灭性的。B 先生表现出深刻的洞察力，他告诉克莱因，他知道自己的许多外在困扰只是"他内心痛苦得以依附的东西"，而克莱因多次赞同他的观点，认为她分析的是一个内在的情境，这正是他根深蒂固的抑郁的根源。在分析过程中，他在很大程度上解决了这些问题。

在治疗的早期，即 B 先生母亲去世后，他声称分析正在"瓦解他"。克莱因向他表明，真正瓦解的是他内在客体的状态，这种状态使他极度虚弱。事实上，B 先生常常感到他内心那片充满敌意的"焦土"根本无法维系生命，因此几乎没有机会开始哀悼，也无法在内在建立一个平和的母性客体。在此之前，必须通过大量的工作来处理仇恨和绝望。正如人们所预料的那样，移情关系成了一个战场，因为 B 先生对客体的残酷和施虐行为延伸到了他与克莱因的关系中。在这种时候，他几乎完全否认母亲的死亡对他有任何影响；一切都成了克莱因的错，因为她变成了他早期喂养经历中那个剥夺和拒绝的母亲——那条"比目鱼"或"海燕"①母亲，她如此艰难地照顾她的孩子。内疚也起到了作用：B 先生感到自己负有责任，因为他未能将母亲从致命的父母性交中拯救出来，也因为他自己的仇恨和怨恨伤害了她，以至于他无法以更充满爱的方式去思考她。因此，内疚驱使他走向仇恨。在移情中，B 先生也时而充满仇恨，

---

① 此处为原文中的注释 1，见本文末尾。

时而对自己的行为感到绝望。对 B 先生来说，爱以及任何接近爱的温情或合作的感觉，包括希望，都被体验为与破坏性的性欲太过接近，以至于他无法承受，随着克莱因对此的领会，这种爱与恨之间无休止的摇摆状态也变得更加可以理解。

在 B 先生能够开始恢复对性交更具建设性方面的认识之前，必须大量分析他关于父母性交的观念。然而，正如他在 1948 年报告的"康希尔梦"所显示的那样，分析似乎确实揭示了一种（尽管仍然是不稳定的）幸福结合的伴侣形象。我认为，只有在分析促使 B 先生的客体，尤其是他内在的母亲形象得到显著修复之后，这才可能实现。一旦仇恨被彻底分析，它确实会被爱所取代。克莱因对 B 先生对母亲的"抱怨"给予了充分的包容，并在分析的后期对其对父亲（当然还有在整个分析过程中对克莱因）的指责也给予了同样的耐心，这使得爱与感激得以释放。通过这种方式，分析极大地增强了 B 先生对自身建设性和修复能力的信念，克莱因认识到，这种能力从一开始就是显而易见的。

他的分析有一个非常重要的结果是，为内在客体更和谐的共存奠定了基础。B 先生重新燃起的对观察他人的热爱（他告诉克莱因，他小时候多么喜欢观察家中所有工作人员），被克莱因视为一种证据，表明他相信在对关于内化的焦虑进行大量分析后，他可以安全地接纳客体和经验，甚至可以享受这一过程。他对此的深切感激通过他对"印多尔过程"（indore process）的赞美表达出来。克莱因认为，这一过程象征着内在世界的土壤得以丰富和保护。尽管长期以来，B 先生对自己的"里面"和自身的破坏性感到几乎绝望，事实上，他确实感到克莱因经常强调这一点，但克莱因始终抱有一种希望，即分析可以帮助他恢复对客体和自身的良好体验，并保存这些体验，就像他在梦中恢复了那个刻有父母名字首字母的瓶子，并希望将其保存下来一样。

我想读者们会同意，克莱因对 B 先生的分析描述表明，她是一位极其敏感且坚韧的分析师，能够承受大量的仇恨和绝望。她展现出极大的同情心，例如，她断言 B 先生无法从抑郁状态中走出来一定有充分的理由；当他因偶遇其他病人而痛苦不堪，几乎无法继续参与分析时，她告诉他，他们只需要尽力工作，直到这场风暴被分析并平息。而事实也确实如此。克莱因能够陪伴她的病人，并在面对可怕的威胁时继续努力理解他，这实在令人钦佩。重要的是，我认为这项工作表明，尽管她经常分析这位病人的仇恨和破坏性，但这样做实际上是为了解放 B 先生性格中更具建设性和爱的一面，否则这些方面可能一直被隐藏。事实上，关于克莱因如何直接处理攻击性，这项工作具有指导意义，并可能加深对她的信念——必须分析破坏性——的批判性探讨。

埃利奥特·雅克在为克莱因《儿童分析的故事》撰写的前言中指出，克莱因长久以来一直渴望出版一部完整的儿童分析记录，但"如何以恰当篇幅完整呈现整个分析过程，似乎是个难以跨越的难题"。理查德案例的突破源于战争期间"突然出现的一个特殊契机"，使得这一愿望得以实现。在这段注定短暂的分析中，克莱因以日后出版分析报告为目的，系统性地保留了详尽的治疗记录。相较之下，B 先生的分析记录则更为零散：某些阶段的记录极为详尽，其他阶段的记录则简略，更有长达数月的治疗期完全缺失书面记录——假设克莱因确有作记录的话。然而得益于分析周期之长，B 先生的案例提供了理查德案例所不具备的深入修通各类焦虑与冲突的可能性。正如读者将会注意到的，即便在 1949 年的最后一批记录中，B 先生仍在与某些焦虑搏斗，而这些焦虑自分析伊始便以不同强度持续存在。我们不禁设想，若克莱因在世更久，或许会亲自撰写一部《B 先生分析的故事》。

这本书中揭示的治疗记录无疑为我们提供了一个窗口，让我们得以窥见克莱因极具独创性和影响力的精神分析方法，同时也为她的众多理论贡献提供了有力支持。例如，在 B 先生的分析中，我们可以清楚地看到，与客体的关系在个体心灵中持续存在，并且可以在外在的他人（这些客体形象的基础）去世很久之后仍然被修改。此外，分析还表明，抑郁可能为个体提供某种保护，使其免受内心"坏的"或毒害感的困扰。书中还感人地展示了个体对父母性行为毁灭性本质的信念所带来的可怕影响。材料还揭示了个体对弟弟、妹妹到来的体验，以及与此相关的幻想。虽然 B 先生妹妹的出生显然对他造成了创伤，但当他观察到妹妹在婴儿期的痛苦时，这也唤起了他自己早期未被关注的痛苦和无助感。因此，克莱因通过这个特殊案例进一步阐明了，一个孩子可能因弟弟、妹妹的到来而再次受到创伤的方式，而这种创伤与通常理解的意义不同，也就是说，创伤并不仅仅源于被取代的感觉。

在本书中，我已收录了迄今为止在梅兰妮·克莱因档案中发现的所有关于 B 先生未发表的临床记录。我强烈怀疑还会有更多资料被发掘出来，如果情况确实如此，我非常期待能够继续充实对他的分析的描绘。在我撰写此书的同时，作为梅兰妮·克莱因信托基金会的档案管理员，我也参与了更全面的整理档案内容的工作，这一工作最初由伊丽莎白·斯皮柳斯启动。这将使档案的查阅变得更加便捷，并使学者、精神分析候选人以及梅兰妮·克莱因理论的爱好者们，能够更便捷地研究克莱因引人入胜的精神分析工作。这样的工作或许可以被称为"非传统的食物"——克莱因以此描述她为 B 先生提供的东西，但在未来几十年内，这可能会被许多人视为既令人满足又具有重要意义的工作。

✱ 注释

1. 在克莱因的记录中，她写的是 "stormy petrel"，尽管这种鸟的正确名称是 "storm petrel"。B 先生对自然界非常了解，很可能知道这一点。我们无法确定他使用的是哪个术语。然而，"stormy petrel"一词曾被用来指代"带来或预示麻烦的人"（《柯林斯英语词典》），这一含义显然源于水手们的一种信仰，即海燕能够预示或引发海上的恶劣天气。我们可以想象，B 先生可能也使用了这个术语，而这似乎与他对自己母亲的体验不无关联。

✳ 参考文献

Klein, M. (1937) 'Love, Guilt and Reparation'. In *Love, Guilt and Reparation and Other Works 1921–1945*. (1975). Virago.

Klein, M. (1961/1998) *Narrative of a Child Analysis*. Vintage.

梦境索引

---

① 在第 289 页，作者使用"康希尔梦"来指代与康沃尔和康希尔两地相关的梦境。——译者注

· 致　谢 ·

　　最初是简·米尔顿鼓励我去探索梅兰妮·克莱因档案，正是在那里，我第一次接触到了 B 先生案例。简似乎早有预料，我的这番探索会带来一本书，所以在某种程度上，可以说我完成这部作品也是顺应了她的期望。在项目推进的过程中，她始终给予我愉快的支持，我也感谢普丽西拉·罗思持久的鼓励。阿博特·A. 布隆斯坦为我的工作带来了相当大的启发，我感谢他对这本书的详细评论，并为本书撰写了前言。我非常感谢梅兰妮·克莱因信托基金允许我出版克莱因关于 B 先生的临床记录，并感谢他们对项目由始至终给予的慷慨支持。能成为该信托基金的一员，并有机会担任档案管理员，我深感荣幸。

　　本书的英文版的封面作者是贝西·基恩（Beccy Kean），该作品名为《海燕》（*Stormy Petrel*）。这幅画的灵感来自 B 先生的分析中一个极为感伤的瞬间：他痛苦地描述这只瘦小的海鸟为了哺育幼鸟而拼命挣扎的情景，克莱因将此与B 先生对母亲的体验联系起来，他感到母亲在喂养和抚育他的过程中，同样经历了巨大的艰辛。

　　谨以此书献给我的家人，也献给克里斯·莫森（Chris Mawson）[①]，致以万分感激。

[①]　克里斯·莫森（1953—2020）是英国著名精神分析师，曾编辑出版《当代比昂》（*Bion Today*）和《比昂全集》（*The Complete Works of W. R. Bion*）。——译者注